Günter Polhede

Polarisierung

gesellschaftlich

global

ökologisch

10.04.2023

Polarisierung – gesellschaftlich, global, ökologisch
Günter Polhede, E-Mail: gpolhede@yahoo.de

Bibliografische Information der Deutschen Nationalbibliothek:
Die Deutsche Nationalbibliothek verzeichnet diese Publikation in
der Deutschen Nationalbibliografie; detaillierte bibliografische Daten sind im Internet über dnb.dnb.de abrufbar.

ISBN 9783753479033

10.04.2023

In diesem Buch werden verschiedene Erscheinungsformen von Polarisierung behandelt. Sie zeigen sich zwischen:
- Überfluss und Hunger
- Reichtum und Armut
- genügend und nicht mehr ausreichenden Ressourcen wie Rohstoffe, Energie und Umwelt.

Im Vorlauf zur Betrachtung zentraler Begriffe der Polarisierung ist eine erste Entwicklungsstufe der Polarisierung zu erläutern. Sie ist u. a. dadurch gekennzeichnet, dass Menschen oft unterschiedliche Einkommen erhalten. So entsteht für Menschen mit geringeren Einkommen ein Anreiz, höhere Einkommen zu erzielen. Dadurch kann die Realwirtschaft Wachstum erfahren. Weitergehend werden verschiedene Varianten von Polarisierung aufgezeigt und Polarisierung mit ihren Beziehungen zu anderen Begriffen.

- Gesellschaftliche Polarisierung ist dadurch gekennzeichnet, dass Einkommen und Vermögen von Bevölkerungsteilen so weit auseinanderdriften, dass mangelhafte Ernährung und Überfluss bzw. Armut und Reichtum entstehen können. Angetrieben wird eine solche Entwicklung durch zu starke asymmetrische und somit auch prozentuale Verteilung von Wachstumserfolgen.

- Globale Polarisierung zeigt sich zwischen Ländern. Unterschiede zwischen ihnen werden u. a. durch zu große Leistungsbilanzunterschiede hervorgerufen.

- Ökologische Polarisierung kann sich zwischen den Zeitpunkten noch ausreichender bzw. schon zu geringer Ressourcenvorräte bei Rohstoffen, Energie und Umwelt zeigen.

- Polarisierung und ihre Beziehung zur Demokratie: Es gibt Vorgehensweisen, die innerhalb demokratischer Staatsformen auf realwirtschaftlich begründete Zufriedenheit der beteiligten Menschen setzen und auf deren Zukunftssicherung

10.04.2023

durch Nachhaltigkeit. Mit folgenden Vorgehensweisen soll Polarisierung gemindert werden: Begrenzung existenzieller Unterschiede, Recycling, Bereitstellung regenerativer Energie und Umweltschutz.

- Polarisierung und ihre Beziehung zum Ressourcenvorrat: Viele Menschen, die geringe Entgelte für ihre Produkte bzw. geringe Einkommen erhalten, bleiben eher arm. Sie können den Ressourcenvorrat somit nur wenig schmälern. Für die reicheren Menschen halten die Ressourcen dann länger vor. Diese Menschen profitieren von Polarisierung.

- Polarisierung und ihre Beziehung zu autoritärer Führung: Manche Staaten orientieren sich in Richtung autoritärer Führung, wenn sich eine Polarisierung zwischen eher ärmeren und eher reicheren Menschen zeigt. Das kann wie folgt ablaufen: Beim Auftreten negativer Polarisierungsfolgen bei den ärmeren Menschen versuchen die Vorteilsnehmer logischerweise, mit Hilfe autoritärer Führung Stabilität zu gewährleisten.

- Polarisierungsmindernde Aktivitäten finden im Rahmen der Polarisierung oft in nicht ausreichendem Umfang statt. Das rührt daher, dass viele reiche Staaten von ihnen mitverursachten Polarisierungsfolgen wie Hunger und Armut mit Hilfe von Meeren, Zäunen und Mauern aussperren können und sich für sie eine direkte Polarisierungsbekämpfung somit teilweise erübrigt. Weitergehend profitieren reiche Staaten von der Armut anderer Länder, weil letztere relativ wenig Ressourcen verbrauchen können und sich so der Ressourcen-Verbrauchshorizont reicher Länder vergrößert. Eine Sonderstellung nehmen Klima und Meere ein, weil deren Verbrauchs- und Verschmutzungsfolgen Grenzen weitgehend ignorieren. In diesem Zusammenhang vollzieht sich eventuell kontinuierlich eine Umweltschädigung, begleitet durch ökonomische, technische und militante Konstellationen.

Dieses Buch beleuchtet polarisierend wirkende Einflüsse, deren Folgen und mögliche Minderungen.

10.04.2023

Inhaltsverzeichnis

		Seite
A	**Überblick**	**19**
A 1	Überblick - Roter Faden	19
A 2	Überblick - Alle Individuen befinden sich auf einer globalen Treppe des Wettbewerbs - u. a. zwischen Hunger und Überfluss	23
A 3	Überblick - Vom Individuum zur Sicherung von Ressourcen	28
A 4	Überblick – Von Idealen bis zum Einfluss gegen Folgen von Polarisierung	36
B	**Güter, Geld und Tauschbeziehungen**	**52**
B 1	Finanzielle Mittel und Tauschbeziehungen	52
B 2	Qualitative Güter und Tauschbeziehungen	53
B 3	Quantitative Güter und Tauschbeziehungen	58
B 4	Das Zusammenwirken quantitativer und qualitativer Güter	58
B 5	Zusammenfassung: Güter und Tauschbeziehungen	59

Inhaltsverzeichnis

		Seite
C	**Treiber der quantitativen Realwirtschaft**	**61**
C 1	Zentraler realwirtschaftlicher Treiber: Bedarfsbefriedigung mit quantitativen Gütern	65
C 2	Direkter realwirtschaftlicher Treiber: Arbeitskräfte	66
C 3	Direkter realwirtschaftlicher Treiber: Überschuss in der Leistungsbilanz	67
C 4	Indirekter realwirtschaftlicher Treiber: Güterverschwendung	67
C 5	Begleitender realwirtschaftlicher Treiber: Ressourcenverbrauch	68
C 6	Realwirtschaftlicher Treiber auf höherer Versorgungsstufe: Innovative Produkte	69
C 7	Realwirtschaftliche Treiber auf höherer Versorgungsstufe: Statussymbole und Statusgüter	69
C 8	Realwirtschaftliche Treiber: Umweltschutz, Verwendung erneuerbarer Energie und Recycling	70
C 9	Wachstumsbegleitender realwirtschaftlicher Treiber: Investitionen	73

10.04.2023

Inhaltsverzeichnis

		Seite
C 10	Zeitverzögerter realwirtschaftlicher Treiber: Bildung	75
C 11	Ausgleichende realwirtschaftliche Treiber: Ersparnisse und Kredite	76
C 12	Eher wachstumsneutraler realwirtschaftlicher Treiber: Umverteilung zwecks Erfüllung staatlicher Gemeinschaftsaufgaben	76
C 13	Zusammenfassung: Quantitative Realwirtschaft und ihr Wachstum mit Hilfe realwirtschaftlicher Treiber	78
D	**Realwirtschaft und ihre Mitspieler**	**80**
D 1	Quantitatives realwirtschaftliches Wachstum und Geldwertstabilität	81
D 2	Quantitatives realwirtschaftliches Wachstum und qualitatives Wachstum	82
D 3	Quantitatives realwirtschaftliches Wachstum, Stabilität und Demokratie	84
D 4	Tauschbeziehungen mit qualitativen Gütern - Stabilität von Tauschgesellschaften	86
D 5	Zusammenfassung: Realwirtschaft und ihre Mitspieler	87

Inhaltsverzeichnis   Seite

E   Grenzen der realwirtschaftlichen Treiber bei quantitativem realwirtschaftlichem Wachstum   89

E 1   Grenzen des realwirtschaftlichen Treibers „quantitative Güter"   89

E 2   Grenzen des realwirtschaftlichen Treibers „Arbeitskräftebedarf"   91

E 3   Grenzen des realwirtschaftlichen Treibers „Leistungsbilanzüberschuss"   93

E 4   Grenzen des realwirtschaftlichen Treibers „Güterverschwendung"   93

E 5   Grenzen des realwirtschaftlichen Treibers „Ressourcenverbrauch"   94

E 6   Grenzen des realwirtschaftlichen Treibers „Innovative Produkte"   95

E 7   Grenzen des realwirtschaftlichen Treibers „Statusgewinn"   96

E 8   Grenzen der realwirtschaftlichen Treiber: Umweltschutz, Einsatz erneuerbarer Energie und Recycling   97

E 9   Grenzen des realwirtschaftlichen Treibers „Investitionen"   98

E 10   Grenzen des realwirtschaftlichen Treibers „Bildung"   98

10.04.2023

Inhaltsverzeichnis

		Seite
E 11	Grenzen der realwirtschaftlichen Treiber: Ersparnisse, Kredite und direkt an Unternehmen vergebenes Geld	101
E 12	Grenzen des realwirtschaftlichen Treibers „Umverteilung zur Erfüllung staatlicher Gemeinschaftsaufgaben"	102
E 13	Zusammenfassung: Grenzen der Wirksamkeit realwirtschaftlicher Treiber	103
F	**Beeinflussung von Grenzen der Wirksamkeit realwirtschaftlicher Treiber**	**104**
F 1	Beeinflussung von Grenzen der Wirksamkeit des realwirtschaftlichen Treibers „quantitative Güter"	105
F 2	Beeinflussung von Grenzen der Wirksamkeit des realwirtschaftlichen Treibers „Arbeitskräfte"	107
F 2.1	Gering bezahlte Tätigkeiten	107
F 2.2	Gering bezahlte Qualifikationen	113
F 2.3	Individuelles Verhalten und gesellschaftliche Entwicklung	115
F 2.4	Ehrenamtliche Arbeit	120

Inhaltsverzeichnis

		Seite
F 2.5	Die Verunglimpfung von falsch Qualifizierten	122
F 3	Beeinflussungen von Grenzen der Wirksamkeit des realwirtschaftlichen Treibers „Leistungsbilanzüberschuss" durch Exportsicherung	123
F 4	„Gutes tun" als Marketingstrategie gegen Güterverschwendung, die aber auch ein realwirtschaftlicher Treiber ist	126
F 5	Beeinflussung von Grenzen der Wirksamkeit des realwirtschaftlichen Treibers „Ressourcenverbrauch"	127
F 6	Beeinflussung von Grenzen der Wirksamkeit des realwirtschaftlichen Treibers „innovative Produkte"	128
F 7	Beeinflussung von Grenzen der Wirksamkeit des realwirtschaftlichen Treibers „Statusgewinn"	130
F 8	Beeinflussung von Grenzen der Wirksamkeit der realwirtschaftlichen Treiber: Umweltschutz, Einsatz erneuerbarer Energie und Recycling	132
F 8.1	Auflösen individueller Dilemmas durch Bildung von Meinungspools	135
F 8.2	Unterschiedliche Gruppeninteressen	137
F 8.3	Interessen - im Laufe der Zeit	140

10.04.2023

Inhaltsverzeichnis   Seite

F 9   Beeinflussung von Grenzen der Wirksamkeit des realwirtschaftlichen Treibers „Investitionen"   141

F 10   Beeinflussung von Grenzen der Wirksamkeit des realwirtschaftlichen Treibers „Bildung"   143

F 11   Beeinflussung von Grenzen der Wirksamkeit der realwirtschaftlichen Treiber „Ersparnisse und Kredite"   148

F 12   Beeinflussung von Grenzen der Wirksamkeit des realwirtschaftlichen Treibers „Umverteilung"   149

F 13   Zusammenfassung: Beeinflussung von Grenzen der Wirksamkeit realwirtschaftlicher Treiber   151

G   **Ideen für die Einschränkung von Polarisierung zur Sicherung von gesellschaftlicher und staatlicher Stabilität sowie von Demokratie**   **153**

G 1   Zukunft sichernder Umgang mit Ressourcen, insbesondere mit der Ressource Umwelt   155

G 1.1   Planung des Ressourcenbedarfs durch Planung des Gütermarktes   156

G 1.2   Ressourcensparende Technologien   156

Inhaltsverzeichnis

		Seite
G 1.3	Umweltschutz und Recycling	157
G 1.4	Nachhaltige Realwirtschaft	158
G 2	Gewährleistung von genügend Arbeitsplätzen, die ausreichend bezahlt werden	164
G 2.1	Automatisierung und Rationalisierung sowie deren Einfluss auf die Anzahl erforderlicher Arbeitskräfte	164
G 2.2	Eigendynamik des Arbeitsmarktes	166
G 2.3	Strategie zur Gewährleistung von genügend Arbeitsplätzen, die ausreichend bezahlt werden	170
G 3	Rentabilität von investiv eingesetztem Geld	172
G 3.1	Investition in quantitatives realwirtschaftliches Wachstum kann zu stockendem quantitativem realwirtschaftlichem Wachstum führen	174
G 3.2	Unwägbarkeiten von Investitionen in technischen Fortschritt	174
G 3.3	Marktgesteuerte Investitionen in technischen Fortschritt	175
G 4	Dämpfung gesellschaftlicher Polarisierung durch Einkommensgestaltung	176

10.04.2023

Inhaltsverzeichnis   Seite

G 4.1   Die Aufsplittung in Gruppen mit prosperierenden und schwächelnden Einkommen   178

G 4.2   Die scheinbare Eigenverantwortung für die Zugehörigkeit zu einer Einkommensgruppe   180

G 4.2.1   Anerkennung aufgrund der Zugehörigkeit zur Gruppe mit höheren Einkommen   180

G 4.2.2   Hoffnungsverlust aufgrund der Zugehörigkeit zur Gruppe mit niedrigen Einkommen   181

G 4.3   Menschen und ihre Zugehörigkeit zu Einkommensgruppen   182

G 4.4   Länder mit eher reicher oder eher armer Bevölkerung   187

G 5   Umverteilung und Alternativen zur Umverteilung zwecks Erledigung staatlicher Aufgaben   191

G 5.1   Umverteilung – Zufriedenheit – Stabilität   192

G 5.2   Staatsverschuldung als Alternative zur Umverteilung durch den Staat   195

G 5.3   Alternativen zur Staatsverschuldung   201

G 5.3.1   Staatsverschuldung und ihr Verbot   203

G 5.3.2   Staatliche Aufgaben und deren alternative Finanzierung   204

Inhaltsverzeichnis   Seite

G 5.3.3   Ergänzung der Realwirtschaft durch   206
           Spekulation

G 5.3.4   Trennung der wirtschaftlichen   213
           Kreisläufe in realwirtschaftliche
           und rein spekulativ-
           finanzwirtschaftliche Kreisläufe

G 5.3.5   Der Zeitaspekt beim spekulativen Handel   216

G 5.3.6   Spekulation – von der   216
           Minderheitsmeinung zur
           Mehrheitsmeinung

G 5.3.7   Besteuerung spekulativen Handels   217

G 5.4   Mehr gleiche und weniger prozentuale   218
           Erhöhung von Löhnen und Gehältern

G 5.5   Besteuerung von Gelderträgen   219

**H   Minderung gesellschaftlicher bzw.   223
           globaler Polarisierung durch
           korrigierendes quantitatives
           realwirtschaftliches Wachstum im
           Zusammenspiel mit der Verbrauchs-
           minderung bei Ressourcen -
           insbesondere bei der Umwelt**

**I   Informationen –   228
           Informationstechnologie**

Inhaltsverzeichnis

		Seite
I 1	Informationen im Zusammenspiel mit Gütern	229
I 2	Individuelle Informationen	231
I 3	Gesellschaftsorientierte Informationen	232
I 4	Politische Informationen	235
I 5	Informationstechnologie	237
I 5.1	Informationstechnologie - Verletzbarkeit der Vernetzung	239
I 5.2	Informationstechnologie - Zusammenwirken zwischen Generationen	239
I 5.3	Informationstechnologie - Orientierung auf dem Arbeitsmarkt	240
I 5.4	Informationstechnologie - Güterbereitstellung	244
I 5.5	Informationstechnologie Güteranbieter und Güternachfrager	246
I 5.6	Informationstechnologie - Auflockerung der Geheimhaltung	248
I 5.6.1	Abbau von Geheimhaltung bei Einkommensstrukturen	251

Inhaltsverzeichnis   Seite

I 5.6.2	Abbau von Geheimhaltung im rein spekulativ-finanzwirtschaftlichen Bereich	254
I 5.7	Informationstechnologie – Orientierungshilfe für Flüchtlinge	256
J	**Wirtschaft im gesellschaftlichen Zusammenspiel**	**258**
J 1	Besitzstandswahrung – Demografie	258
J 2	Realwirtschaft – rein spekulative Finanzwirtschaft – Wirtschaft des Bettelns	260
J 3	Geburtenzahl – Ressourcen	265
J 4	Demokratie – Freiheitlichkeit / Liberalität	268
J 4.1	Demokratie und Freiheitlichkeit / Liberalität gehören zusammen – treiben aber auseinander	268
J 4.2	Demokratie, Freiheitlichkeit / Liberalität und Varianten der Polarisierung	270
K	**Zwischenergebnis**	**274**

Inhaltsverzeichnis

		Seite
L	**Handlungsmöglichkeiten – zusammengefasst**	**278**
L 1	Instrumente für die Depolarisierung	280
L 2	Instrumente für Nachhaltigkeit	282
L 3	Was nun?	284
	Beschreibung zentraler im Buch verwendeter Begriffe	288
	Abbildung: Realwirtschaftliche Treiber in einem Netzwerk	294
	Veröffentlichungen des Autors	295
	Der Autor	298

-

A   Überblick

A 1   Überblick - Roter Faden

Die Begriffe Kapitalismus, wirtschaftliches Wachstum und Konsum spielen in der gesellschaftlichen Diskussion eine wichtige Rolle. Sie sind Ausgangspunkte für Kritik an gesellschaftlichen Zuständen. Die Kritik besagt, dass es Menschen gibt, die zu viel Geld besitzen, die zu viel wirtschaftliches Wachstum zu verantworten haben oder auch die zu viel Konsum realisieren. Es handelt sich um die Beschreibung von Unterschieden zwischen wohl vermuteten Normalzuständen und abweichenden kritisierten Zuständen. Die angesprochenen Abweichungen kann man als Polarisierung bezeichnen, sofern sie große Ausmaße annehmen. Dazu seien einleitende Überlegungen angestellt.

Wenn durch die Realisierung fortlaufenden Bedarfs an Gütern quantitatives realwirtschaftliches Wachstum initiiert wird, werden die dabei erhaltenen Konsum- und Investitionsgüter aus Wachstumserfolgen bezahlt, als da sind Löhne, Gehälter und Gewinne.

Wenn sich Wachstumserfolge nicht in so ausreichendem Umfang realisieren lassen, dass die Erwartungen aller Beteiligten erfüllbar sind, erfolgt die Realisierung von Erwartungen eines Teils der Bevölkerung oft auf Kosten eines anderen Teils der Bevölkerung.

Gewünschtes Wachstum wird ab einem gewissen Grad auch auf Kosten des knapp werdenden Ressourcenvorrats erwirtschaftet.

Obige angedeutete negative Entwicklungen zeigen bereits, dass Polarisierung entstehen kann, dargestellt durch Armut und Reichtum, Hunger und Überfluss und unterschiedlich guten Zugang zu sich verknappenden Ressourcenvorräten. Es gibt Polarisierungen in Gesellschaften und zwischen Ländern. Dazu wird eine differenzierte Betrachtung vorgenommen.

Wenn Menschen ihr Leben nur mit ihrer Hände Arbeit zu gestalten hätten, wären sie damit zeitlich und kräftemäßig ausgelastet. Im Laufe der Zeit haben Menschen sich aber Verstärkungsfaktoren zugelegt, und zwar u. a. durch den Einsatz von:
-        angewandter Bildung
-        Energie
-        Rohstoffen
-        Maschinerie
-        Informationstechnologie

Mit Hilfe von Verstärkungsfaktoren können Menschen ihr Leben zunehmend besser gestalten. Mit deren Anwendung kann quantitatives realwirtschaftliches Wachstum zum Vorteil vieler Beteiligter angetrieben werden. Zur Auffächerung des realwirtschaftlichen Wachstums werden folgende Variable betrachtet:
-        Güter
-        Arbeit
-        Leistungsbilanzüberschuss
-        Güterverschwendung, z. B. bei Lebensmitteln
-        Ressourcen wie Energie, Rohstoffe und Umwelt
-        Innovative Produkte
-        Statussymbole
-        Recycling und erneuerbare Energie
-        Investitionen
-        Bildung
-        Ersparnisse und Kredite
-        Umverteilung für Gemeinschaftsaufgaben

Wenn Wachstumserfolge stark asymmetrisch an die beteiligten Menschen verteilt werden, sind zunächst gesellschaftliche und auch globale Polarisierung möglich.

Diese Varianten der Polarisierung können die Aufspaltung des eigentlich für die Realwirtschaft erforderlichen Finanzmarktes in einen realwirtschaftlichen und einen spekulativen Teil fördern. Die Aufspaltung findet z. B. statt, wenn zunehmend mehr Menschen so viel Geld haben, dass sie es nicht mehr nur realwirtschaftlich einsetzen, sondern auch spekulativ. Wenn der spekulativ orientierte Teil des Finanzmarktes stark zunimmt, kann das Vertrauen in die Beständigkeit des Geldwertes zu sehr geschwächt werden. Sobald Geld als Informationsträger zusammen mit seinen zugehörigen Informationen zu sehr an Vertrauen in seine Wertbeständigkeit verliert, tut sich für später die Frage auf, inwieweit Geld eventuell durch andere Informationsträger und Informationen ersetzt wird.

Die gesellschaftliche bzw. globale Polarisierung sind die ersten Varianten der Polarisierung. Dabei profitieren die beteiligten Menschen sehr unterschiedlich von den Wachstumserfolgen auf Gütermärkten.

Die ersten Varianten der Polarisierung können eine weitere Variante hervorbringen. Das ist die ökologische Variante. Die wird durch Ressourcenverbrauch getrieben und ist somit im ökologischen Bereich angesiedelt. Man kann sich ihr Entstehen zwischen zwei Zeitpunkten wie folgt vorstellen.

Umso mehr Menschen an Wachstumserfolgen auf den Gütermärkten teilhaben, desto mehr kann das durch den begleitenden Ressourcenverbrauch auf Kosten des Ressourcenvorrats bei Rohstoffen, Energie und bei der Umwelt gehen. Bei der durch Ressourcenverbrauch getriebenen ökologischen Variante der Polarisierung können wir von einem ursprünglichen Zustand ausreichender Ressourcenvorräte ausgehen. Diese können bei zunehmendem Ressourcenverbrauch knapper und auch zu knapp werden. Die durch Ressourcenverbrauch getriebene ökologische Polarisierung zeigt sich im Stadium der Knappheit, in dem Bevölkerungsteile oder Länder einen abnehmend guten Zugang zu manchen Ressourcen haben. Der Zustand der Knappheit zeigt sich extrem, wenn der Ressourcenvorrat unumkehrbar so sehr vermindert wurde, dass er nicht mehr für alle Menschen ausreicht. Dieser Vorgang betrifft insbesondere die Umwelt.

Vor diesen Hintergründen der durch asymmetrische Verteilung von Wachstumserfolgen oder durch Ressourcenverbrauch getriebenen Polarisierungen erfolgt eine komplexe Analyse:

- Es zeigt sich, dass es bezüglich gesellschaftlicher bzw. globaler Polarisierung Vorteilsnehmer und Benachteiligte gibt, deren Rollen zu differenzieren sind.

- Polarisierung wirkt für Menschen im Wettbewerb mit anderen zunächst als Antrieb, auch so viel Wachstumserfolge erreichen zu wollen wie die anderen. Mit der Zeit gebiert dieser Vorgang bei asymmetrischer Verteilung von Wachstumserfolgen neben Reichtum jedoch auch Armut.

- Weiterhin stellt sich bei realwirtschaftlichem Wachstum im Laufe der Zeit tendenziell zu großer Umweltverbrauch ein.

- Manche Menschen haben als Vorteilsnehmer der verschiedenen Varianten von Polarisierung offensichtlich ein Interesse daran, negative Folgen für Benachteiligte einer solchen Entwicklung ggf. zu ignorieren oder gar zu leugnen.

- Die Analyse versucht herauszufinden, wie negative Folgen der verschiedenen Varianten der Polarisierung und deren gesellschaftliche Sprengkraft begrenzt werden können.

- Es wird betrachtet, inwieweit verschiedene Arten der Polarisierung durch Umverteilungen reduziert werden können oder inwieweit informationstechnologisch agierende Gruppierungen von Individuen demokratisch legitimiert versuchen könnten, per Depolarisierung zu agieren.

- Weiterhin wird sich die Analyse damit beschäftigen, inwieweit eine nachhaltige Nutzung von Ressourcen durch Einsatz erneuerbarer Energie, Recycling und Umweltschutz die ökologische Polarisierung maßgeblich mindern kann.

A 2   Überblick – Alle Individuen befinden sich auf einer globalen Treppe des Wettbewerbs – u. a. zwischen Hunger und Überfluss

Märchen über die Zukunft könnten so anfangen:
Wenn alle Menschen …
-      satt zu trinken und zu essen hätten,
-      warm und trocken wohnen könnten,
-      Krankheiten möglichst gut behandeln lassen könnten,
-      sich angemessenen Komfort leisten könnten,
-      so viel Geld hätten, dass sie das bezahlen könnten,
-      in ausreichendem Umfang bezahlte Arbeit hätten,
-      die Vorräte an Ressourcen nur insoweit verbrauchen würden, dass diese langfristig ausreichen könnten,
-      die Umwelt nur insoweit verbrauchen würden, dass diese sich angemessen regenerieren könnte,
…   dann gäbe es kaum Anlässe für Polarisierung zwischen arm und reich, Hunger und Überfluss und zwischen Zuständen wie noch genug oder schon zu wenig Umwelt, die Verteilungskämpfe provozieren.

In der Realität sehen wir aber, dass es Polarisierung gibt. Da sind z B Länder mit vielen armen und wenigen reichen Menschen, mit eher armen und eher reichen Menschen oder auch mit vielen relativ reichen und wenigen relativ armen Menschen. Polarisierung zeigt sich nicht nur innerhalb von Ländern, sondern global auch zwischen Ländern. Zum thematischen Einstieg wird Polarisierung im Zusammenhang mit realwirtschaftlichen Phänomenen behandelt.

-	Polarisierung als Zusammenspiel von realwirtschaftlichem Wachstum, Automatisierung, Rationalisierung und asymmetrischer, speziell prozentualer Verteilung von Einkommen.

In einem frühen realwirtschaftlichen Entwicklungsstadium wird für die Herstellung von Gütern primär menschliche Arbeitskraft eingesetzt. Das sind Güter, die die Menschen selbst verwenden, verkaufen und kaufen wollen. Die menschliche Arbeitskraft wird weitergehend auch für die Durchführung von Automatisierung und Rationalisierung gebraucht, um mit deren Hilfe mehr Güter erzeugen zu können und um mit denen weitergehende Nachfrage zu befriedigen.

Für das Geld, welches für den Einsatz menschlicher Arbeitskraft bezahlt wird, können hergestellte Güter gekauft werden. Wenn dann mit Hilfe von Automatisierung und Rationalisierung Produktion und Einkommen fortlaufend zunehmen, herrscht quantitatives realwirtschaftliches Wachstum.

Hier ist der Gedanke einzuflechten, dass Einkommen wie Löhne und Gehälter meistens asymmetrisch zunehmen. Eine Spezialform ist die prozentuale Steigerung. Menschen mit hohen Einkommen erhalten dabei einen höheren Betrag als Zuschlag als Menschen mit geringen Einkommen.

Die Menschen, die z. B für Automatisierung und Rationalisierung benötigt werden, können gut verdienen - und auch sparen.

Im Laufe der Zeit erhält ein Teil der Menschen, der auf Grund von Automatisierung und Rationalisierung in abnehmendem Umfang für die Güterherstellung benötigt wird, eher weniger Geld.

Dem realwirtschaftlichen Kreislauf wird bedingt durch Sparen und zu geringem Verdienst eventuell zu wenig Geld zugeführt.

	10.04.2023

Wenn es so zu abnehmendem Konsum, abnehmender Nachfrage und zu einem Überangebot von Gütern und menschlicher Arbeitskraft kommt, können Menschen arbeitslos werden, oder sie verdienen weniger. Entsprechend können solche Menschen zusätzlich weniger kaufen und die Nachfrage geht zusätzlich zurück. Als Folge sich selbst verstärkender Nachfrageschwächung kann das realwirtschaftliche Wachstum schwächeln.

Weiterhin gibt es arme Länder, in denen sehr viele Menschen kaum genug Geld für ein menschenwürdiges Leben erhalten

Jeder Einzelne ist offensichtlich Teil einer Entwicklung, die von Polarisierung in und zwischen Ländern geprägt ist.

Anschließend wird die durch Ressourcenverbrauch getriebene ökologische Polarisierung betrachtet.

-        Auf einer symbolischen globalen Treppe – Wettbewerb – Verstärkungsfaktoren – Ressourcenverbrauch – ökologische Polarisierung

Alle Menschen der Erde kann man sich auf einer sinnbildlichen Treppe vorstellen. Da sind hungernde und im Überfluss lebende sowie ganz arme und ganz reiche Menschen. Die Anzahl hungernder, im Überfluss lebender, armer und reicher Menschen und der Grad des Hungers, Überflusses, der Armut und des Reichtums sind in den verschiedenen Ländern wie auch zwischen Ländern sehr unterschiedlich.

Die Menschen auf der Treppe stehen in Wettbewerb miteinander. Es geht ums Überleben, etwas Komfort, Wohlstand und letztendlich auch wohl um Status und Macht. Menschen versuchen mit Hilfe von Bildung, technischem Fortschritt, Maschinerie, Automatisierung, Rationalisierung, Energie, Rohstoffen und Informationstechnologie ihre Arbeitskraft zu verstärken. Sie legen sich einen Verstärkungsfaktor zu und sind bemüht, diesen fortlaufend zu vergrößern. Dadurch hoffen sie, zunehmend mehr Güter für den Gebrauch und den Verkauf herstellen zu können, mehr zu verdienen und sich mehr leisten zu können.

Mit Hilfe des menschlichen Verstärkungsfaktors werden aber nicht nur zunehmend mehr Güter hergestellt, sondern parallel dazu werden immer mehr Ressourcen wie Energie, Rohstoffe und Umwelt verbraucht. Insofern zerstört Wettbewerb als Antrieb der Realwirtschaft für diese die Grundlage, wenn zu viel Ressourcen verbraucht werden. Das gilt zuvörderst für die Ressource Umwelt. Dabei sind zwei Zustände maßgeblich, zwischen denen die so genannte ökologische Polarisierung stattfindet. Im Zustand 1 ist noch genügend Umwelt vorhanden. Im Zustand 2 ist deren Verbrauch so sehr fortgeschritten, dass die menschliche Existenz global unumkehrbar gefährdet sein kann.

-        Interessengruppen und Verteilungskampf
Zusammenfassend kann man sagen, dass Automatisierung und Rationalisierung im Zusammenspiel mit asymmetrischer Verteilung von Wachstumserfolgen wie z. B. den Einkommen ein Antrieb für Polarisierung sind. Im Laufe dieser Entwicklung vergrößert sich die Lücke zwischen Armut und Reichtum sowie zwischen Hunger und Überfluss.

Wenn als Antwort auf eine solche Entwicklung die Wachstumserfolge auf alle Beteiligte eher gleichverteilt werden, dann erhalten im Vergleich zur asymmetrischen Verteilung der Wachstumserfolge die ärmeren Menschen größere Zuschläge und die reicheren Menschen erhalten kleinere Zuschläge. Die ärmeren Menschen haben dann mehr Geld für den Konsum und den Antrieb der Realwirtschaft und indirekt für den Ressourcenverbrauch und die Ressourcenverknappung. Die reichen Menschen erhalten dann weniger Geld zum Sparen und damit zum Entzug aus den realwirtschaftlichen Kreisläufen. Wenn die ärmeren Menschen bei mehr Gleichverteilung der Wachstumserfolge den globalen Ressourcenverbrauch wesentlich steigern, nimmt der Zeitraum der

Ressourcenverfügbarkeit für alle Beteiligten, also auch für die reichen Menschen ab.

Für die eher reichen Menschen liegt es damit nahe, die armen Menschen finanziell, bezüglich Konsummöglichkeiten und bezüglich Ressourcenverbrauch zu schwächen, um so den Zeitraum für sich selbst zu verlängern, in dem es für sie noch genügend Ressourcen gibt.

In diesem Zusammenhang zeigt die realwirtschaftliche Entwicklung, dass es viele Menschen gibt, die um ein Minimum an Lebensstandard kämpfen und deren Weg auf der globalen Treppe nicht nach oben, oft aber nach unten führt. Viele Menschen auf der Erde haben in ihrem Leben nie eine Chance, im Kampf ums Überleben die untersten Stufen der Treppe zu verlassen. Es bilden sich potentielle Unruheherde, begleitet von Verteilungskämpfen, Verteilungskriegen und Flucht.

Parallel dazu gibt es auch die Menschen, die auf der globalen Treppe zu mehr Lebensstandard, zu mehr Einkommen und zu mehr Vermögen kommen, damit auf der Treppe aufsteigen und die polarisierungsgetriebenen Spannungen erhöhen.

In diesem Buch werden Gesichtspunkte herausgearbeitet, die das Spannungsfeld u. a. zwischen Hunger und Überfluss, ganz arm und ganz reich, Ressourcenverbrauch und Nachhaltigkeit oder auch zwischen Umweltschutz und Umweltverbrauch aufzeigen sollen. Diese Gesichtspunkte könnten die Transparenz für Individuen, Gruppen, Gesellschaften, Länder und Staaten verbessern. Vielleicht kann so einer etwas anderen Entwicklung Vorschub geleistet werden, um polarisierungsbedingte Konflikte, Kämpfe und Kriege zu mindern.

A 3 Überblick - Vom Individuum zur Sicherung von Ressourcen

Dieser Abschnitt spannt den Bogen über folgende Begriffe: Individuum - Demokratie - ausreichendes Wirtschaftswachstum – stabiler Staat - mangelhaftes Wirtschaftswachstum - Sicherung von Ressourcen.

- Individuum und Gesellschaft
- Demokratie und Gemeinschaftsaufgaben
- Realwirtschaft, Konkurrenz und Geheimhaltung
- Quantitatives realwirtschaftliches Wachstum und Gemeinschaftsaufgaben
- Wachstumswirtschaft - Brückenbau zwischen Realwirtschaft, Demokratie und stabilem Staat
- Mangelhafte Wachstumserfolge und Ressourcenvorräte

- Individuum und Gesellschaft
Jeder einzelne Mensch ist als Individuum auch Teil einer Gesellschaft. Er wirkt als Akteur an der Gestaltung der Gesellschaft mit. Alle Akteure zusammen verändern die Gesellschaft. Das Verhalten der einzelnen Akteure stellt sich fortlaufend neu auf das Ergebnis ihrer aggregierten Aktivitäten ein.

Trotz der Komplexität des Zusammenwirkens von Individuen und Gesellschaft wird versucht, das Zusammenspiel von individueller Zufriedenheit mit Realwirtschaft, Demokratie und staatlicher Stabilität zu einem Denkgebäude zusammenzufügen.

Dabei wird beleuchtet, wie die individuellen, realwirtschaftlichen und demokratischen Aktivitäten zusammenwirken. Diese Betrachtung erfolgt insbesondere unter den Gesichtspunkten so genannten ausreichenden quantitativen realwirtschaftlichen Wachstums einerseits und so genannten mangelhaften quantitativen realwirtschaftlichen Wachstums andererseits.

Ausreichendes quantitatives realwirtschaftliches Wachstum gilt als vorhanden, wenn fast alle arbeitsfähigen Menschen genügend Arbeit haben können und genügend Geld verdienen können, um ihren Lebensunterhalt angemessen bestreiten zu können. Mangelhaftes quantitatives realwirtschaftliches Wachstum ist gegeben, wenn für einen wesentlichen Teil der arbeitsfähigen Menschen solche Zustände nicht gegeben sind.

Die Betrachtungen zu ausreichendem und mangelhaftem quantitativem Wachstum werden zunächst zusammen mit deren jeweilige Wirkungen auf die Realwirtschaft vorgenommen. In ihr dienen Konsumgüter und Investitionsgüter zusammen mit Geld der Versorgung der Bevölkerung.

Gefahren drohen dieser Realwirtschaft u. a. durch Arbeitslosigkeit, Marktsättigung, Rohstoffknappheit, Energieknappheit, Umweltknappheit, partielle Verselbständigung des Geldes in spekulativen Finanzmärkten und durch fehlendes Geld.

Die partielle Verselbständigung des Geldes kann auftreten, wenn vorhandenes Geld teilweise nicht mehr zur Aufrechterhaltung realwirtschaftlicher Kreisläufe benötigt wird. Dann stellt sich die Versuchung ein, mit realwirtschaftlich nicht benötigtem Geld spekulativ zu agieren, um dadurch zusätzliches Geld verdienen zu wollen.

Das Fehlen von Geld in der Realwirtschaft kann dadurch verursacht werden, dass es zu viel Menschen gibt, die zu wenig Geld zur Gewährleistung ihres Lebensunterhaltes haben.

Parallel dazu gibt es oft Menschen, die so viel Geld haben, dass sie mit einem Teil ihrer Einkommen spekulieren können. Anderen Menschen fehlt Geld für einen angemessenen Lebensunterhalt. Dieses Auseinanderfallen der Einkommen verschiedener Menschengruppen kann durch asymmetrische Verteilung der Einkommen verursacht und verstärkt werden. Eine Spezialform der Asymmetrie ist die prozentuale Verteilung. Ein Bevölkerungsteil erhält somit bei der Verteilung von Wachstumserfolgen größere Zuschläge und ein anderer bekommt kleinere Zuschläge.

So kann sich eine Polarisierung zwischen unterschiedlichen Bevölkerungsgruppen entwickeln. Global betrachtet entstehen einerseits hungernde, ganz arme und arme Gruppen und andererseits hinreichend versorgte, reiche oder auch superreiche Gruppen. Dementsprechend haben sie unterschiedliche Mengen an Geld zur Verfügung, um an der Realwirtschaft teilhaben zu können. Da sind also einerseits Gruppen, die zu wenig Geld für ihren Lebensunterhalt zur Verfügung haben. Andererseits bilden sich Menschengruppen heraus, die eine bestimmte Menge ihres Geldes nicht zum Erwerb von Gütern einsetzen, sondern es für den rein spekulativen Bereich einsetzen.

Je weiter Polarisierung zwischen Menschengruppen voranschreitet, desto größer werden Gefahren der Unzufriedenheit, gesellschaftlichen Unruhe und Unregierbarkeit, ausgehend von Menschen, die zu wenig Geld haben, um genügend Güter zum Überleben und für einen gewissen Komfort kaufen zu können.

Vor diesem Hintergrund werden später Überlegungen angestellt, wie eine durch Polarisierung angetriebene selbstzerstörerische Entwicklung korrigiert oder zumindest gemindert werden könnte.

-       Demokratie und Gemeinschaftsaufgaben
In einem demokratischen Staat dienen Wahlen u. a. dazu, über Lösungsvorschläge für Aufgaben abzustimmen, die der Realisierung des Gemeinwohls dienen, weil solche Aufgaben nicht gut durch Einzelpersonen erfüllt werden können. Diese Aufgaben werden als Gemeinschaftsaufgaben bezeichnet. Dazu gehören z. B. der soziale Ausgleich in der Bevölkerung sowie die innere und äußere Sicherheit.

Für die Realisierung der Gemeinschaftsaufgaben benötigt der demokratische Staat Geld. Dieses muss von der Realwirtschaft bereitgestellt werden und damit von den in der Realwirtschaft beschäftigten Menschen, die auch Träger der Demokratie sind

Demokratische Wahlergebnisse sollten möglichst weitgehend umgesetzt werden. Dabei sind einerseits die Mehrheitsinteressen und andererseits auch Minderheitsinteressen zu berücksichtigen. Das demokratische Geschehen sollte möglichst transparent sein, um das Vertrauen in den Staat zu untermauern.

-       Realwirtschaft, Konkurrenz und Geheimhaltung
Nachfragen und Angebote bilden Interessen und Aktivitäten von an der Realwirtschaft Beteiligten ab, als da z. B. sind: Arbeitnehmer, Unternehmen, Konsumenten und Investoren.

Realwirtschaft ist wesentlich durch Konkurrenz gekennzeichnet. Es handelt sich um Konkurrenz beim Verkaufen und Kaufen von Gütern. Konkurrenzorientiertes Verhalten der Beteiligten wirkt als Antrieb zum Erreichen von Wettbewerbsvorteilen. Diese werden dadurch realisiert, dass Menschen versuchen, mehr als andere Menschen zu verdienen und zu kaufen, bzw. mehr als andere Menschen zu verkaufen und Gewinn zu erzielen.

Um Vorteile gegenüber der Konkurrenz erreichen zu können, wird oft Geheimhaltung praktiziert. So sollen Arbeitnehmer oft nicht voneinander wissen, wieviel die jeweils anderen verdienen. Damit kann bei Menschen mit geringem Einkommen das Gefühl von Unzufriedenheit oder Scham verhindert werden. Unternehmen halten ihre Marktstrategie und Produktplanung geheim, um mögliche Vorteile nur für sich nutzen zu können und so Fundamente für weitere unternehmerische Aktivitäten errichten zu können. Besitzer von Vermögen können den Umfang ihres Vermögens geheim halten, um Neiddiskussionen vorzubeugen.

Durch Geheimhaltung erreichte Wettbewerbsvorteile können das Fundament für weitere realwirtschaftliche Aktivitäten legen, die im Wettlauf mit anderen Unternehmen eventuell neues quantitatives realwirtschaftliches Wachstum mit sich bringen können und damit vielleicht die Wachstumswirtschaft zumindest partiell beflügeln.

Auf den ersten Blick liegt es nahe, dass Wettbewerbsvorteile von manchen Menschen eventuell auf Kosten anderer Menschen gehen. Wenn in einer realwirtschaftlichen Wachstumsphase aber eine große Menge von Wachstumserfolgen zur Verteilung bereitsteht, ist es naheliegend, dass fast alle Menschen einer Gesellschaft Wachstumserfolge realisieren und damit auch ausreichend versorgt sein können. Eine solche Situation ist dadurch gekennzeichnet, dass Güterstrom und der dazugehörende Geldstrom auf Käufer- und auf Anbieterseite ausreichend zunehmen.

Was geschieht, wenn die Wachstumserfolge abnehmen und sich damit die Möglichkeit zur zufriedenstellenden Versorgung der Beteiligten mit Gütern reduziert oder wenn mangelnde Wachstumserfolge ein Dauerzustand sind? Diese Phänomene werden später insbesondere unter den Gesichtspunkten schwächelnder Realwirtschaft, deren Ursachen und deren Bekämpfung betrachtet.

-       Quantitatives realwirtschaftliches Wachstum und Gemeinschaftsaufgaben
Menschen sind logischerweise bestrebt, Güter und Geld zu erhalten, und zwar über das für das Überleben erforderliche Maß hinaus. Sie können dann vielleicht Komfort genießen, Statussymbole erwerben oder auch die Zukunft als gut gesichert betrachten. Als Antrieb für die Erlangung von Geld und Gütern dient oft der Wettbewerb, in dem sich Unternehmen, Konsumenten, Investoren und Kreditgeber wie Banken befinden. Durch einen solchen Antrieb kann quantitatives realwirtschaftliches Wachstum entstehen. Die realwirtschaftlichen Akteure können so an Wachstumserfolgen teilhaben.

Es gibt aber auch Menschen, die als Behinderte wegen körperlicher oder geistiger Benachteiligungen nicht angemessen an der wettbewerbsorientierten Realwirtschaft teilhaben können. Für diese übernimmt der demokratisch legitimierte Staat im Rahmen seiner Gemeinschaftsaufgaben sinnvollerweise Ausgleichszahlungen. Zu den Gemeinschaftsaufgaben gehören auch innere und äußere Sicherheit, Infrastruktur, Bildung usw.

Das erforderliche Geld für die Erledigung der Gemeinschaftsaufgaben nimmt der Staat aus dem Topf der Wachstumserfolge, die von den realwirtschaftlichen Akteuren erwirtschaftet werden. Es handelt sich um eine Umverteilung von der Realwirtschaft zum Staat.

Das umverteilte Geld verlangt von denen kaum Opfer, die es erwirtschafteten, solange deren Wachstumserfolge in akzeptablem Umfang größer sind als der Umfang der Umverteilung.

Als Gegenleistung für die Umverteilung erhalten die Mitglieder der Gesellschaft die Vorteile staatlicher Stabilität, die durch die Erledigung von Gemeinschafsaufgaben untermauert wird. Für die Stabilität eines Staates dient als weiteres Standbein die demokratische Mitbestimmung. So können die Menschen in demokratischen Wahlen die Gemeinschaftsaufgaben des Staates mitbestimmend festlegen und ihm vor diesem Hintergrund das Geld für die zu erledigenden Arbeiten zur Verfügung stellen. Sie sind also mitbestimmend bei Festlegung der Gemeinschaftsaufgaben, Nutznießer der erledigten Gemeinschaftsaufgaben und der resultierenden individuellen Zufriedenheiten sowie der dadurch begründeten staatlichen Stabilität.

Hier sei ein Dilemma angedeutet. Die Mitglieder eines demokratisch organisierten Staates sind gleichzeitig auch Teilnehmer der dazugehörigen Realwirtschaft.

Der Staat nimmt zwecks Umverteilung Geld aus dem Pool der Wachstumserfolge. Er sollte diesen Pool nicht überstrapazieren, damit genügend Wachstumserfolge für die realwirtschaftlichen Akteure zu deren Verfügung bleiben.

Die Mitglieder des demokratischen Staates sollten den Pool des vom Staat zwecks Umverteilung eingenommenen Geldes ebenfalls nicht überfordern, weil es sonst Staatsschulden geben muss, die die Zukunft belasten.

Teilnehmer der Realwirtschaft mehren gern ihre Vorteile. Sobald die gleichen Menschen in ihrer Funktion als Mitglieder des demokratisch organisierten Staates gegenüber diesem Staat ebenfalls realwirtschaftliches Verhalten an den Tag legen, kann der so entstehende staatliche Aufgabenkatalog bald die von der Realwirtschaft bereitstellbaren Wachstumserfolge überschreiten und den Staat überfordern.

-       Wachstumswirtschaft - Brückenbau zwischen
        Realwirtschaft, Demokratie und stabilem Staat
Außer den Behinderten und Benachteiligten können im Rahmen einer ausreichend wachsenden Realwirtschaft fast alle Menschen direkt an wachsenden Einkommen, Gewinn und Gütern teilhaben. Wenn diese Teilhabe fortlaufend ausreichend zunimmt, gibt es genügend Gründe, mit dem durch dieses Wachstum getragenen demokratisch legitimierten Staat zufrieden zu sein, vorausgesetzt er kommt seinen Gemeinschaftsaufgaben nach, wie z. B. den Ausgleichzahlungen für Behinderte und Benachteiligte und der Gewährleistung von Bildung, der inneren und äußeren Sicherheit usw. Diese Konstellation im Rahmen einer Wachstumswirtschaft bewirkt offensichtlich den Brückenbau zwischen Realwirtschaft und Demokratie als Voraussetzung für einen stabilen Staat.

-       Mangelhafte Wachstumserfolge und Ressourcenvorräte
Was geschieht, wenn Erwartungen von Mitgliedern der Gesellschaft bezüglich des Erhalts von Wachstumserfolgen z. B. in Form von Einkommen und Gewinnen, bezüglich der Güterversorgung und bezüglich der Ressourcenversorgungssicherheit nicht angemessen erfüllt werden und eventuell gesellschaftliche Unzufriedenheit und Verteilungskämpfe drohen. Hier drängen sich Überlegungen zur Verhinderung solcher Situationen auf.

Zur Lösung von Versorgungsproblemen wird oft realwirtschaftliches Wachstum vorgeschlagen, um über zu erzielende und zu verteilende Wachstumserfolge die beteiligten Menschen zu befrieden. Die oft praktizierte asymmetrische Verteilung von Wachstumserfolgen treibt ab einem gewissen Niveau jedoch die Polarisierung an, die die gesellschaftliche Unzufriedenheit fördert.

Neben der Gewährleistung von Wachstumserfolgen ist die Sicherheit der Ressourcenversorgung das zweite wichtige Thema. Diese könnte auf den ersten Blick verbessert werden, wenn im Rahmen asymmetrischer Verteilung von Wachstumserfolgen der Reichtum von wenig Menschen und die Armut von viel Menschen zunehmen. So könnte die Zunahme des Ressourcenverbrauchs beschränkt werden, weil viel arme Menschen kaum noch Ressourcenverbrauch betreiben können. Für die reichen Menschen würden so Ressourcen wie insbesondere die zum Verbrauch bereitstehende Umwelt länger zur Verfügung stehen. Diese ökologische Polarisierung würde so allerdings verstärkt werden.

Vor diesem Hintergrund erscheint es sinnvoll, die verschiedenen Varianten der Polarisierung auf angemessen niedrigen Niveaus zu halten.

Erstens muss zu diesem Zweck die asymmetrische Verteilung von Wachstumserfolgen mehr zur Gleichverteilung übergehen, um die gesellschaftliche und globale Polarisierung zu mindern. Dadurch würde der Ressourcenverbrauch zunehmen.

In der Logik dieses Gedankens muss der Ressourcenverbrauch durch nachhaltiges Wirtschaften begrenzt werden. Die Nachhaltigkeit betrifft den Einsatz erneuerbarer Energien, das Recycling von Rohstoffen und die maßgebliche Minderung des Umweltverbrauchs. So könnte und müsste die ökologische Polarisierung klein gehalten werden.

A 4   Überblick – Von Idealen bis zum Einfluss gegen Folgen von Polarisierung

Zu diesem Komplex werden folgende Aspekte beleuchtet:
- Ideale
- Geld und Gerechtigkeit
- Quantitatives realwirtschaftliches Wachstum und die Realisierung einer Variante von Gerechtigkeit
- Gesellschaftliche Polarisierung
- Ökologische Polarisierung
- Gesellschaftliche und ökologische Polarisierung
- Ersatzschuldige
- Einfluss gegen Folgen von Polarisierung mit Hilfe dezentraler Informationstechnologie

- Ideale

Viele Menschen haben Ideale:

Sie sind oft dafür, dass das Leben nicht von Geld dominiert wird. Sie wünschen sich ein Zusammenleben, welches sich an Gerechtigkeit orientiert.

Sie finden es schrecklich, dass Menschen hungern, an Hungerfolgen sterben oder an einfach zu bekämpfenden Krankheiten und möchten das geändert wissen.

Sie finden es schrecklich, dass zu viel an Ressourcen und insbesondere zu viel von der Umwelt verbraucht wird und möchten, dass das nicht geschieht.

Die Summe vieler Ideale kann es offenbar nicht verhindern, dass sich parallel zu individuellen Wunschwelten eine andersartige von der Gesamtheit der Menschen geschaffene Realwelt zeigt.

Die Realwelt ist geprägt durch Polarisierung mit den Zuständen reich und arm bzw. Überfluss und Hunger. Weiterhin gibt es die Polarisierung, die zwischen den Zeitpunkten noch ausreichender Ressourcenvorräte und Ressourcenmangel entsteht. Diese Polarisierung betrifft insbesondere die Umwelt.

Im Folgenden werden zunächst Mechanismen beleuchtet, die Polarisierungen entstehen lassen und fördern. Im Weiteren wird dann überlegt, wie Polarisierungsfolgen gemildert werden können, bevor sie zu existenzbedrohenden gesellschaftlichen Spannungen in und zwischen Ländern führen.

Polarisierung gebiert einerseits Vorteilsnehmer mit teilweise extremen Vorteilen und andererseits letztendlich existenziell Benachteiligte. Diese Entwicklung soll beleuchtet und die Transparenz zwischen den Beteiligten soll verbessert werden. Vielleicht ist dadurch Polarisierungsreduktion möglich. Vor diesem Hintergrund wird die Realwirtschaft, die ein fruchtbarer Boden für Polarisierung ist, in fünf Teile gegliedert:

-- Die Realwirtschaft soll die Versorgung von Menschen mit Gütern ermöglichen.

-- Die realwirtschaftlich orientierte Finanzwirtschaft kann der Realwirtschaft durch die Bereitstellung von Geld Geschmeidigkeit verleihen. Das geschieht in realwirtschaftlichen Kreisläufe, die idealerweise aus Gütern und Geld bestehen.

-- Die spekulativ orientierte Finanzwirtschaft kann ein Eigenleben in der Finanzwirtschaft entwickeln, wenn diese sich neben realwirtschaftlich orientierten Abläufen auch reiner Spekulation öffnet. Mit reiner Spekulation wird versucht, durch Geldeinsatz ohne begleitende realwirtschaftliche Elemente zusätzliches Geld zu verdienen.

-- Die Informationswirtschaft übernimmt von der Finanzwirtschaft eventuell teilweise deren Informationsaufgaben im Rahmen der Realwirtschaft. Das könnte der Fall sein, wenn die Finanzwirtschaft durch den Einfluss der Spekulation ihre informationelle Funktionsfähigkeit für die Realwirtschaft teilweise verlieren würde.

-- In einer informationsorientierten Realwirtschaft könnte der geheimhaltungsgestützte Antrieb der Wettbewerbsgesellschaft in Richtung zu starker spekulativ geförderter Polarisierung mit Hilfe der Informationstechnologie demokratisch basiert etwas aufgelockert und neu justierbar werden.

Polarisierung kann heraufbeschworen werden, wenn Realwirtschaft an Wachstumsgrenzen kommt. Das ist z. B. dadurch bedingt, dass zur Verteilung bereitstehendes Geld asymmetrisch verteilt wird. Dadurch erhalten manche Menschen zu wenig Geld zum Konsum und somit zur Güternachfrage. Andere dagegen erhalten so viel Geld, dass sie durch Sparen den realwirtschaftlichen Kreisläufen Geld entziehen und damit die potenzielle Güternachfrage schwächen. Für Investitionen in die Realwirtschaft gespartes Geld wird dann für eben diese Zwecke abnehmend benötigt, wenn das realwirtschaftliche Wachstum bei schwächelnder Nachfrage ebenfalls schwächelt.

Gespartes und für Investitionszwecke nicht mehr benötigtes Geld ist statt für Investitionen ersatzweise für spekulative Zwecke einsetzbar. Damit sollen dann eventuell Chancen wahrgenommen werden, durch Spekulation Kursgewinne zu erzielen und so zusätzliches Geld zu realisieren.

Platzende Spekulationsblasen können Anlass sein, über Alternativen für Informationen nachzudenken, Informationen die dem Geld zugeordnet sind und die dem geschmeidigen Ablauf in der Realwirtschaft dienen sollen. Die Informationswirtschaft kann solche Alternativen eventuell anbieten.

Die Informationswirtschaft ist zum Teil von Geheimhaltung geprägt. Dort werden Informationen geheim gehalten, um Wettbewerbsvorteile wahrnehmen zu können.

Geheimhaltung ist also ein Antrieb für eine wettbewerbsorientierte Realwirtschaft. Weitergehend stützt sie aber auch gesellschaftliche, globale und ökologische Polarisierung.

Auf der anderen Seite führt Informationstechnologie eventuell Interessen von durch Polarisierung benachteiligten Menschen zusammen. Deren Aktivitäten könnten Geheimhaltung als Antrieb für Polarisierung demokratisch basiert etwas auflockern.

- Geld und Gerechtigkeit

Man kann den Eindruck haben, dass sich die Realisierung von Gerechtigkeit eher am Gelderwerb orientiert als am Austausch von gegenseitiger unentgeltlicher Hilfe.

Das Maß für die Realisierung ihrer Gerechtigkeitsvorstellungen ist bei vielen Menschen wohl eher dadurch bestimmt, dass sie auch so viel besitzen wollen wie andere Menschen, die mehr haben als sie selbst. Die Erfüllung solcher Ansprüche scheint für sie näher zu liegen, als zur Verteilung bereitstehendes Geld erst einmal anderen zuzugestehen, die weniger haben als sie selbst.

Wenn Menschen es primär als gerecht empfänden, zur Verfügung stehendes Geld zunächst an die Menschen zu verteilen, die weniger besitzen oder erhalten als sie selbst, dann müssten sie sich an geringeren Besitzniveaus anderer Menschen orientieren. Sie müssten wollen, dass bei der Verteilung des zur Verfügung stehenden Geldes nicht das eigene Niveau an das höhere Niveau anderer Menschen angepasst wird, sondern dass das niedrigere Niveau anderer Menschen angehoben wird.

Die Realisierung von angestrebter Gerechtigkeit bei der Verteilung des zur Verfügung stehenden Geldes richtet sich offensichtlich primär an höheren Niveaus anderer Menschen aus und nicht primär daran, die Lücke zwischen eigenem höherem Niveau und dem Niveau ärmerer Menschen zu schließen, indem die niedrigen Niveaus erhöht würden.

Das zur Realisierung von Gerechtigkeit praktizierte Verhalten kann zunächst dazu führen, dass auch ärmere Menschen mehr Geld erhalten. Mit der Zeit kann es so zu einer Auseinanderentwicklung von armen und reichen Menschen führen. Das geschieht insbesondere im Zusammenspiel mit asymmetrischer und speziell prozentualer Verteilung des zur Verfügung stehenden Geldes. Menschen mit höheren Einkommen erhalten so einen höheren Zuschlag als Menschen mit geringem Einkommen.

Die Realisierung von angestrebter Gerechtigkeit bei der Verteilung zur Verfügung stehenden Geldes richtet sich eher am höheren Niveau anderer Menschen aus als am geringeren Niveau anderer Menschen.

- Quantitatives realwirtschaftliches Wachstum und die Realisierung einer Variante von Gerechtigkeit

Die Bezieher höherer Einkommen können bei der Verteilung des zur Verfügung stehenden Geldes ein Grund dafür sein, dass es für Bezieher niedriger Einkommen einen Anspruch gibt, auch mehr Geld erhalten zu wollen, um sich auch mehr Güter leisten zu können. Die Erzielung höherer Einkommen wird eventuell durch die Verbesserung der Qualifikation ermöglicht.

Diese Logik wird als ein Antrieb für zunehmendes quantitatives realwirtschaftliches Wachstum betrachtet. Viele Beteiligte erfüllen so ihre Wünsche, indem sie gewünschte Güter und dafür erforderliches Geld erwerben. Fast alle Beteiligten können an der Verteilung von Wachstumserfolgen teilhaben, die sich solange einstellt, wie Nachfrage nach Gütern, Arbeit und Geld zunehmen, dabei aber tendenzielle Knappheit herrscht. Alle Beteiligten können dann Schritt für Schritt mehr fordern und auch erhalten.

Damit können Bedarfe befriedigt werden, die sich trotz beliebter Konsumkritik dort zeigen, wo Menschen Güter kaufen, sobald diese angeboten werden und das Geld zum Kauf vorhanden ist oder erarbeitet werden kann.

Die Möglichkeit zum Erhalt von Gütern gilt offensichtlich als eine Variante von Gerechtigkeit, wenn fast alle an der Verteilung von Wachstumserfolgen teilhaben können, auch wenn manche mehr erhalten als andere.

- Gesellschaftliche Polarisierung

Bei prozentualer Erhöhung von Einkommen erhalten höhere Einkommen einen größeren Betrag als Zuschlag als geringere Einkommen. So können sich Einkommen auseinander entwickeln.

Wenn der Abstand nicht zu groß wird, ist das offensichtlich akzeptabel. Der nicht zu große Abstand dient sogar als Anreiz, den Anschluss an höhere Einkommen nicht abreißen lassen zu wollen, um sich so mehr leisten zu können. Diese Zusammenhänge verdeutlichen ein Prinzip realwirtschaftlichen Wachstums.

Die durch prozentuale Erhöhungen von Einkommen betriebene Auseinanderentwicklung von Einkommen dient aber nicht nur als Anreiz zu realwirtschaftlichem Wachstum. Sie ist weitergehend auch ein Antrieb für gesellschaftliche Polarisierung, wenn Einkommen sich so sehr auseinander bewegen, dass manche Menschen existenzgefährdend wenig Geld erhalten.

Darüber hinaus kann gesellschaftliche Polarisierung durch Automatisierung und Rationalisierung zusätzlich angetrieben werden, wie im Folgenden gezeigt wird.

Automatisierung ist technikbasiert. Sie mindert für Menschen schwere, einseitige und monotone Belastung und sie bietet Wiederholgenauigkeit und Routinisierungsvorteile. Hier deutet sich schon der Übergang zur Rationalisierung an, die von finanziellen Interessen geleitet wird. Investiertes Geld soll dabei möglichst rentabel wirken. Der Abgleich von Automatisierung und Rationalisierung legt die Vermutung nahe, dass die finanziellen Interessen an der Rationalisierung die technikbasierten Interessen an der Automatisierung zunehmend dominieren.

Einerseits führt Automatisierung zur Verbesserung der Arbeitsbedingungen, Erleichterung der Arbeit und Erfindung von Geräten, die das Leben bequemer machen. Andererseits bewirkt Automatisierung insbesondere im Zusammenspiel mit Rationalisierung partiell Arbeitslosigkeit, geringere Einkommen und gesellschaftliche Polarisierung, wie im Folgenden gezeigt wird.

Automatisierung und Rationalisierung bewirken zunächst, dass Menschen bei der Herstellung von Konsumgütern durch Maschinerie ersetzt werden. Manche dieser Menschen werden dann für die Herstellung von Maschinerie und Informationstechnologie benötigt, die der Automatisierung und Rationalisierung dienen.

Ab einem gewissen Punkt einer solchen Entwicklung wird durch Automatisierung und Rationalisierung die Produktivität bei der Herstellung von Konsum- und Investitionsgütern so groß, dass ein Teil der menschlichen Arbeitskräfte nicht mehr benötigt wird. Das geschieht mit Hilfe des Einsatzes von Energie, Maschinen, Automaten und Informationstechnologie als menschliche Verstärkungsfaktoren.

Manche Menschen werden dann arbeitslos oder sie verdienen bei sich herausbildender Arbeitslosigkeit weniger Geld, z. B. in Service-Branchen. Einkommen dieser Menschen sinken tendenziell und damit auch deren realisierbare Kaufkraft.

Andere Menschen werden weiterhin für die Automatisierung und Rationalisierung benötigt, wenn sie entsprechend gut ausgebildet sind. Sie erhalten tendenziell sogar zunehmende Einkommen und können Geld sparen und es in Automatisierung und Rationalisierung investieren. Wenn es so im Laufe zunehmender Produktivität zu einem Überangebot von Gütern kommt und das gesparte Geld nicht mehr in ausreichendem Umfang für Automatisierung und Rationalisierung benötigt wird, dann wird den realwirtschaftlichen Kreisläufen weiterhin durch das Sparen gutverdienender Menschen Geld entzogen. So wird die potenzielle Kaufkraft geschwächt.

Es zeigt sich ein Antrieb für gesellschaftliche Polarisierung. Die Einkommen der einen Gruppe nehmen eher ab, die der anderen nehmen eher zu. Einkommensminderung der einen Gruppe und Sparen der anderen Gruppe schwächen Kaufkraft und quantitatives realwirtschaftliches Wachstum.

Die vorhergehenden Ausführungen zeigen, dass prozentuale Einkommenserhöhungen zusammen mit Automatisierung und

Rationalisierung bezüglich Einkommen polarisierend wirken können und potenziell die Kaufkraft schwächen.

Im Laufe einer sich polarisierenden realwirtschaftlichen Entwicklung könnte ein verminderter prozentualer Anteil an der Erhöhung von Einkommen logischerweise mehr Gleichverteilung von Wachstumserfolgen bei der Erhöhung von Einkommen erlauben.

Menschen mit geringen Einkommen würden bei mehr Gleichverteilung einen höheren Zuschlag bekommen als bei reiner prozentualer Verteilung von Wachstumserfolgen. Sie könnten noch nicht befriedigtem Konsumbedarf nachgehen, die Nachfrage nach Gütern steigern und so realwirtschaftliche Kreisläufe antreiben.

Menschen mit hohen Einkommen würden im Vergleich zu Menschen mit geringen Einkommen bei Gleichverteilung von Einkommenserhöhungen geringere Zuschläge bekommen als bei prozentual verteilten Einkommenserhöhungen. Sie hätten weniger Geld zum Sparen, zum Investieren in Rationalisierung, zur Erzeugung von Arbeitslosigkeit und zur Verursachung von zu geringen Einkommenszunahmen bei geringverdienenden Menschen. Sie hätten weniger Geld für den Antrieb gesellschaftliche Polarisierung.

Ein höherer Anteil von gleichverteilter statt prozentual verteilter Einkommenserhöhung würde eine Zunahme des konsumtiven Anteils an der Realwirtschaft bedeuten sowie eine geringere Zunahme gesellschaftlicher Polarisierung. Es ergäbe sich keine Abbremsung der Realwirtschaft, sondern eine Zunahme realwirtschaftlicher Wachstumserfolge. Davon könnten ärmere Menschen profitieren, weil sie mehr konsumieren können. Längerfristig würde dann auch wieder mehr gespartes Geld für Investitionen benötigt, um die steigende Nachfrage nach Konsumgütern bedienen zu können.

Die Zunahme gleichverteilter und die Abnahme prozentual verteilter Anteile an dem zur Verteilung bereitstehenden Geld könnte offensichtlich dazu dienen, eine schwächelnde Realwirtschaft und eine durch Sparen zunehmende spekulative Finanzwirtschaft in Richtung wachsender Realwirtschaft zu beeinflussen – auf Kosten der spekulativen Finanzwirtschaft.

Die Realität ist aber offensichtlich so, dass die prozentuale Erhöhung von Einkommen auf einer gesellschaftlichen Willensäußerung beruht, die sich als Summe vieler individueller Verhaltensweisen offenbart. Diese Willensäußerung zeigt sich dadurch, dass trotz beobachtbarer gesellschaftlicher Polarisierung kaum Gleichverteilung von Einkommenssteigerungen erfolgt. Hier wird ein Versuch gestartet, dieses Phänomen plausibel zu machen.

Für Menschen, die von gesellschaftlicher Polarisierung profitieren, ist es verführerisch, Gleichverteilung als Gleichmacherei zu klassifizieren und ihr damit einen negativen Beigeschmack zu geben, um dann Einkommenszuwächse wie gewohnt zu eigenen Gunsten prozentual zu gestalten. Dieses Verhalten erscheint leicht praktizierbar, solange es vielen Menschen gelingt, zu den Vorteilsnehmern prozentualer Verteilung bereitstehenden Geldes zu gehören und parallel dazu Folgen gesellschaftlicher Polarisierung aus dem Wege zu gehen.

Prozentuale Einkommenserhöhung sowie Automatisierung und Rationalisierung fördern Polarisierung. Sie spielt sich zwischen Menschen und Bevölkerungsteilen ab. Das Entstehen von Polarisierung passiert schleichend. Ihre Sprengkraft ist später Gegenstand weiterer Betrachtungen.

-       Ökologische Polarisierung
Folgende Aktivitäten verstärken Verbrauch und Verknappung von Ressourcen wie Energie, Rohstoffe und die Umwelt:
--   Erhöhung des menschlichen Verstärkungsfaktors
--   Automatisierung und Rationalisierung
--   Gleichverteilung von Wachstumserfolgen.

Anscheinend unbeschränkte Ressourcenvorräte können mit deren Hilfe schleichend in den Zustand zu großer Knappheit übergehen. Der Übergang ist eine durch Ressourcenverbrauch getriebene ökologische Polarisierung. Mit ihr entwickelt sich im Laufe der Zeit der Zugang zu Ressourcen für die beteiligten Menschen unterschiedlich. Die reicheren Menschen und die reicheren Staaten haben mehr Geld, um benötigte Ressourcen bezahlen zu können. Letztendlich sind vom Verbrauch der Ressource Umwelt aber alle Menschen existenziell betroffen. Auch die ökologische Polarisierung ist später Gegenstand weiterer Betrachtungen.

-        Gesellschaftliche und ökologische Polarisierung
Beide Varianten von Polarisierung können bei benachteiligten Menschen Unzufriedenheit provozieren. Diese kann in Akzeptanzproblemen gegenüber dem Staat, in sozialen Unruhen und in Verteilungskämpfen münden.

Unruhen als Folge von Polarisierung können Aktivisten hervorbringen, die gesellschaftliche Stabilität eher autoritär und weniger demokratisch anstreben.

Folgen von Polarisierung könnten aber auch präventiv angegangen werden, indem z. B. Erfolge speziell auf spekulativ orientierten Finanzmärkten angemessen abgeschöpft würden, um diese in Richtung armer Bevölkerungsteile und Länder umzuverteilen.

Dagegen sind Widerstände derjenigen zu vermuten, die von Polarisierung profitieren, denn diese Menschen profitieren auch davon, dass arme Menschen möglichst wenig Geld für den Konsum erhalten und so den Ressourcenvorrat möglichst wenig reduzieren. Damit reichen die Ressourcenvorräte länger für die Menschen mit großen finanziellen Potenzialen.

Logischerweise gibt es von Seiten der Benachteiligten Grenzen für die Akzeptanz von Polarisierung.

Diese Grenzen können bei Vorteilsnehmern von Polarisierung Interessen an der Findung von Ersatzschuldigen wecken, die sie dann eventuell für das Entstehen von Polarisierung verantwortlich machen wollen.

- 	Ersatzschuldige
Zunächst gilt es das Prinzip der Findung von Ersatzschuldigen zu beleuchten. In einem ersten Schritt wird das Zusammenwirken von benachteiligten Menschen aus verschiedenen Ländern betrachtet. Da sind einerseits die Flüchtlinge aus Hunger- oder Kriegsgebieten, die in industrialisierte Länder geflüchtet sind. Da sind andererseits arme Menschen in industrialisierten Ländern. In erster Annäherung liegt es nahe, Flüchtlinge dafür verantwortlich zu erklären, dass es in deren Zufluchtsländern arme Menschen gibt, weil die Flüchtlinge Geld und Arbeitsplätze auf Kosten der armen einheimischen Menschen erhalten. Gern wird unterschlagen, dass die Benachteiligung von Menschen in industrialisierten Staaten oft durch gesellschaftliche Polarisierung in den Industriestaaten selbst verursacht wird, und dass Flüchtlinge aus Hunger- und Kriegsgebieten oft die Folge von globaler Polarisierung zwischen reichen und armen Ländern sind.

Menschen, die die negativen Folgen gesellschaftlicher und globaler Polarisierung tragen, sitzen offensichtlich in einem Boot. Das sind arme Menschen in verarmten Staaten und arme Menschen in industrialisierten Staaten. Diese Menschen sind durch gegenseitige Fremdheit getrennt, welche politisch dazu benutzt werden kann, sie gegeneinander auszuspielen. Dann müssen z. B. Flüchtlinge als Ersatzschuldige für grundlegende Probleme von Polarisierung herhalten. Es drängen sich also weitergehende Betrachtungen auf.

- 	Einfluss gegen Folgen von Polarisierung mit Hilfe
	dezentraler Informationstechnologie
Für Benachteiligte von Polarisierung ist es logisch, dass sie eventuell in zunehmendem Umfang Güter erwerben möchten. Letzt-

endlich möchten darüber hinaus viele Menschen mehr Güter bekommen. Zur Befriedigung des Güterbedarfs ist die Produktion der Güter erforderlich. Zwecks Ermöglichung von zunehmender Produktion statten Menschen sich durch den Einsatz von Energie, Maschinen, Automaten und Informationstechnologie mit Verstärkungsfaktoren aus. Mit deren Hilfe wird Automatisierung möglich, und diese verbindet sich zwecks lohnengem Geldeinsatz mit dem Interesse an Rationalisierung. Dadurch wird bei der Herstellung von Konsum- und Investitionsgütern die Produktivität verbessert. Somit werden zunehmend mehr Ressourcen - wie Energie, Rohstoffe und insbesondere nur begrenzt zur Verfügung stehende Umwelt - verbraucht, so dass deren Verknappung droht.

Durch obigen Gedankengang hat sich ein Teufelskreis aufgetan. Deckung des zunehmenden Güterbedarfs für alle Menschen bringt letztendlich Ressourcenknappheit und die begrenzt dann die Realisierung von Güterbedarf. Im Folgenden muss also überlegt werden, wie ein Entrinnen aus dem Teufelskreis möglich wäre.

Ideal wären Märkte; auf denen Güterbedarfe gedeckt und gleichzeitig Ressourcenknappheit verhindert werden könnten. Märkte sind anscheinend aber auf Wachstum mit zugehöriger Ressourcenverknappung angelegt. Das kommt daher, dass Menschen zunehmend mehr Güter zum Überleben und für Konsum und für verbesserten Lebensstandard beanspruchen ohne genügend Rücksicht auf Ressourcenvorräte zu legen.

Zunächst erscheint es sinnvoll, sich mit realwirtschaftlichem Wachstum zu beschäftigen, welches dazu dienen soll, den Güterbedarf der Menschen zu decken. Dazu werden zwei Erscheinungsformen des Wachstums betrachtet.

Erstens ist ausreichendes quantitatives realwirtschaftliches Wachstum von Bedeutung. Dabei bringen menschliche Arbeit, Automatisierung und Rationalisierung zunehmend realwirtschaftliche Kreisläufe in Gang. Die bestehen aus Ressourcen für die

Güterherstellung, Gütern, Löhnen, Gehältern, Konsum, Gewinn und Investitionen. Wenn fast alle Mitglieder einer Gesellschaft gut mit Geld und Gütern versorgt sind und Wünsche nach Überleben, Komfort, Statussymbolen und Zukunftssicherung weitgehend erfüllt werden, herrscht ausreichendes quantitatives realwirtschaftliches Wachstum.

Zweitens kann ausreichendes quantitatives realwirtschaftliches Wachstum in mangelhaftes quantitatives realwirtschaftliches Wachstum übergehen. Das geschieht z. B. durch das Zusammenwirken von Automatisierung und Rationalisierung mit der asymmetrischen Aufteilung von Wachstumserfolgen. Eine spezielle Form der Asymmetrie ist die prozentuale Erhöhung von Löhnen und Gehältern.

Automatisierung und Rationalisierung erhöhen die Wachstumserfolge. Wenn diese asymmetrisch und im Spezialfall prozentual aufgeteilt werden, erhält ein Teil der Bevölkerung größere und ein anderer Teil kleinere Zuschläge. Die Beträge der Einkommen der beteiligten Menschen entwickeln sich auseinander. Für die Menschen mit geringen Einkommen ergeben sich geringere Konsummöglichkeiten. Parallel steigen durch Automatisierung und Rationalisierung die Produktivität und der Güterausstoß. Abnehmende Konsummöglichkeit und produktiverer Güterausstoß erfordern weniger Arbeitskräfte. Es ergeben sich ein geringerer Arbeitskräftebedarf und tendenziell geringere Einkommen.

Wir haben gesehen, wie sich durch asymmetrische Aufteilung der Wachstumserfolge die Beträge der Einkommen der beteiligten Menschen auseinanderentwickeln. Das gilt natürlich auch für den Spezialfall der Asymmetrie, nämlich der prozentualen Erhöhung von Löhnen und Gehältern, Dadurch werden manche Beschäftigte relativ ärmer. Andere Menschen wiederum, die für die Automatisierung und Rationalisierung benötigt werden, erhalten höhere Zuschläge zu ihren Einkommen. Sie werden relativ reicher. Die Aufsplittung hat zur Folge, dass Menschen mit größeren Einkommen einen Teil der Wachstumserfolge dem Konsum durch

Sparen entziehen, während andere Menschen wegen zu geringem Einkommen nur geringere Kaufkraft entfalten können. Beide Gruppen schwächen die Realwirtschaft.

Die Auseinanderentwicklung der Einkommen bietet für zunehmende Teile der Bevölkerung kaum Chancen, auf der Einkommensleiter aufzusteigen. Eine derart voranschreitende relative Armut von Bevölkerungsteilen kann gesellschaftliche und globale Unzufriedenheiten verursachen.

In der Diskussion über dieses Phänomen der teilweisen Verarmung einer Gesellschaft wird oft traditionelles quantitatives realwirtschaftliches Wachstum als Lösungsinstrument vorgeschlagen. So sollen Wachstumserfolge entstehen, die zur Verteilung kommen können. Es ist aber widersprüchlich, quantitatives realwirtschaftliches Wachstum fast durchgängig zur Bekämpfung von partieller Armut einsetzen zu wollen, obwohl es sich oft als dessen Verursacher zeigt. Trotzdem setzt die wirtschaftliche Diskussion wegen augenscheinlicher Alternativlosigkeit primär auf das Instrument des realwirtschaftlichen Wachstums.

Wenn die Wachstumserfolge nur zu einem geringeren Anteil asymmetrisch bzw. prozentual verteilt und zu einem größeren Anteil gleichverteilt würden, gäbe es eine geringere Polarisierung zwischen armen und reichen bzw. zwischen hungernden und im Überfluss lebenden Menschen. Damit könnten dann zunehmend mehr Konsum- und Investitionsgüter gekauft werden. Damit könnte dann aber auch die Ressourcenverknappung zunehmend schnell vorangehen.

Wenn die Wachstumserfolge maximal asymmetrisch verteilt werden, gibt es in maximal möglichem Umfang arme und hungernde Menschen und in minimalem Umfang reiche und im Überfluss lebende Menschen. In diesen Zusammenhängen würde die Verknappung von Ressourcen eher langsam voranschreiten.

Es zeigt sich folgendes Spannungsfeld zwischen mehr gleicher und eher asymmetrischer Verteilung der Wachstumserfolge:

Bei mehr gleicher Verteilung von Wachstumserfolgen wird realwirtschaftliches Wachstum angetrieben und die Ressourcenverknappung bei Energie, Rohstoffen und insbesondere bei der Umwelt wird verstärkt. Logischerweise werden sich gegen eine solche Entwicklung die Vorteilsnehmer asymmetrischer Verteilung der Wachstumserfolge auf den Plan gerufen fühlen, um sich durch asymmetrische Verteilung für längere Zeit Ressourcenvorräte zu sichern.

Bei eher asymmetrischer Verteilung von Wachstumserfolgen wird die gesellschaftliche Polarisierung zwischen resultierenden Benachteiligten und Vorteilsnehmern angetrieben. Eine solche Entwicklung kann die Benachteiligten zu Demonstrationen und zur Einflussnahme auf den Plan rufen.

Vor diesem Hintergrund müssen gesellschaftliche, globale und ökologische Polarisierung mit ihren Bezügen zu realwirtschaftlichem Wachstum und zur Ressourcenverknappung betrachtet werden, um Einflussmöglichkeiten zur Reduktion gesellschaftlicher Sprengkraft aufzuspüren.

In einem ersten Schritt wird die Verstetigung realwirtschaftlichen Wachstums zwecks Bereitstellung von genügend Wachstumserfolgen für alle Mitglieder der Gesellschaft betrachtet.

In einem zweiten Schritt wird die begrenzte Verfügbarkeit der Ressourcen und dabei insbesondere die der verbrauchbaren Umwelt in die Überlegungen einbezogen.

In einem nächsten Schritt könnte zwecks Überwindung von Folgen gesellschaftlicher, globaler und ökologischer Polarisierung die Informationstechnologie eine Rolle spielen. Das könnte geschehen, indem mit ihrer Hilfe die Geheimhaltung in der Wettbewerbsgesellschaft aufgelockert würde, sofern die Geheimhaltung als Antrieb gesellschaftlicher, globaler und ökologischer Polarisierung wirkt. Zu diesem Zweck könnten sich dezentrale benachteiligte Individualinteressen verbinden, entsprechend informationstechnologisch basierte Antigeheimhaltungsmaßnahmen planen und diese demokratisch basiert realisieren.

Weitergehend erfolgt eine Diskussion der realwirtschaftlichen Entwicklung unter Einbezug spezieller gesellschaftlicher Aspekte.

Nach diesem Überblick werden zunächst grundsätzliche Überlegungen zu Gütern, Geld und Tauschbeziehungen angestellt.

B   Güter, Geld und Tauschbeziehungen

Alles was Menschen GEBEN, NEHMEN oder auch ZWISCHEN-LAGERN, wird unter dem Sammelbegriff Güter zusammenge-fasst. Dazu gehören z. B. Aufmerksamkeit, Zuwendung, Kommu-nikation, unentgeltliche Hilfe, Lebensmittel, Dienstleistungen, Konsumgüter, Investitionsgüter, Rohstoffe und Energie. In diese Aufzählung gehören auch die finanziellen Mittel wie Geld. Sie können als Tauschmittel für viele andere Güter dienen.

Die Palette aller Güter ist in drei Kategorien einteilbar:
-     finanzielle Mittel
-     qualitative Güter
-     quantitative Güter.

Durch Geben und Nehmen von Gütern gehen Menschen Bezie-hungen ein, und zwar - Tauschbeziehungen.

Selbst ein absolutes Einsiedlerdasein ist durch dessen Zusam-menwirken mit der Natur und deren Güter in Form ihrer Ressour-cen in diese Definition eingeschlossen.

Qualitative und quantitative Güter sowie finanzielle Mittel können getauscht werden. Damit ist es möglich, das ge-samte menschliche Zusammenwirken abzubilden.

B 1   Finanzielle Mittel und Tauschbeziehungen

Finanzielle Mittel können als allgemeingültige Tauschmittel für verschiedenste andere Güter dienen.

Geld ist eine Erscheinungsform finanzieller Mittel. Ihm ist ein Wert in Form einer Zahl und einer Währung zugeordnet.

Um Güter kaufen oder verkaufen zu können, bedarf es des Geldes. In der Zeit der Nichtnutzung kann man es zwischenlagern, sparen, verleihen bzw. leihen. Es dient u. a. dazu, mit Gütern zusammen realwirtschaftliche Kreisläufe zu bilden.

- Zwischenlagerung

Geld kann man in den Zeiträumen zwischen Tauschvorgängen auf einfache Art und Weise zwischenlagern. Dann muss man nicht raumgreifende oder auch verderbliche Güter lagern, um diese später gegen andere raumgreifende oder verderbliche Güter tauschen zu können.

- Sparen

Geld kann man sparen, um damit später z. B. größere Anschaffungen vornehmen zu können.

- Leihen und verleihen

Geld kann man aber auch von anderen Personen oder Institutionen leihen oder man kann es an diese verleihen. Mit diesem Geld können z. B. Investitionen vorgezogen werden, um Marktchancen möglichst früh nutzen zu können. Mit seiner Hilfe ist es aber auch möglich, Konsummöglichkeiten vorzeitig zu realisieren.

B 2　　Qualitative Güter und Tauschbeziehungen

Qualitative Güter werden hier so definiert, dass Ihnen kein Geldwert zugeordnet ist. Zu Verbesserung der Transparenz wird ihre Bedeutung wie folgt aufgefächert:
- Erscheinungsformen qualitativer Güter
- Qualitative Güter und die erforderliche Zeit für Vertrauensbildung und Entstehung von Tauschbeziehungen
- Qualitative Güter und die erforderliche Zeit für den Erwerbsvorgang, die sich aus der Komplexität des Tauschmarktes und der Zwischenlagerzeit für Güter ergibt.

-       Erscheinungsformen qualitativer Güter
--   Qualitative Güter gibt es u. a. als immaterielle Güter
Das sind z. B. Güter wie Aufmerksamkeit und Zuwendung, Zuhö-
ren und Kommunikation - Güter, die Menschen als soziale Wesen
benötigen, die aber meistens nicht gegen Geld erworben oder
gegeben werden.

--   Qualitative Güter zeigen sich auch als unentgeltliche Hilfen
Zu den qualitativen Gütern gehören auch unentgeltliche Hilfen.
Sie werden z. B. an Freunde, Nachbarn, Verwandte, Mitglieder
einer Gruppe oder Hilfsbedürftige gegeben. Oft sind das gegenseitige Hilfen.

--   Quantitative Güter erhalten qualitativen Charakter, wenn es
        ursächlich zu wenig Geld gibt
Wenn viele Menschen in einer Realwirtschaft zu wenig Geld haben, um alle erforderlichen Güter oder Dienstleistungen kaufen
zu können, bieten sich Alternativen an. Solche Menschen erzeugen dann z. B. Lebensmittel für den eigenen Bedarf und produzieren zusätzlich Überschuss, den sie als Tauschmittel zwecks
Erwerbs anderer Lebensmittel einsetzen. Getauschte Güter aus
dem Überschuss erhalten so qualitativen Charakter.

Dieser Sachverhalt lässt es logisch erscheinen, dass Güter und
Geld annähernd im Gleichgewicht und von relativer Knappheit
gekennzeichnet sein sollten, um so Anreize für realwirtschaftliche
Kreisläufe aus Gütern und Geld zu ermöglichen.

Wenn in arme Ländern zu wenig Geld hineinfließt, weil andere,
reiche Länder zu wenig Geld für Rohstoffe und Produktfertigung
bezahlen, können in den armen Ländern mit zu wenig Geld kaum
realwirtschaftliche Kreisläufe entstehen. Die Mangelwirtschaft erlaubt es vielen Menschen in armen Ländern nicht, viele Güter zu
erwerben und viele Rohstoffe zu verbrauchen. So profitieren reiche Länder möglichst lange von weltweiten Rohstoffen und der
von ihnen gestützten Armut.

--   Quantitative Güter erhalten qualitativen Charakter, wenn viel zu viel Geld in Umlauf ist und Geldbesitz zu schnell an Wert verliert

Güter, die Marktteilnehmer [1] für Geld von Marktteilnehmer [2] erwerben könnte, werden von [2] nicht gern für Geld hergegeben, wenn das von [2] angenommene Geld bei ihm bis zum nächsten Einsatz zu sehr an Wert verliert.

Der Wertverlust von Geld kann in der Zeit des Zwischenlagerns vom Einnehmen bis zum Ausgeben durch Inflation entstehen. Die Inflation wiederum kann dadurch verursacht werden, dass viel zu viel Geld in Umlauf gebracht wird, ohne dass ein entsprechender Gegenwert an gewünschten Gütern zum Kauf bereitsteht. Dann ist es für Güteranbieter naheliegend, die Güterpreise zu erhöhen. So können im Umlauf befindliche Geldmenge und Güterpreise schnell zunehmen. Die bei Konsumenten und Unternehmen zwischengelagerte Geldmenge nimmt aber nicht zu und erlaubt später nur noch den Kauf von weniger zwischenzeitlich teurer gewordenen Gütern.

Wenn eine solche Entwicklung erhebliche Ausmaße annimmt, kann es sein, dass fremde Güter nicht mehr für Geld, sondern durch Tausch gegen eigene Güter erworben werden. Weiterhin werden eventuell auch Tauschobjekte für weitere später benötigte Güter besorgt. Die Tauschobjekte werden somit bis zum nächsten Tausch zwischengelagert und damit der realwirtschaftlichen Versorgung der Bevölkerung für eine gewisse Zeit entzogen. Die ursprüngliche Knappheit von Gütern wird so zusätzlich gesteigert. Die sonst kaufbaren Güter erhalten den Charakter qualitativer Güter

Dieser Sachverhalt lässt es logisch erscheinen, dass Güter und Geld annähernd im Gleichgewicht bleiben und von relativer Knappheit gekennzeichnet sein sollten, um so die Funktion realwirtschaftlicher Kreisläufe zu ermöglichen.

-- Quantitative Güter erhalten qualitativen Charakter, wenn es ursächlich zu wenig Güter gibt

In einer Planwirtschaft als Spezialform einer Volkswirtschaft stehen erfahrungsgemäß oft zu wenige Güter zum Kauf zur Verfügung. Die Mitglieder einer solchen Gesellschaft können durchaus genug Geld haben, um ihre Wünsche zu erfüllen, wenn in allen Bereichen genügend Güter angeboten würden. Wenn für das vorhandene Geld in manchen Bereichen nicht genügend Güter angeboten werden, können gewünschte Güter oft nicht gekauft werden. Wenn die Güteranbieter die Knappheit bemerken, liegt es nahe, dass sie die Preise der Güter bei reichlich vorhandenem Geld erhöhen wollen, weil sie die Güter dann logischerweise immer noch verkaufen könnten. Wenn in einer Planwirtschaft die Preise allerdings vorgegeben werden und bei entsprechender Marktlage nicht erhöht werden dürfen, ist es logisch, dass die Güteranbieter ihre Güter nicht gegen Geld hergeben, wenn es eine Alternative gibt. Diese Alternative besteht oft darin, dass Güteranbieter ihre Güter gegen andere Güter tauschen und diese erhaltenen Güter wiederum gegen andere selbst benötigte Güter tauschen. So erreichen Güter auf dem Tauschmarkt vielleicht einen als höher empfundenen Tauschwert, als wenn sie gegen Geld abgegeben würden.

Eigentlich für Geld angebotene Güter erhalten so als Tauschgüter den Charakter qualitativer Güter. Wenn sich Gütertausch durchsetzt, zeigt er das Versagen der Funktion des Geldes an. Auch dieser Sachverhalt lässt es logisch erscheinen, dass Güter und Geld annähernd im Gleichgewicht bleiben und von relativer Knappheit gekennzeichnet sein sollten, um so die Funktion realwirtschaftlicher Kreisläufe zu ermöglichen.

- Qualitative Güter und die erforderliche Zeit für Vertrauensbildung und Entstehung von Tauschbeziehungen

Bei qualitativen Gütern ist der Wert oft nicht gut messbar. Geben und Nehmen kann oft nicht gut bilanziert werden. Wenn Geben und Nehmen darüber hinaus zu unterschiedlichen Zeitpunkten erfolgt, müssen sich die Beteiligten sicher sein können, dass eine

Seite die Tauschbeziehung nicht zu einem Zeitpunkt des Ungleichgewichts zu ihren Gunsten abbricht. Tauschpartner müssen sich derart vertrauen können, dass es über längere Zeit ein beidseitig empfundenes Gleichgewicht zwischen Geben und Nehmen geben kann und wird.

Es erscheint plausibel, dass der Aufbau des Vertrauens zwischen Tauschpartnern eine gewisse Zeit benötigt, während Güter mit Geld schneller erworben werden können. Die erforderliche Zeit für die Vertrauensbildung dürfte umso länger sein, je größer der empfundene Wert von Tauschobjekten ist.

Die Vertrauensbildung ist wichtig für das Entstehen und längerfristige Bestehen von Tauschbeziehungen.

- Qualitative Güter und die erforderliche Zeit für den Erwerbsvorgang, die sich aus der Komplexität des Tauschmarktes und der Zwischenlagerzeit für Güter ergibt.

Wenn nicht genug Geld oder Güter zur Verfügung stehen oder wenn Geld wegen mangelnder Wertbeständigkeit nicht akzeptiert wird, findet Gütererwerb statt durch Geld ersatzweise auch durch Gütertausch statt. Die Tauschbeziehungen zwischen einer Vielzahl von Menschen im Zusammenspiel mit einer Vielzahl von Gütern sind dann sehr komplex. Dabei werden die kommunikativen und kooperativen Fertigkeiten der Beteiligten herausgefordert, um die Verteilung der Güter auf dem Markt realisieren zu können.

Weil bei Tauschbeziehungen Güter oft und manchmal auch für längere Zeit zwischengelagert werden, sind sie damit dem Konsum und teilweise auch den Investitionsaktivitäten temporär entzogen. Das behindert die Versorgung der Bevölkerung.

Das Finden und Erwerben der gewünschten Güter durch Tausch erfordert wegen der Komplexität des Tauschgeschehens und der Zwischenlagerzeit oft mehr Zeit, als wenn Güter direkt gegen Geld erworben werden können.

B 3   Quantitative Güter und Tauschbeziehungen

Quantitative Güter sind solche, denen ein Geldwert zugeordnet wurde. Dazu gehören z. B. Rohstoffe Energie, Investitionsgüter, Konsumgüter und Dienstleistungen. Der Erwerb quantitativer Güter mit Hilfe von Geld geht meistens schneller vonstatten als der Erwerb von qualitativen Gütern durch Tausch gegen andere qualitative Güter.

B 4   Das Zusammenwirken quantitativer und qualitativer Güter

Bei qualitativen und quantitativen Gütern zeigen sich unterschiedlich lange Zeiten, die für den Erwerb qualitativer bzw. quantitativer Güter benötigt werden. Diese Zeiten werden als asymmetrische Zeiten bezeichnet.

Weiterhin beeinflussen sich die Anteile qualitativer und quantitativer Güter an der Menge aller gehandelten Güter gegenseitig.

-      Die Asymmetrie der erforderlichen Zeiten für den Erwerb qualitativer bzw. quantitativer Güter

Wegen der erforderlichen Zeit für den Aufbau einer Vertrauensbeziehung zwischen Tauschpartnern, der Komplexität des Tauschmarktes und der zugehörigen Zwischenlagerzeit für qualitative Güter erfordert die Realisierung von Tauschvorgängen mit qualitativen Gütern offensichtlich längere Zeit als der Erwerb von quantitativen Gütern mit Hilfe von Geld. Man kann von einer Asymmetrie der Zeiten sprechen, die dem Erwerb der qualitativen Güter einerseits und der quantitativen Güter andererseits innewohnen. Somit funktioniert ein Gütermarkt mit qualitativen Gütern erklärlicherweise langsamer als ein vergleichbarer Markt mit quantitativen Gütern.

- Quantitative Güter und ihr abnehmender Handelsanteil zugunsten qualitativer Güter

Wenn in realwirtschaftlichen Kreisläufen der Geldanteil und der Güteranteil nicht in einem angemessenen Verhältnis zueinanderstehen, tauschen Menschen neben den typischen qualitativen Gütern auch oft quantitative Güter gegen andere quantitative Güter, ohne dass Geld als Tauschmittel eingesetzt wird. Gegeneinander getauschte quantitative Güter erhalten damit den Charakter qualitativer Güter. Der Anteil von qualitativen Gütern am gesamten getauschten Güterumfang nimmt dann also eher zu.

- Quantitative Güter und ihr zunehmender Handelsanteil zu Lasten qualitativer Güter

Ein Nachteil von Tauschbeziehungen mit qualitativen Gütern besteht darin, dass Tauschpartner nach dem Empfang als wertvoll empfundener Güter die Beziehungen einseitig abbrechen und das gegenseitige Vertrauen zerbrechen können.

Somit können es qualitative Tauschbeziehungen schwer haben dauerhaft zu existieren. Das trifft insbesondere zu, wenn Menschen genug Geld zur Verfügung haben, wenn genügend Güter angeboten werden und wenn dem stabilen Wert des Geldes als Tauschmittel vertraut werden kann. Dann erscheint es plausibel, dass Menschen zunehmend auf quantitative Güter setzen und deren Anteil am gesamten Gütermarkt zunimmt.

B 5 Zusammenfassung: Güter und Tauschbeziehungen

Es wird als plausibel unterstellt, dass das Zusammenwirken von Menschen durch die Darstellung ihrer Tauschbeziehungen - einschließlich des Einsatzes von Geld - beschrieben werden kann.

Qualitative Güter können Menschen mit Hilfe des Tauschs qualitativer Güter gegeneinander erwerben. So können sie versuchen, alles zu erhalten, was nicht für Geld gekauft werden soll bzw. gekauft werden kann. Menschen lernen dabei, sich zu verständigen. sie müssen kommunizieren, verhandeln und handeln können. Der Erwerb qualitativer Güter kann sogar als ein Antrieb zum Erwerb sozialpsychologischer Kompetenzen angesehen werden. Tauschgeschäfte mit qualitativen Gütern kann man als Gleitmittel für gesellschaftliches Zusammenwirken bezeichnen.

Quantitative Güter können Menschen mit Hilfe von Geld erwerben. Das dafür erforderliche Geld können sie z. B. durch die Arbeit zum Zweck der Herstellung von Gütern verdienen.

Güter sind grundsätzlich dafür da, dass Menschen Bedürfnisse erfüllen und Bedarfe decken können. Menschen können darüber hinaus auch zeigen, wieviel sie sich zu leisten vermögen. Allgemein kann man sagen, dass die meisten Menschen Wünsche haben und versuchen, sich diese zu erfüllen.

Das Entstehen von Wünschen geht meistens schneller und leichter vonstatten als das Tun des Erarbeitens und Erwerbens der gewünschten Güter. Man kann zunächst davon ausgehen, dass Wünsche nicht versiegen und damit fortdauernd als Antrieb für quantitatives realwirtschaftliches Wachstum wirken können.

Die Wünsche nach Gütern, die zu ihrer Erfüllung zu leistende menschliche Arbeit und der Herstellungsvorgang der Güter sind zentrale realwirtschaftliche Elemente. Realwirtschaftliches Wachstum zeigt sich durch die Zunahme der Herstellung von Gütern. Diese Güterherstellung bildet zusammen mit bereits vorhandenem oder zu erwerbendem Geld realwirtschaftliche Kreisläufe. So kann ein Treiber quantitativen realwirtschaftlichen Wachstums entstehen.

C	**Treiber der quantitativen Realwirtschaft**

Wie die Erfahrung zeigt, möchten Menschen sich gern fortlaufend und in zunehmendem Umfang Wünsche erfüllen. Die Realwirtschaft kann dazu dienen, gewünschte Güter bereitzustellen. In erster Linie sind das quantitative Güter, denn mit denen können Wünsche durch den Kaufvorgang schnell erfüllt werden, sofern das erforderliche Geld vorhanden ist bzw. erworben werden kann. Vor diesem Hintergrund kann sich eine quantitative von Wachstum geprägte Realwirtschaft herausbilden. Im Folgenden wird diese aufgefächert, um ihre Treiber betrachten zu können.

- Quantitatives realwirtschaftliches Wachstum und dessen Verstärkung durch Erhöhung der Produktivität

Wenn der quantitätsmäßige Umfang von Gütern und das Einkommen in realwirtschaftlichen Kreisläufen fortlaufend zunehmen, bezeichnen wir das als quantitatives realwirtschaftliches Wachstum. Unternehmen produzieren dann zunehmend mehr Güter und beschäftigen zu diesem Zweck zunehmend mehr Arbeitskräfte, die wiederum zunehmend mehr Geld für den Erwerb weiterer quantitativer Güter verdienen. In diesem Ablauf können Unternehmen Gewinne realisieren und in die Erhöhung von Produktivität investieren. Deren Zunahme wird durch den Einsatz von Rohstoffen, Maschinerie, Informationstechnologie und externer Energie ermöglicht. Hier wurde ein sich verstärkender realwirtschaftlicher Kreislauf aufgezeigt, wobei die Zunahme der erzeugten Güter und bereitgestellten Einkommen in erster Linie durch die Erhöhung der Produktivität ermöglicht wird. Die Zunahmen speziell im Bereich der Löhne und Gehälter werden als Wachstumserfolge bezeichnet.

Einkommen speziell der Arbeitnehmer, Gewinne der Unternehmen, Güterherstellung und Gütererwerb pegeln sich bei den beschriebenen Vorgängen sinnvollerweise fortlaufend neu aufeinander ein. Dieses Einpegeln sollte für fast alle Beteiligten als Erhöhung in kleinen Schritten erfolgen. Die Erfolge zunehmender

Produktivität sollten an Arbeitnehmer und Unternehmen weiter-gegeben werden. Die Erhöhung bietet dann eine Verbesserung für alle Beteiligten an, so dass diese logischerweise ein Interesse daran haben, die Entwicklung im Rahmen quantitativen realwirt-schaftlichen Wachstums fortzusetzen.

-        Quantitatives realwirtschaftliches Wachstum und Knappheit
Quantitatives realwirtschaftliches Wachstum kann auf zweierlei Art angestoßen und in Gang gehalten werden.

Erstens können bei Güternachfrage und zunehmender Güterher-stellung Arbeitskräfte und Arbeitszeit knapp werden. So sind hö-here Einkommen durchsetzbar und die Möglichkeiten zum Güter-erwerb nehmen zu.

Zweitens können Unternehmen bei zunehmender Güternach-frage und potenzieller Güterknappheit, die sich durch die Verlän-gerung von Lieferzeiten zeigen kann, gute Preise erzielen. Bei damit einhergehendem gutem Gewinn können sie diesen u. a. für Investitionen in neue und effektivere Produktionsanlagen und für höhere Einkommen der Arbeitnehmer einsetzen.

Beiden Antriebsarten gemeinsam ist die Knappheit. Das ist ers-tens die Knappheit von Arbeitskräften und zweitens die potenzi-elle Knappheit angebotener Güter. Drohende Güterknappheit kann durch Zunahme der Güterherstellung ausgeglichen werden, die wiederum die Knappheit von Arbeitskräften bedingt. Diese kann durch Einsatz von Maschinerie kompensiert werden, die für ihre Herstellung aber auch wieder mehr Arbeitskräfte verlangt.

-        Realwirtschaftliche Kreisläufe
In der Realwirtschaft haben wir es mit Kreisläufen zu tun. Diese können primär realwirtschaftlichen oder auch primär spekulativ-finanzwirtschaftlichen Charakters sein. Spekulativ-finanzwirt-schaftliche Kreisläufe werden später behandelt.

In der Abbildung am Ende des Buches ist ein realwirtschaftlicher Kreislauf als Teil eines ökomischen Netzwerkes beispielhaft dargestellt. Am Anfang des Kreislaufs (von 1 nach 2) befindet sich die „Arbeit zur Herstellung quantitativer Güter". Die Güter bewegen sich dann weiter (von 3 nach 4) zum „Erwerb quantitativer Güter" In entgegengesetzter Richtung fließt jeweils Geld für die Bezahlung der Güter (von 5 nach 6) und der Arbeit (von 7 nach 8). Damit ist ein realwirtschaftlicher Kreislauf beschrieben. Es handelt sich um einen symbolischen Kreislauf. In der einen Richtung werden Güterherstellung und Gütererwerb durchgeführt und in der gegengesetzten Richtung die zugehörigen Bezahlungen.

Bei diesem Modell wird klar, dass die Güter von der Herstellung zum Erwerb in eine Richtung fließen, dann verbraucht werden und logischerweise fortlaufend durch neue ersetzt werden müssen. Da für die Herstellung der Güter Ressourcen wie Energie, Rohstoffe und Umwelt eingesetzt werden, kann man hier bereits sehen, dass mit zunehmendem Konsum zunehmend Ressourcenverbrauch und Ressourcenverknappung programmiert sind.

Um den Güterfluss (von 1 nach 4) fortlaufend bezahlen (von 5 nach 8) zu können, benötigt das Geld einen Rückfluss (von 9 nach 10). Dieser beschreibt, dass das Geld nach der Bezahlung der Arbeit (8) in den Händen der Menschen ist, die es dann über 9 und 10 für die Bezahlung weiterer Güter (5) benutzen können.

Die Bewegungen von Gütern und Geld sind durch Übergabestellen verbunden. Die Übergabestellen kann man als Lager für Güter und für Geld verstehen. Wenn die Übergabestellen quasi leer sind, wird dadurch angezeigt, dass Geld und Güter dauernd in Bewegung und knapp sind.

Wenn zwecks Bedürfnisbefriedigung und Wunscherfüllung zunehmend mehr Güter nachgefragt und mit verdientem Geld bezahlt werden, zeigt sich quantitatives realwirtschaftliches Wachstum. Da die menschliche Arbeitskraft zur Realisierung des Wachstums schnell an ihre Grenzen kommt, genau wie die menschliche Kapazität zur Informationsverarbeitung, zeigt sich hier die Notwendigkeit von Maschinerie, Energie und Informationstechnologie.

-       Realwirtschaftliche Kreisläufe bilden ein Netzwerk
Das in der Abbildung am Ende des Buches dargestellte Modell beinhaltet u. a. Güterherstellung und Gütererwerb und deren jeweilige Bezahlung. So kann man sich einen realwirtschaftlichen Kreislauf beispielhaft vorstellen. Darüber hinaus gibt es weitere realwirtschaftliche Kreisläufe. In denen bewegen sich z. B. innovative Produkte und Statusgüter, meistens im Zusammenwirken mit Arbeit zu deren Herstellung. Zusätzlich fließ Geld für die jeweils zugehörige Bezahlung. Die Kreisläufe sind miteinander verbunden und bilden ein Netzwerk. Die Beschreibung erfolgt in der Abbildung am Ende des Buches.

Die realwirtschaftlichen Kreisläufe werden unter dem Gesichtspunkt betrachtet, wie sie angetrieben werden und wie dadurch quantitatives realwirtschaftliches Wachstum verursacht werden kann.

-       Realwirtschaftliche Treiber
Es gibt offensichtlich menschliche Wünsche nach der Sicherung des Überlebens, dem Erwerb von Komfort und der Aneignung von Statussymbolen oder auch nach der Sicherung der Zukunft für sich selbst und für Kinder. Die zunächst kaum begrenzten Wünsche verursachen einen zunehmenden Bedarf an quantitativen Gütern. Zur Herstellung der Güter werden zunehmend mehr Arbeitskräfte benötigt. Diese generieren über den zunehmenden Verdienst zunehmende Kaufkraft und können dafür dann auch zunehmend mehr Güter erwerben.

Quantitative Güter und Arbeitskräfteeinkommen sind also realwirtschaftliche Treiber, mit deren Hilfe menschliche Wünsche erfüllt werden können. Vor dem Hintergrund kaum versiegender Wünsche kann sich so quantitatives realwirtschaftliches Wachstum entfalten.

Das Wachstum verlangt offensichtlich nach weiteren realwirtschaftlichen Treibern, von denen im Folgenden wesentliche Varianten vorgestellt werden. Die Darstellung erhebt nicht den Anspruch auf Vollständigkeit. Sie soll lediglich einen Eindruck darüber vermitteln, wie komplex realwirtschaftliches Geschehen ist, und wie vielfältig quantitatives realwirtschaftliches Wachstum beeinflussbar ist.

C 1 Zentraler realwirtschaftlicher Treiber: Bedarfsbefriedigung mit quantitativen Gütern

Quantitative Güter sind das Herzstück einer Marktwirtschaft, soweit Bedarfe nicht schon durch qualitative Güter gedeckt sind. Notwendig ist, dass zur Deckung des Bedarfs an quantitativen Gütern das erforderliche Geld zur Verfügung steht. Das kann z. B. durch die Arbeit zur Herstellung der Produkte verdient werden. Durch die Bezahlung der gewünschten Güter werden realwirtschaftliche Kreisläufe geschlossen.

Realwirtschaft kommt also durch das Zusammenspiel von quantitativen Gütern mit Geld zustande. Als Abgrenzung dazu kann man die spekulativ orientierte Finanzwirtschaft so beschreiben, dass sie Versuche erlaubt, nur mit Hilfe von Geld zusätzliches Geld zu verdienen, ohne dass quantitative Güter eine wesentliche Rolle spielen müssen. Die spekulative Geldverwendung wird später betrachtet.

Es wird davon ausgegangen, dass Wünsche nach quantitativen Gütern in fast allen Menschen schlummern, um je nach Möglichkeit erfüllt zu werden. Erfüllung von Wünschen dient z. B. dazu, das Überleben zu sichern oder auch Komfort und den Erwerb von Statussymbolen zu ermöglichen. Wünsche, Bedürfnisse und Bedarfe von Menschen sind Quellen und Antriebe für die Nachfrage nach quantitativen Gütern. Es handelt sich bei ihnen um zentrale

Treiber für quantitatives realwirtschaftliches Wachstum in der Realwirtschaft.

Die Deckung des Bedarfs an quantitativen Gütern findet meistens zusammen mit anderen Treibern wie z. B. den Arbeitskräften statt. Die folgenden Betrachtungen zu verschiedenen realwirtschaftlichen Treibern beschränken sich auf den Zeitraum, in dem bestimmte Sachverhalte gegeben sind. So ist es erforderlich, dass Menschen genug Geld für den Erwerb quantitativer Güter zur Verfügung haben können, Märkte nicht gesättigt sind und genügend Ressourcen existieren, so dass quantitatives realwirtschaftliches Wachstum realisiert werden kann.

C 2   Direkter realwirtschaftlicher Treiber: Arbeitskräfte

Wenn in Zeiten steigender Nachfrage nach quantitativen Gütern die erforderliche Menge menschlicher Arbeitskräfte zunimmt und im Laufe dieser Entwicklung die Arbeitskräfte knapp werden, können Arbeitnehmer Forderungen nach Erhöhung der Einkommen relativ leicht durchsetzen. Wenn diese nicht erfüllt werden, müssen Arbeitgeber damit rechnen, dass Arbeitnehmer zu anderen Unternehmen wechseln. Somit werden Arbeitgeber realwirtschaftlich angemessene Forderungen erfüllen, um Marktchancen rentabel nutzen zu können. Wenn das Einkommen von Arbeitnehmern steigt, haben diese auch mehr Geld für den Konsum zur Verfügung. Ihre Kaufkraft steigt und damit die Möglichkeit der Befriedigung des Bedarfs an quantitativen Gütern. Solange Einkommensbezieher bei zunehmender Nachfrage nach quantitativen Gütern daraus resultierendes zusätzliches Einkommen nicht sparen, sondern bald wieder ausgeben und dafür quantitative Güter kaufen, nimmt quantitatives realwirtschaftliches Wachstum zu.

C 3   Direkter realwirtschaftlicher Treiber: Überschuss in der Leistungsbilanz

Quantitative Güter werden meistens nicht nur im eigenen Land hergestellt und verbraucht. Es findet auch Export und Import statt. Wenn Import und Export eines Landes nicht den gleichen Umfang haben, ergibt sich ein Leistungsbilanzunterschied. Der kann als Leistungsbilanzüberschuss oder als Leistungsbilanzunterdeckung ausgeprägt sein.

Zur Erstellung der Güter, mit denen Leistungsbilanzüberschuss erzeugt wird, werden Arbeitskräfte benötigt. Durch diese wird in den exportierenden Ländern zusätzliche Kaufkraft erwirtschaftet. Sobald diese Kaufkraft zu erhöhter Nachfrage führt, wird direktes zusätzliches quantitatives realwirtschaftliches Wachstum möglich.

In Ländern mit Leistungsbilanzunterdeckung, verursacht durch Importe von Maschinerie, kann diese eine technologische Entwicklung anstoßen, die zukünftige Importe mindern hilft. So wäre Leistungsbilanzunterdeckung nur vorübergehend erforderlich.

C 4   Indirekter realwirtschaftlicher Treiber: Güterverschwendung

Die Differenz zwischen vermuteter großer und realisierter kleinerer Nachfrage nach Lebensmitteln wird am Tage des Mindesthaltbarkeitsdatums oft der Verschwendung preisgegeben.

Die Verschwendung kann dadurch verursacht werden, dass Produktion und Bereitstellung von Lebensmitteln in großzügigem Umfang vorgenommen werden, um für eventuelle Spitzenbedarfe ein ausreichendes Angebot vorhalten zu können. So können Anbieter gegenüber den Konsumenten demonstrieren, dass diese jederzeit alle Produkte in gewünschtem Umfang erstehen können.

Damit soll Kunden vielleicht ein Anlass genommen werden, zur Konkurrenz abzudriften, was geschehen könnte, wenn einmal ein Produkt nicht verfügbar wäre. Vielleicht soll so aber auch einer versteckten archaischen Angst vor Hunger begegnet werden. Vielleicht ist Versorgungsüberfluss aber auch erforderlich, um der Marktwirtschaft ein Etikett der Versorgungssicherheit anzuheften.

Die Produktionskosten für die überflüssigen vernichteten Güter müssen über die Einnahmen für die verkauften Güter zusätzlich erwirtschaftet werden. Auf diesem Weg wird ein realwirtschaftlicher Kreislauf indirekt geschlossen, weil hergestellte aber nicht verkaufte Produkte durch den Kauf anderer Güter mitbezahlt werden. Einerseits erfährt realwirtschaftliches Wachstum so indirekt einen Antrieb. Andererseits könnte für verschwendete Güter eingesetzte Kaufkraft von den zahlenden Konsumenten für andere gewünschte Güter eingesetzt werden, wenn die Güterverschwendung vermieden würde.

C 5 Begleitender realwirtschaftlicher Treiber: Ressourcenverbrauch

Neben der menschlichen Arbeit sind für die Produktion quantitativer Güter Ressourcen wie Rohstoffe und Energie erforderlich. Für die zunehmende Bereitstellung, Aufbereitung und Herstellung von Ressourcen werden Arbeitskräfte benötigt. Deren Verdienst bringt Kaufkraft und ermöglicht zusätzlichen Erwerb quantitativer Güter. Sobald diese Kaufkraft zu zusätzlichem Konsum führt, kann sich begleitendes zusätzliches quantitatives realwirtschaftliches Wachstum ergeben.

C 6   Realwirtschaftlicher Treiber auf höherer Versorgungsstufe: Innovative Produkte

Der technische Fortschritt wird u. a. angetrieben durch menschliche Neugierde oder auch durch Menschen, die in Forschung und Entwicklung investieren. Er bringt es mit sich, dass innovative Produkte und Produktvarianten für Konsumenten und Produzenten zur Verfügung stehen können. Damit sollen den Menschen Angebote gemacht werden, die Neuerungen und daraus resultierende Vorteile gern annehmen. Innovationen erlauben es solchen Menschen, das Leben angenehmer, leichter und effektiver gestalten zu können. Über die Befriedigung von Grundbedürfnissen hinaus bieten innovative Produkte und Produktvarianten die Möglichkeit, zusätzliches quantitatives realwirtschaftliches Wachstum anzustoßen, wenn für solche Produkte auf höherer Versorgungsstufe Geld vorhanden ist oder frei wird.

C 7   Realwirtschaftliche Treiber auf höherer Versorgungsstufe: Statussymbole und Statusgüter

Der Erwerb von quantitativen Gütern in Form von Statussymbolen oder Statusgütern dient u. a. dazu, Statusgewinn und Anerkennung zu ernten. Das kann schnell vor sich gehen, weil Statussymbole und Statusgüter nach dem Kauf schnell vorzeigbar sind.

Statusgewinn und Anerkennung verblassen schnell, wenn im Wettlauf um Statusgewinn und gesellschaftliche Anerkennung konkurrierende Menschen die gleichen Güter erworben haben wie man selbst. Dann zeigt sich ein Anreiz zu einer neuen Runde des Erwerbs neuer Statussymbole und Statusgüter.

So wie eine Sucht den Bedarf eines Süchtigen nach Suchtmitteln anscheinend aus eigener Kraft steigern kann, so scheint suchtähnliches Empfinden auch den Bedarf an Statussymbolen und Statusgütern antreiben zu können.

Die Wunscherfüllung durch den Erwerb von Statussymbolen und Statusgütern kann man als einen Antrieb für quantitatives Wachstum der Realwirtschaft interpretieren. Dieser Vorgang erscheint wie ein Perpetuum mobile der Realwirtschaft.

Zur Herstellung von Gütern für Statusgewinn und Anerkennung werden Arbeitskräfte und Ressourcen benötigt. Durch den Verdienst zusätzlich erforderlicher Arbeitskräfte wird Kaufkraft geschaffen. Wenn die schnell zu neuer Nachfrage führt, generieren die Suchtpotenziale der Erwerber von Statussymbolen und Statusgütern zusätzliches quantitatives realwirtschaftliches Wachstum. Da Wünsche nach Statussymbolen und Statusgütern vielerorts schlummern, können diese zusätzliches Wachstum hervorbringen, sobald nach der Befriedigung grundlegender Bedarfe dafür im Laufe des Wachstums Geld frei wird.

C 8 Realwirtschaftliche Treiber: Umweltschutz, Verwendung erneuerbarer Energie und Recycling

Zur Herstellung quantitativer Güter werden Ressourcen wie Rohstoffe, Energie und verbrauchbare Umwelt eingesetzt. Der Verbrauch solcher Ressourcen verursacht bei der Produktherstellung materielle Abfälle, Verluste eingesetzter Energieformen und Umweltschäden. Wenn hergestellte Produkte ihren Verwendungszyklus vollendet haben, werden auch sie zu Abfall. Dieser Entwicklung kann durch Recycling, Verwendung erneuerbarer Energie und Umweltschutz entgegengewirkt werden.

- Recycling

Bei der Zunahme der Herstellung von Gütern steigt der Rohstoffverbrauch. Die begleitende Verknappung der Rohstoffressourcen kann durch Recycling von Produktionsabfällen und ausrangierten Produkten gemindert werden.

- Verwendung erneuerbarer Energie

Der Einsatz erneuerbarer Energie kann den Einsatz umweltschädlicher nicht erneuerbarer Energie mindern.

- Umweltschutz

Ausrangierte Produkte, Produktionsabfälle und der Einsatz von fossiler Energie verursachen oft Umweltbelastung. Wenn diese steigt, führt das zur Verknappung der Ressource Umwelt. Der kann teilweise mit Umweltschutzmaßnahmen begegnet werden.

- Preise versagen als Verbrauchsregulativ

Recycling, Verwendung erneuerbarer Energie und Umweltschutz lohnen sich teilweise erst, wenn mit Blick auf die Zukunftssicherung schon zu viele Ressourcen verbraucht sind. Das ist dadurch bedingt, dass bei Ressourcenverknappung der Preis vielleicht erst dann als Verbrauchsregulativ wirkt, wenn die Ressourcenvorräte schon zu sehr geschrumpft sind. Diesen preisbedingt zu großen Verbrauch von Ressourcen kann man mit Blick auf deren Verknappung als Verschwendungsvorgang bezeichnen.

Offensichtlich ist es die Logik des Marktgeschehens, dass Ressourcen zum Teil solange verschwenderisch verbraucht werden, bis sie zu knapp werden und für zukünftige Generationen verloren sind. Der Preis als Regulativ für den Verbrauch von Ressourcen zeigt sich oft als ein zu spät wirksames Instrument.

Deshalb drängt sich das Prinzip der Nachhaltigkeit in die Überlegungen zur Versorgungssicherung. Diese Nachhaltigkeit soll den Einsatz von Ressourcen wie Rohstoffe, nicht erneuerbare Energie und verbrauchbare Umwelt mindern helfen. Sie kennt zwecks

Schonung des Ressourcenvorrats die Mittel des Recyclings, des Einsatzes erneuerbarer Energie und des Umweltschutzes.

Solange die Kosten für nachhaltige Ressourcen wie recycelte Rohstoffe, erneuerbare Energie und geschützte Umwelt höher sind als für direkt zum Verbrauch bereitstehende Ressourcen wie Rohstoffe, nicht erneuerbare Energie und ungeschützte Umwelt, macht der Mehrpreis die aufzubringenden Subventionen für die zu realisierende Nachhaltigkeit aus.

Vor diesem Hintergrund kann das Marktgeschehen beispielhaft wie folgt beschrieben werden. Wenn Unternehmen A Recycling zur Wiedergewinnung von Ressourcen betreibt, erneuerbare Energie einsetzt und Umweltschutz vornimmt, kann es von Unternehmen B aus dem Markt gedrängt werden, welches billigere direkt zur Verfügung gestellte Rohstoffe, billigere nicht regenerative Energie und zum Verbrauch bereitstehende Umwelt ohne Umweltschutz einsetzt.

Die zu geringe Verwendung recycelter Rohstoffe und die zu umfangreiche Verwendung nicht erneuerbarer Energie sowie der zu umfangreiche Verbrauch von Umwelt sind offensichtlich eine logische Konsequenz einer Realwirtschaft, bei der Preise als Regulativ für Ressourcenvorrat in zu geringem Umfang wirken. Eine solche Entwicklung birgt existenzielle Gefahren durch Ressourcenknappheit insbesondere bei der Umwelt.

Es deutet sich eine Diskussion an einerseits über eine Marktwirtschaft und deren Selbstzerstörungspotenzial und andererseits über die offensichtlich notwendigen Einflussnahmen zwecks Versorgungs- und damit Zukunftssicherung durch Nachhaltigkeit.

-        Umweltschutz und staatliche Intervention
Eine spezielle Logik bezüglich der Realisierung von Nachhaltigkeit zeigt sich bei der Umweltbelastung. Diese Belastung wird von vielen einzelnen Menschen verursacht und trifft als Gesamtergebnis alle Menschen. Dadurch wird Umweltschutz zumindest

teilweise zur Gemeinschaftsaufgabe. Sie kann teilweise auf Grund gesetzlich festgelegter Vorschriften auf Kosten der Verursacher durchgeführt werden. Teilweise wird diese Gemeinschaftsaufgabe vom Staat direkt wahrgenommen. Solange die beteiligten Menschen die Notwendigkeiten akzeptieren und die Erfolge sehen, ist die Akzeptanz dieser Durchführungen eher wahrscheinlich.

-       Nachhaltigkeit und technischer Fortschritt
In den Bereichen Recycling, erneuerbare Energie und Umweltschutz entsteht oft ein durch angewandte Nachhaltigkeit getriebener technischer Fortschritt. Dieser schlägt sich eventuell auch in Exporterfolgen nieder, wenn er Wettbewerbsvorteile gegenüber anderen Ländern mit sich bringt. In den Exportländern können so Wachstumserfolge entstehen.

C 9   Wachstumsbegleitender realwirtschaftlicher Treiber: Investitionen

Investitionen dienen u. a. dazu, Automatisierung und Rationalisierung durchzuführen. Deren Realisierung erfolgt mit Hilfe von Maschinerie, Energie und Informationstechnologie. Dadurch werden oft Arbeitskräfte überflüssig.

-       Automatisierung
Menschliche Neugierde scheint eine plausible Ursache dafür zu sein, dass Menschen Forschung und Entwicklung betreiben und Erfindungen realisieren. Ein Anreiz zum gezielten Automatisieren besteht wohl darin, menschliche Arbeit durch Maschinerie, externe Energie und Informationstechnologie zu erleichtern und auch zu ersetzen, um so letztendlich aus finanziellen Gründen den Einsatz von Arbeitskräften zu reduzieren.

-       Rationalisierung

Mögliche Einsparung menschlicher Arbeitskräfte durch Automatisierung und paralleles finanzielles Verwertungsinteresse erzeugen bei manchen Menschen einen Antrieb für Rationalisierung. Automatisierung dient dann dazu, routinisierbare Arbeit zunehmend günstiger, schneller und zuverlässiger ausführen zu können. Die Durchführung von Rationalisierung erfordert meistens zusätzliche finanzielle Mittel über die für Automatisierung hinaus, allerdings mit dem Ziel zunehmender Rentabilität.

-       Investitionen

Automatisierung und Rationalisierung haben u. a. den Zweck, die Voraussetzungen für die Erwirtschaftung von Unternehmensgewinnen zu verbessern, um realisierte Gewinne für Investitionen in Forschung, Entwicklung und Produktionsanlagen einsetzen zu können oder auch diese an begehrte Arbeitskräfte zu verteilen, damit diese nicht zu anderen Unternehmen wechseln.

Dabei werden einerseits Arbeitskräfte durch Automatisierung und Rationalisierung überflüssig, andererseits werden Arbeitskräfte für die Realisierung von Automatisierung und Rationalisierung benötigt. Solange unterm Strich mehr Menschen für die Realisierung der Automatisierung und Rationalisierung benötigt werden als Arbeitsplätze durch dieselben wegfallen, solange werden Voraussetzungen für quantitatives realwirtschaftliches Wachstum verbessert. Dazu werden der Umfang der Güterherstellung mit Hilfe von Automatisierung und Rationalisierung und die dadurch realisierte Kaufkraft der Arbeitskräfte betrachtet.

Solange durch Investitionen in Automatisierung und Rationalisierung der Bedarf an quantitativen Gütern nicht übererfüllt wird, somit keine Marktsättigung eintritt und parallel dazu die Kaufkraft steigt, kann das realwirtschaftliche Wachstum zunehmen, sofern erwirtschaftete Einkommen und Gewinne schnell wieder in realwirtschaftliche Kreisläufe einfließen.

Ob durch Investitionen in Automatisierung und Rationalisierung angetriebenes quantitatives realwirtschaftliches Wachstum in ausreichendem Umfang stattfindet, hängt also von zwei parallelen Entwicklungssträngen ab. Das sind in ausreichendem Umfang benötigte Arbeitskräfte und deren hinreichend gesteigerte Kaufkraft sowie entsprechende Werte hergestellter und verkaufter Güter.

C 10 Zeitverzögerter realwirtschaftlicher Treiber: Bildung

Zur Realisierung von technischem Fortschritt in Form von innovativen Produkten, Automatisierung und Rationalisierung ist meistens Bildung erforderlich. Unter dem Begriff Bildung werden Ausbildung, Wissensvermittlung und Wissenschaft zusammengefasst.

Bildung und technischer Fortschritt können für manche Unternehmen oder auch Länder Wettbewerbsvorteile mit sich bringen, wenn dort mehr in Bildung und technischen Fortschritt investiert wird als in manchen anderen Unternehmen und Ländern. Zur Förderung von Bildung erbringen Staaten, Unternehmen und auch einzelne Mitglieder einer Gesellschaft die als notwendig erachteten bzw. leistbaren Aufwendungen.

Förderung von Bildung wirkt eher zeitverzögert wachstumsfördernd, weil es einer Zeit bedarf, bis sich die Wirkung von Bildung in der quantitativen Realwirtschaft zeigt.

C 11 Ausgleichende realwirtschaftliche Treiber: Ersparnisse und Kredite

Realwirtschaftliche Kreisläufe bestehen u. a. aus quantitativen Gütern und Geld.

Geld ist dazu geeignet, dass Menschen es für sich sparen. Es kann aber auch an andere Personen, Institutionen oder Unternehmen als Kredit vergeben werden. Mit gespartem Geld oder mit Krediten können z. B. Häuser gebaut, Autos gekauft, die Herstellung von Gütern finanziert oder Investitionen in die Güterfertigung vorgenommen werden. Kredite können auch dazu dienen, den Erwerb von Konsumgütern vorzuziehen. Erspartes Geld und Kredite sind natürlich auch kombinierbar.

Der Staat kann versuchen, durch Anreize zum Sparen bzw. zur Kreditaufnahme quantitatives realwirtschaftliches Wachstum zu beeinflussen. Er kann z. B. Bausparförderung dazu einsetzen, zu starkes quantitatives realwirtschaftliches Wachstum zu beruhigen. Er kann aber auch versuchen, einer Wachstumsschwäche durch geringe Kreditkosten entgegenzuwirken.

C 12 Eher wachstumsneutraler realwirtschaftlicher Treiber: Umverteilung zwecks Erfüllung staatlicher Gemeinschaftsaufgaben

Zeiten ausreichenden quantitativen realwirtschaftlichen Wachstums sind dadurch definiert, dass für alle Beteiligten in ausreichendem Umfang Wachstumserfolge bereitgestellt werden. Auch der Staat soll Geld erhalten, und zwar für die Erledigung von Gemeinschaftsaufgaben, die primär vom Staat erledigt werden sollten und weniger durch die einzelnen Mitglieder der Gesellschaft. Zu den Gemeinschaftsaufgaben gehören z. B. die Versorgung behinderter Menschen, die innere und äußere Sicherheit und die Bildung.

Für die beteiligten Menschen sollten also in zufriedenstellendem Umfang Wachstumserfolge bereitstehen. Wenn parallel dazu zwecks Erledigung von Gemeinschaftsaufgaben durch den Staat dieser einen akzeptierten Anteil von den Wachstumserfolgen für sich abzweigt, kann sich eine stabile und demokratische Gesellschaftsform herausbilden, für die die meisten Beteiligten wohl gern Wachstumserfolge abzweigen.

Die Abzweigungen zu Gunsten des Staates haben die Funktion von Umverteilungen. In Zeiten ausreichenden quantitativen realwirtschaftlichen Wachstums wirken diese nach dem Einsatz durch den Staat eher wachstumsneutral. Wenn aber die vom Staat eingezogenen Wachstumserfolge von Menschen mit hoher Sparneigung stammen und dann durch den Staat schnell wieder in Richtung realwirtschaftlicher Kreisläufe ausgegeben werden, kann zusätzliches quantitatives realwirtschaftliches Wachstum entstehen.

Es dürfte wichtig sein, dass die Umverteilung in Richtung Gemeinschaftsaufgaben so beschränkt wird, dass die Wachstumserfolge für den individuellen Bereich nicht ausbluten.

Die ausreichende Erfüllung individueller Wünsche nach quantitativen Gütern und die ausreichende Erfüllung der Gemeinschaftsaufgaben durch den Staat mit Hilfe umverteilten Geldes bringen in Zeiten permanenten ausreichenden realwirtschaftlichen Wachstums gesellschaftliche Stabilität als Basis für einen demokratischen Staat. Dazu müssen die Mitglieder der Gesellschaft kaum merkbare Opfer bringen, solange trotz Umverteilung ausreichendes quantitatives realwirtschaftliches Wachstum gewährleistet ist und dieses genügend Wachstumserfolge für alle abwirft.

C 13 Zusammenfassung: Quantitative Realwirtschaft und ihr Wachstum mit Hilfe realwirtschaftlicher Treiber

Die Realwirtschaft ist ein komplexes Gebilde. In einem ersten Schritt haben wir unterschieden in Güter, die nicht für Geld gekauft werden und solche, die für Geld gekauft werden. Durch mit Geld erworbene so genannte quantitative Güter können die Wünsche von Menschen schneller erfüllt werden als durch so genannte qualitative Güter, die durch Tausch gegen andere Güter erworben werden müssen. Somit werden oft quantitative Güter bevorzugt.

Wenn Menschen nach erfolgter Deckung von Grundbedürfnissen zunehmend besser, angenehmer und komfortabler leben wollen oder auch mehr Ansehen oder Angeben realisieren möchten, wird die Erfüllung weiterer Wünsche in Betracht gezogen. Zur Befriedigung der Wünsche erscheint quantitatives realwirtschaftliches Wachstum als notwendig. Zur Realisierung von Wachstum kommen realwirtschaftliche Treiber ins Spiel. Durch das Zusammenwirken der Treiber stellt sich die Realwirtschaft als komplexes Gebilde, als Netzwerk dar, in dem viele Treiber die Versorgung der Gesellschaft mit quantitativen realwirtschaftlichen Gütern auf Expansionskurs halten sollen.

In der Phase, in der ausreichendes quantitatives realwirtschaftliches Wachstum herrscht und genügend Wachstumserfolge realisiert werden, können die meisten Individuen mit Hilfe der Wachstumserfolge viele ihrer Einzelwünsche realisieren. Dadurch besteht ein gesellschaftliches Gesamtinteresse an Erhaltung und Stabilität dieser wachstumsorientierten Gesellschaft, wenn parallel dazu die Gemeinschaftsaufgaben durch den Staat ausreichend erfüllt werden, für die er Wachstumserfolge in akzeptablem Umfang abzweigt.

Das realwirtschaftliches Wachstum funktioniert wie ein Regelkreis, der durch Wünsche und deren Erfüllung angetrieben und in

Gang gehalten wird. Die zusammengefassten fortlaufenden und zunehmenden Wunscherfüllungen der einzelnen Menschen bedingen quantitatives realwirtschaftliches Wachstum. Dieses wird durch die Herstellung von quantitativen Gütern, die Bezahlung der erfolgten Arbeit und den Kauf der produzierten Güter erzeugt und nimmt aufgrund weiterer Wünsche Schritt für Schritt weiter zu. Die so hervorgerufenen Wachstumserfolge helfen die Wünsche der Einzelnen zu erfüllen. Es zeigt sich eine für fast alle Beteiligten permanent verbesserte Versorgung mit quantitativen Gütern. Viele verschiedene realwirtschaftliche Treiber wirken zusammen und bilden ein Netzwerk, wie in der Abbildung am Ende des Buchtextes gezeigt wird.

Zur Gewährleistung der beschriebenen Entwicklung als Zusammenspiel von ausreichendem permanentem quantitativem realwirtschaftlichem Wachstum mit
- der Erfüllung der Gemeinschaftsaufgaben durch den Staat
- persönlicher Zufriedenheit der Gesellschaftsmitglieder
- staatlicher Stabilität
- der demokratischen Gesellschaftsform
bedarf es verschiedener flankierender Betrachtungen, die im nächsten Abschnitt angestellt werden.

D   Realwirtschaft und ihre Mitspieler

Quantitative realwirtschaftliche Kreisläufe setzen sich aus dem Güterfluss in der einen Richtung und dem Geldfluss in der entgegengesetzten Richtung zusammen.

In dem jeweiligen Fluss befinden sich Lager. Einerseits gibt es Güterlager z. B. zwischen der Herstellung der Güter und deren Verteilung. Andererseits gibt es Geldlager, auf denen gespartes Geld zwischengelagert werden kann und von denen aus es zwischendurch verliehen werden kann.

Der Fluss in dem Kreislauf aus Gütern und Geld kennt Veränderungen. Dabei werden eher Zunahmen angestrebt. Damit kann man einer zunehmenden Bevölkerung gerecht werden. Weiterhin beanspruchen viele Menschen eine Verbesserung ihrer Versorgung mit Gütern und Geld.

Die Zunahme des Güterflusses und Geldflusses wird als quantitatives realwirtschaftliches Wachstum bezeichnet. Der Antrieb des Wachstums erfolgt z. B. durch den Einsatz von Maschinerie, Energie, Informationstechnologie, menschliche Arbeit und Geld.

Realwirtschaftliche Kreisläufe allgemein, also quantitativer als auch qualitativer Art, sind durch Veränderungen gekennzeichnet. Dazu werden folgende Aspekte beleuchtet:
-      Quantitatives realwirtschaftliches Wachstum und Geldwertstabilität
-      Quantitatives realwirtschaftliches Wachstum und qualitatives Wachstum
-      Quantitatives realwirtschaftliches Wachstum - Stabilität und Demokratie
-      Tauschbeziehungen mit qualitativen Gütern - Stabilität von Tauschgesellschaften

D 1   Quantitatives realwirtschaftliches Wachstum und Geldwertstabilität

Zu realwirtschaftlichen Kreisläufen gehören u. a. quantitative Güter und Geld. Menschen, die Geld als Zahlungsmittel verwenden, müssen darauf vertrauen können, dass der Wert des Geldes stabil bleibt, damit gespartes Geld während der Zeit des Zwischenlagerns nicht zu sehr an Wert verliert. Zwecks Gewährleistung von Geldwertstabilität werden folgende Überlegungen angestellt

Menschen und Institutionen können z. B. durch Arbeit, unternehmerische Tätigkeit, Erbschaft, Schenkung, Rentenempfang oder auch durch Transferzahlungen von Seiten des Staates in den Besitz von Geld gelangen. Mit Geld können sich Menschen durch den Erwerb quantitativer Güter Wünsche erfüllen. Da Wünsche leichthin schneller zunehmen als der Gelderwerb, ist es logisch, dass Geld oft als knapp empfunden wird.

Wenn sich größere gesellschaftliche Gruppen unverhältnismäßig viel Geld zwecks Gütererwerb aneignen können, und sie dann viel mehr kaufen wollen als der Markt an quantitativen Gütern hergibt, können quantitative Güter zu knapp werden. Die Güteranbieter können dann die Preise unverhältnismäßig anheben. Bei stark erhöhten Geldeinnahmen und gleichzeitig entsprechend erhöhten Preisen wird die Versorgungslage der Beteiligten nicht besser. Das kommt daher, dass der Wert des Geldes nicht zunimmt, wenn man bei steigenden Preisen für entsprechend mehr Geld nicht mehr kaufen kann.

Wenn manche Menschen keine Einkommen haben, sondern von gespartem Geld leben, dann können sie bei steigenden Preisen nur in abnehmendem Umfang Güter kaufen. Das gesparte Geld verliert dann an Wert. Wird der Wertverlust zu groß, schwindet das Vertrauen der Sparer in die Geldwertstabilität.

Wenn andere Menschen ihren Lebensunterhalt z. B. mit Hilfe staatlicher Hilfszahlungen bestreiten und diese bei steigenden Preisen nicht entsprechend zunehmen, können solche Menschen nur in abnehmendem Umfang Güter erwerben. Ihre Versorgungslage wird schlechter. Auch bei solchen Menschen schwindet das Vertrauen in die Geldwertstabilität.

Obige Beispiele zeigen, dass man den Umfang des Geldbezugs zwecks Gütererwerb nicht an unverhältnismäßig hohen Wünschen nach Geld orientieren soll, weil die Summe der erfüllten Wünsche nach Geld für viele Menschen die Geldwertstabilität zu sehr gefährden kann. Vielmehr sollten Güterfluss und Geldfluss in realwirtschaftlichen Kreisläufen aufeinander abgestimmt sein.

D 2   Quantitatives realwirtschaftliches Wachstum und qualitatives Wachstum

Bei quantitativem realwirtschaftlichem Wachstum werden oft Arbeitnehmereinkommen erhöht. Die dabei stattfindende Zunahme der Güterherstellung erfolgt eher mit Hilfe von Maschinerie und externem Energieeinsatz als durch den Einsatz menschlicher Energie und den Aufwand von menschlicher Arbeitszeit. Das bedeutet, dass bei steigenden Einkommen die Arbeitsbelastung für die Arbeitnehmer nicht zwangsläufig zunehmen muss. weil die für das realwirtschaftliche Wachstum erforderliche Zunahme der Güterherstellung eher durch Maschinerie und Energieeinsatz erbracht wird als durch menschliche Arbeit.

Arbeitnehmer können bei steigendem Verdienst sogar qualitative Aspekte des Arbeitslebens wie Urlaub, Arbeitspausen und gut erträgliche Arbeitsbelastung ausbauen. Das gilt vor allen Dingen, solange quantitatives realwirtschaftliches Wachstum herrscht und dafür sorgt, dass die zur Verfügung stehenden Arbeitskräfte knapp sind. Arbeitnehmer können dann nämlich bei Unzufriedenheit mit dem Verteilungsergebnis qualitativer Aspekte des Arbeitslebens einfach von einem Unternehmen zu einem anderen wechseln, welches die Wünsche nach qualitativen Aspekten des Arbeitslebens besser erfüllt.

Urlaub, Arbeitspausen und gut erträgliche Arbeitsbelastung dienen der Lebensqualität der Arbeitnehmer. Sie haben den Charakter qualitativer Güter. Für Mitarbeiter bieten sie Freiräume und Minderbelastungen, um im Zusammenleben mit anderen Menschen zusätzlich qualitative Güter realisieren zu können. Das bedeutet, dass mit quantitativem realwirtschaftlichem Wachstum bei zunehmendem Verdienst auch der Umfang qualitativer Güter im beruflichen und privaten Bereich zunehmen kann.

Unternehmen jedoch werden durch die entstehenden Kosten für die Verbesserung der Lebensqualität der Mitarbeiter quantitativ belastet. Wenn Arbeitsgeber den Wünschen der Arbeitnehmer nach Erhöhung von Einkommen oder auch nach Verbesserung qualitativer Aspekte des Arbeitslebens nicht in zumutbarem Umfang nachkommen, müssen sie damit rechnen, dass Arbeitnehmer zu einem Konkurrenzunternehmen wechseln, welches die Arbeitnehmerforderungen erfüllt und so Marktchancen besser nutzen kann.

Bei ausreichendem realwirtschaftlichem Wachstum kann die Zunahme der Einkommen und der qualitativen Güter parallel erfolgen. Auch der Staat kann seine Gemeinschaftsaufgaben erledigen. Diese Entwicklung ist möglich, solange die Summe aller Wachstumserfolge ausreicht, alle Beteiligten hinreichend zu bedienen, die Arbeitnehmer, die Arbeitgeber und den Staat als Ausführenden der Gemeinschaftsaufgaben.

D 3 Quantitatives realwirtschaftliches Wachstum - Stabilität und Demokratie

Eingangs wurde das menschliche Zusammenleben als durch Tauschbeziehungen beschreibbar dargestellt. Dabei werden quantitative Güter gegen Geld und qualitative Güter gegeneinander getauscht.

Wenn es in der quantitativen Realwirtschaft um den Erhalt knapper quantitativer Güter und auch um den Erhalt knappen Geldes geht, sind Voraussetzungen für die Praktizierung von Wettbewerb zwischen Anbietern und Nachfragern gegeben. Um durch Wettbewerb Vorteile erreichen zu können, ist es oft wichtig, von Wissensvorsprüngen, exklusiven Informationen, der Einbindung in Interessengruppen, der Geheimhaltung eigenen Wissens oder auch von eigenen Erfahrungen profitieren zu können. Der Wettbewerb wird auf dem Markt ausgetragen.

Viele Marktteilnehmer möchten einen möglichst großen Anteil an quantitativen Gütern und an Geld erwerben, um so überleben, komfortabel leben, erworbene Statussymbole vorzeigen und Zukunftssicherung betreiben zu können.

Marktteilnehmer können im Wettbewerb mit anderen natürlich verlieren, sie können aber auch gewinnen. Diese Aspekte werden im Folgenden beleuchtet.

-       Die Minimierung realwirtschaftlichen Verlierens bei ausreichendem Wachstum
Der Wettbewerb um quantitative Güter und um Geld bewirkt neben der Härte des Verlierens auch den Antrieb für alle Beteiligten, mehr erhalten zu wollen. Dabei wird das quantitative realwirtschaftliche Wachstum angetrieben und die Summe der Wachstumserfolge kann im Laufe der Zeit ausreichendes quantitatives realwirtschaftliches Wachstum mit sich bringen. Dann steigen die Chancen für die Teilhabe für alle Marktteilnehmer. Parallel dazu

wird dann die Anzahl der Verlierer im Wettlauf um Teilhabe minimiert und die meisten Menschen sind dann mit der Gesamtsituation anscheinend zufrieden.

Die nicht quantitativen Teile des menschlichen Zusammenlebens sind als Summe sehr groß. Sie umfassen letztendlich alle Bestandteile menschlichen Zusammenlebens, die man nicht für Geld kaufen kann oder will. Das sind die qualitativen Güter.

Es wird davon ausgegangen, dass Mitglieder einer Gesellschaft zufrieden sind, wenn das Überleben und Leben der einzelnen Menschen angemessen gesichert ist und die Einkommen verschiedener Gesellschaftsschichten nicht zu weit auseinanderklaffen. Weiterhin erscheint es auch wichtig, dass die Mitglieder einer Gesellschaft mit dem Mix aus Anteilen quantitativer und qualitativer Güter zufrieden sind, den sie im Verteilungsvorgang erhalten.

Bei ausreichendem quantitativem realwirtschaftlichem Wachstum können Menschen dem Reiz folgen, im Wettbewerb mit anderen Menschen immer mehr an quantitativen Gütern zu erhalten und parallel dazu auch ein hinreichendes Maß an Lebensqualität.

- Prozentuale Erhöhungen bei der Verteilung von Wachstumserfolgen, wenn ausreichendes Wachstum herrscht

Als Konsequenz quantitativen realwirtschaftlichen Wachstums können Wachstumserfolge verteilt werden. Das sind Erhöhungen z. B. von Löhnen, Gehältern und Gewinnen. Die Erhöhungen finden oft prozentual statt. Menschen mit z. B. einem hohen Gehalt erhalten dann einen höheren Zuschlag als Menschen mit einem kleinen Gehalt. Das heißt, die Schere der erhaltenen Beträge bewegt sich zunehmend auseinander. Menschen mit höheren Einkommen haben bei prozentualem Erhöhungsschlüssel ein Eigeninteresse, ein derartiges prozentgeprägtes System aufrecht zu erhalten, weil sie davon profitieren.

Solange ausreichendes quantitatives realwirtschaftliches Wachstum herrscht, dürfte die gesellschaftliche Stabilität als Basis für eine demokratische Gesellschaft gewährleistet sein, wenn sich die Schere hoher und niedriger Einkommen nicht zu weit auseinander bewegt und so die Differenz für alle Beteiligten als Anreiz dazu dienen kann, selbst mehr erhalten zu wollen. Die Differenz sollte zumindest als leistungsgerecht und akzeptabel empfunden werden können.

Parallel dazu sollte die Möglichkeit nicht verbaut werden, hinreichende Lebensqualität realisieren zu können.

D 4   Tauschbeziehungen mit qualitativem Gütern - Stabilität von Tauschgesellschaften

Wenn qualitative Güter in großem Umfang gegeneinander getauscht werden, kann das dazu verführen, dass das Vertrauen in das gegenseitige Ausgleichen von Vorleistungen gebrochen wird. Dadurch können zwischen den Tauschpartnern Spannungen und Instabilitäten auftreten.

Vor diesem Hintergrund erscheint es für Tauschgesellschaften folgerichtig, gesellschaftliche Stabilität durch begleitende Vorgehensweisen zu erreichen,

In Stammesgesellschaften z. B. kann gesellschaftliche Stabilität durch Hierarchien mit abgestufter Positionsmacht und deren traditioneller Akzeptanz gewährleistet werden.

Gesellschaftliche Stabilität wird manchmal aber auch durch autoritäre Vorgehensweisen realisiert. Obere Hierarchieebenen erlangen dabei oft größere Vorteile als untere Hierarchieebenen. Sie haben somit ein Erhaltungsinteresse an einer autoritär erzeugten stabilen für sie vorteilhafter Gesellschaftsform.

Machteliten und autoritär begründete Machtstrukturen werden von eher demokratisch organisierten Interessengruppen anderer

Länder durchaus akzeptiert, um mit denen Wirtschaftsbeziehungen initiieren, stabilisieren und absichern zu können. Die Zusammenarbeit mit eher autoritären Regierungen erübrigt es für Interessengruppen aus eher demokratischen Ländern, auf eigene Vorteile zugunsten der armen Bevölkerung eher autoritär regierter Staaten zu verzichten. So wird aber auch darauf verzichtet, ein Fundament für demokratisch basierte Regierungen als Alternative für autoritäre Regierungen zu errichten.

Wenn es internationale Proteste gegen autoritäre Staaten gibt, wird eher vordergründig bei deren autoritärem Regierungsstil angesetzt. Weit verbreitete existenzielle Armut als Hintergrund autoritärer Gesellschaftsformern wird eher nicht zum Gegenstand von Maßnahmen gemacht.

Wenn man Ursachen von Armut im Zusammenspiel mit autoritären Regierungen bzw. unregierbar werdenden Ländern präventiv in Angriff nehmen würde, um so ein Fundament für demokratische Staatsformen zu schaffen, so könnte das die Notwendigkeit von Rückumverteilungen von Leistungsbilanzüberschüssen sinnvoll erscheinen lassen. Vor einer solchen Umverteilung zu Lasten von Ländern mit Leistungsbilanzüberschüssen schrecken die zugehörigen Politiker und Regierungen offensichtlich zurück. Das mag den Grund im Fehlen der Akzeptanz durch die Bevölkerung der Länder mit entsprechenden Leistungsbilanzüberschüssen haben.

D 5 Zusammenfassung:
Realwirtschaft und ihre Mitspieler

Es werden Kriterien zusammengefügt, die bei ausreichendem realwirtschaftlichem Wachstum die persönliche Zufriedenheit der einzelnen Mitglieder einer Gesellschaft, realwirtschaftliche Stabilität und einen demokratischen Staat ermöglichen:

- Die Mitglieder einer Gesellschaft sollten in zufriedenstellendem Umfang an den Wachstumserfolgen teilhaben können. Sie sollten sich gegenseitig bezüglich Durchsetzung von Forderungen nach Wachstumserfolgen stabilitätswirksam beschränken.
- Es sollte eine parallele Zunahme der Einkommen, der quantitativen Güter und der qualitativen Güter stattfinden. Der Staat sollte die Gemeinschaftsaufgaben in erforderlichem Umfang erledigen.
- Beim Wettlauf um Teilhabe an Wachstumserfolgen sollte die Anzahl der Verlierer minimiert werden. Fast alle Mitglieder einer Gesellschaft sollten in ausreichendem Umfang an den Wachstumserfolgen teilhaben können. Die Einkommen der Menschen sollten nicht zu weit auseinanderklaffen. Deren Differenz sollte überwindbar oder zumindest als gut akzeptabel erscheinen. Sie sollten als leistungsgerecht empfunden werden können.
- Spätestens bevor Wachstumserfolge zu gering, die Mitglieder einer Gesellschaft unzufrieden, arme Staaten autoritär regiert oder ganz arme Staaten sogar unregierbar werden, sollte über angemessene Verhinderungsmöglichkeiten vorgedacht werden.

　　　　　　　　　　　　　　　　　　　　　　　

E   Grenzen der realwirtschaftlichen Treiber bei quantitativem realwirtschaftlichen Wachstum

Bisher wurde aufgezeigt, wie durch verschiedene realwirtschaftliche Treiber beflügeltes quantitatives realwirtschaftliches Wachstum, Zufriedenheit der einzelnen Gesellschaftsmitglieder, gesellschaftliche Stabilität und Demokratie zusammenspielen.

Die beschriebenen Antriebe für die Realisierung quantitativen realwirtschaftlichen Wachstums sind unterschiedlich wirksam und beständig. Sie können somit das oben beschriebene Zusammenspiel auch unterschiedlich beeinflussen.

Vor diesem Hintergrund wird beleuchtet, wie die verschiedenen realwirtschaftlichen Treiber an Grenzen ihrer Wirksamkeit stoßen können, wie dadurch quantitatives realwirtschaftliches Wachstum an seine Grenzen kommen kann und wie somit dessen Zusammenspiel mit gesellschaftlicher Stabilität und Demokratie beeinflusst sein kann.

E 1   Grenzen des realwirtschaftlichen Treibers „quantitative Güter"

Bedürfnisse und Wünsche von Menschen und daraus resultierende Bedarfe sind ein Antrieb für den Erwerb quantitativer Güter. Bedarfe sind ein Herzstück einer Realwirtschaft. Für die Bezahlung der Güter wird Geld eingesetzt. Quantitative Güter und Geld bilden realwirtschaftliche Kreisläufe, in der einen Richtung fließen die Güter und in der entgegengesetzten Richtung fließt das Geld für deren Bezahlung. Das Geld für die Bezahlung der Güter kann u. a. durch die Herstellung quantitativer Güter verdient werden.

Auf den ersten Blick kennen insbesondere die Wünsche nach quantitativen Gütern kaum Grenzen. Sie haben das Potenzial, als Treiber für permanentes quantitatives realwirtschaftliches

Wachstum zu wirken. Die Wunscherfüllung hat aber offensichtlich Schranken der Realisierbarkeit. Diese werden im Folgenden dargestellt.

- Geldmangel behindert quantitatives realwirtschaftliches Wachstum

Es gibt Menschen, die zu wenig Geld für eine ausreichende oder gar komfortable Teilnahme an realwirtschaftlichen Kreisläufen haben. Der Geldmangel kann z. B. durch Arbeitslosigkeit in der Folge von Automatisierung und Rationalisierung entstanden sein. Es kann aber auch sein, dass manchen Menschen zu wenig Geld zur Verfügung steht, weil sie bei prozentualen Einkommenserhöhungen im Vergleich zu gutverdienenden Menschen nur sehr kleine Zuschläge erhalten. Im globalen Maßstab haben manche Menschen nie die Chance, eine ausreichende Menge an Geld zu erhalten. Fehlendes Geld und damit fehlende Kaufkraft können somit quantitatives realwirtschaftliches Wachstum behindern.

- Sparen behindert quantitatives realwirtschaftliches Wachstum

Neben eher armen Menschen mit geringen Einkommen gibt es auch Menschen mit hohen Einkommen. Insbesondere diese geben ihr Geld nicht insgesamt für Konsumgüter aus. Dann bleibt Geld zum Sparen übrig. Zunächst kann das gesparte Geld für Investitionen eingesetzt werden. Wenn die Produktivität bei der Herstellung von Gütern mit Hilfe entsprechender Investitionen so groß wird, dass die zusätzlich hergestellten Konsumgüter nicht mehr für zunehmenden Konsum benötigt werden, nehmen der Bedarf an Investitionen und dafür gespartes Geld ab. Weiterhin gespartes Geld wird den realwirtschaftlichen Kreisläufen entzogen, weil es nicht wieder wachstumsorientiert für den Erwerb von Konsum- oder Investitionsgütern eingesetzt wird. Sparen kann somit quantitatives realwirtschaftliches Wachstum behindern.

- Ressourcenbegrenztheit behindert quantitatives realwirtschaftliches Wachstum

Neben den Einflüssen von Geld, Konsumgütern und Investitionsgütern auf quantitatives realwirtschaftliches Wachstum gibt es den Einfluss der Begrenztheit von Ressourcen wie Rohstoffe, Energie und verbrauchbare Umwelt. Wenn im Rahmen quantitativen realwirtschaftlichen Wachstums die für die Herstellung von quantitativen Gütern erforderlichen Ressourcen knapper und teurer werden oder sogar fehlen, dann kann auch dadurch quantitatives realwirtschaftliches Wachstum behindert werden.

E 2 Grenzen des realwirtschaftlichen Treibers „Arbeitskräftebedarf"

Wenn Menschen für ihre Versorgung mit Gütern keine Unterstützung durch Energie, Maschinerie, Automaten oder Informationstechnologie erhalten würden, wären sie wegen ihrer begrenzten körperlichen Leistungsfähigkeit und Arbeitszeit weitgehend mit fundamentaler lebenserhaltender Güterversorgung ausgelastet.

Wenn Arbeitskräfte durch Energie, Maschinerie, Automaten bzw. Informationstechnologie unterstützt werden, verbessert sich ihre Effektivität bei der Güterherstellung. Sie können zunehmend mehr Güter herstellen. Dadurch wird quantitatives realwirtschaftliches Wachstum möglich, sofern Arbeitskräfte entsprechende Einkommenssteigerungen erhalten und es genügend unerfüllte Wünsche gibt.

Wenn dieses Wachstum sich mit dem Verwertungsinteresse von Menschen mit größeren Geldvermögen verbindet, und dann primär gewinnorientierte Investitionen in Maschinerie und Automatisierung vorgenommen werden, führt die neu ausgerichtete zunehmende Effektivität der Güterherstellung verstärkt dazu, dass weniger Arbeitskräfte für die Erstellung der zum Verkauf angebotenen quantitativen Güter benötigt werden. Die freiwerdenden Arbeitskapazitäten können dann zunehmend für die Herstellung von möglichst effektiver Maschinerie und Automatisierung eingesetzt werden, um durch mehr Produktion realwirtschaftliches Wachstum zu verstärken.

-       Grenzen

Ab einem gewissen Punkt dieser Entwicklung werden bei der Herstellung von quantitativen Gütern mit Hilfe von automatisierten Produktionsanlagen und Rationalisierung mehr Arbeitskräfte frei als für die Herstellung von mehr Konsumgütern und die Realisierung neuer Investitionen benötigt werden. Sofern freiwerdende Arbeitskräfte bei einem Überangebot auf dem Arbeitsmarkt arbeitslos werden oder in späteren Jobs weniger Geld verdienen, steht ihnen weniger Kaufkraft zur Verfügung. Das realwirtschaftliche quantitative Wachstum wird somit geschwächt, weil weniger gekauft werden kann.

Vor diesem Hintergrund kann sich die Generierung von realwirtschaftlichem Wachstum mit Hilfe von Automatisierung und Rationalisierung ab einem gewissen Punkt ins Gegenteil verkehren. Dann werden die Bedingungen für quantitatives realwirtschaftliches Wachstum in abnehmendem Umfang erfüllt, weil einerseits das Angebot quantitativer Güter automatisierungsbedingt zunehmen kann und andererseits die Kaufkraft von weniger verdienenden oder nicht mehr benötigten Arbeitskräften abnimmt. Damit werden die Bedingungen für quantitatives realwirtschaftliches Wachstum in abnehmendem Umfang erfüllt. Diese erfordern nämlich neben der Zunahme von Güterangeboten auch die Zunahme der Einkommen. Beide Zunahmen sollten aufeinander abgestimmt und eher von Knappheit geprägt sein

                                                                10.04.2023

E 3 Grenzen des realwirtschaftlichen Treibers „Leistungsbilanzüberschuss"

Leistungsbilanzüberschuss bedeutet, dass dafür vergebene Kredite Zinsen einbringen. Auf der anderen Seite bedeutet Leistungsbilanzunterdeckung, dass zusätzlich zur Rückzahlung der aufgenommenen Kredite Zinsen zu zahlen sind.

- Grenzen
Wenn Rückzahlungen plus Zinszahlungen für die Staaten mit Leistungsbilanzunterdeckung zu hoch werden, kann es sein, dass solchen Staaten Schulden erlassen werden müssen, damit sie weiterhin Güter importieren können und als Handelspartner nicht ausfallen.
-- Schuldenerlass für überschuldete Handelspartner bedeutet für Staaten mit Leistungsbilanzüberschuss auf der anderen Seite eine indirekte negative Beeinflussung ihres quantitativen realwirtschaftlichen Wachstums.
-- Weitergehend können in überschuldeten Ländern Abzahlung der Schulden plus Zinszahlungen zu starken finanziellen Belastungen und sozialen Unruhen führen.

E 4 Grenzen des realwirtschaftlichen Treibers „Güterverschwendung"

Das Geld für die Herstellung von Gütern wie Lebensmittel, die später wegen begrenzter Haltbarkeit der Verschwendung anheimfallen, muss durch den Verkauf anderer Güter zusätzlich aufgebracht werden. Durch die Vermeidung der Verschwendung könnte das dadurch gesparte Geld für andere Zwecke verwendet werden. Es könnte alternative realwirtschaftliche Treiber verstärken.

Zur Vermeidung der Verschwendung bieten sich folgende Maßnahmen an:

Verbraucher können ihre Güter so erwerben, dass sie nicht primär die Güter mit dem längsten Haltbarkeitszeitraum bevorzugen und so das Verschwendungsrisiko mindern helfen.

Hersteller können die Produktionsplanung und Logistik so abstimmen, dass der Verschwendungsanteil gemindert wird.

In der Realität ist die Verschwendung in erheblichem Umfang existent. Das heißt, die Summe der individuellen und unternehmerischen Verhaltensweisen verursacht die Verschwendungsproblematik, die die Ressourcenverknappung fördert.

E 5 Grenzen des realwirtschaftlichen Treibers „Ressourcenverbrauch"

Bei der Herstellung quantitativer Güter werden Ressourcen wie Rohstoffe, Energie und Umwelt verbraucht. Wenn der Bedarf quantitativer Güter wesentlich zunimmt, bedeutet das auf den ersten Blick eine entsprechende Zunahme des Bedarfs an Ressourcen. So kann die Existenzgrundlage für Menschen sehr geschmälert werden.

Der technische Fortschritt bringt es aber mit sich, dass die Herstellung von Produkten zunehmend Ressourcen sparend erfolgt. Das wird z. B. deutlich, wenn wir uns den Ressourcenbedarf für die Herstellung einer feinmechanischen Maschinensteuerung vorstellen und diesen mit der Herstellung einer IT-Steuerung mit gleichem Funktionsumfang vergleichen.

Der Ressourcenbedarf für einzelne Funktionseinheiten hat somit im Laufe der Zeit oft stark abgenommen. Für den Ressourcenbedarf ist es aber maßgeblich, wenn im Laufe der Zeit die Anzahl der verwendeten Funktionseinheiten pro Produkt steigt, weil die

Produkte immer komfortabler und komplexer werden. Weitergehend ist Ressourcenbedarf durch die Zunahme gekaufter Güter - wie z. B technische Geräte - gekennzeichnet.

Wenn der Bedarf an Funktionseinheiten und Produkten stark steigt, nimmt ab einem bestimmten Wachstumsniveau der absolute Bedarf an Ressourcen trotz Einsparungen bei der einzelnen Funktionseinheit zu.

-	Grenzen
Es ist offensichtlich, dass bei permanentem quantitativem realwirtschaftlichem Wachstum letztendlich unendliche Mengen an Ressourcen wie Rohstoffen, Energie und Umwelt erforderlich sind. Diese sind aber nicht unbegrenzt vorhanden.

Differenzierend ist zu bemerken, dass z. B. die in großem Umfang vorhandene Ressource nicht erneuerbarer Energie indirekt in ihrer Verwendung begrenzt ist. Die Begrenzung tritt dadurch zutage, dass durch ihre Verwendung die begrenzt zur Verfügung stehende Umwelt in zu großem Umfang geschädigt wird.

Die Kapazität erneuerbarer Energie ist letztendlich dadurch begrenzt, dass für die Energiebereitstellungseinrichtungen Aufstellungsplätze und Rohstoffe erforderlich sind.

**E 6	Grenzen des realwirtschaftlichen Treibers „Innovative Produkte"**

Innovative Produkte können dazu dienen, den Menschen Angebote zur Verbesserung des Lebensstandards machen. So könnte der Markt für innovative Produkte eigentlich fortlaufend wachsen.

-	Grenzen
Im Laufe der Zeit können sich Bevölkerungsschichten herausbilden, die zu wenig Geld erhalten, um sich über die Befriedigung

von Grundbedürfnisse hinaus mit Hilfe von innovativen Produkten einen wesentlich besseren Lebensstandard leisten zu können.

E 7 Grenzen des realwirtschaftlichen Treibers „Statusgewinn"

Statusgewinn kann erreicht werden, wenn Menschen durch den Kauf von Statusgütern Aufmerksamkeit und Anerkennung erhalten. Auf den ersten Blick erscheint es plausibel, wenn Menschen den Erwerb von Statusgütern fortlaufend steigern möchten. So würden sie quantitatives realwirtschaftliches Wachstum permanent beflügeln.

Wie die realwirtschaftliche Entwicklung zeigt, werden bei der Verteilung knapper Geldmittel im Laufe der Zeit Vorteile mancher Bevölkerungsgruppen auf Kosten anderer Bevölkerungsteile erreicht. Auf der einen Seite nehmen die Geldmittel dann zu und auf der anderen Seite wird die Kaufkraft tendenziell geschwächt.

Menschen, die wenig Geld haben, geben dieses schnell wieder aus, um ihren Gütergrundbedarf zu decken. Wenn ihre Kaufkraft tendenziell abnimmt, können sie auch weniger Güter erwerben.

Menschen, die zunehmend mehr Geld zur Verfügung haben, geben die Betragssteigerung oft nicht in gleichem Umfang für Statusgüter und Statusgewinn aus – sie sparen auch und entziehen damit der Realwirtschaft Geld.

- Grenzen
Die Verschiebung des Geldmittelerhalts von ärmeren zu reicheren Bevölkerungsteilen kann also zu einer Schwächung des Wachstums führen, weil die einen weniger Geld erhalten und ausgeben können und die anderen von zusätzlichem Geld nur

einen Teil für zusätzliche Statusgüter ausgeben, um den Rest zu sparen.

E 8   Grenzen der realwirtschaftlichen Treiber: Umweltschutz, Einsatz erneuerbarer Energie und Recycling

Der Einsatz von Ressourcen bringt Ressourcenverknappung mit sich. Durch Recycling, Einsatz erneuerbarer Energie und Umweltschutz kann Ressourcenverknappung gemindert werden. Damit kann der Zeitraum der Nutzung von Ressourcen verlängert werden. Das ist ein wichtiger Aspekt bezüglich der Nachhaltigkeit.

-    Grenzen
Rohstoffverknappung steht mit Recycling, Bereitstellung erneuerbarer Energie und Umweltschutz in engem Zusammenhang. Umso mehr Geld zwecks Zukunftssicherung für innovative Technologien, Recycling, Bereitstellung erneuerbarer Energie und Umweltschutz eingesetzt wird, umso mehr Geld müsste ersatzweise eigentlich anderen realwirtschaftlichen Kreisläufen entzogen werden, die z. B. dem Konsum dienen. Das gilt insbesondere dort, wo der Staat Recycling, Bereitstellung erneuerbarer Energie und Umweltschutz als Gemeinschaftsaufgaben durchführt und diese durch Umverteilung finanziert. Die staatliche Aktivität drängt sich auf, wo Individuen Recycling, Bereitstellung erneuerbarer Energie und Umweltschutz zwecks eigener Vorteile in den Hintergrund drängen, indem sie z, B. nicht nachhaltige Güter erwerben.

Durch den technischen Fortschritt, der die Entwicklung von Technologien für Recycling, erneuerbare Energie und Umweltschutz mit sich bringt, werden Exportmöglichkeiten verbessert. Der zunehmende Export kann in Ländern mit Leistungsbilanzunterdeckung allerdings zu Belastungen führen.

E 9   Grenzen des realwirtschaftlichen Treibers „Investitionen"

Investitionen dienen u. a. dazu, Produktionsanlagen zu finanzieren, mit denen Güterbedarfe gedeckt werden können. Mit Hilfe von Energie, Maschinerie und Automatisierung kann die Produktivität solcher Anlagen verbessert werden. Diese Entwicklung wird gezielt durch das Verwertungsinteresse von solchen Investoren verstärkt, die per Rationalisierung in erster Linie ihr Geld vermehren wollen.

Zunächst können durch erhöhte Produktivität, zunehmende Gewinne der Unternehmen und zunehmende Verdienste der Arbeitnehmer realwirtschaftliche Kreisläufe angetrieben werden.

-     Grenzen
Sobald durch erhöhte Produktivität Arbeitskräfte frei werden, die nicht mehr für die Realisierung von Konsumgüterherstellung und Produktionsanlagen erforderlich sind, sinken oft deren Einkommen und damit die Kaufkraft, Durch diese Entwicklung werden realwirtschaftliche Kreisläufe geschwächt, damit sind auch weniger Investitionen erforderlich.

E 10   Grenzen des realwirtschaftlichen Treibers „Bildung"

Bildung hat zwei Schwerpunkte.

Das ist erstens die allgemeine Bildung, die zum allgemeinen gesellschaftlichen Leben gehört.

Zweitens dient Bildung der Realisierung von Forschung, Entwicklung, technischem Fortschritt, innovativen Produkten, Automatisierung und Organisation. Sie ist somit ein Treiber realwirtschaftlichen Wachstums, der allerdings eher zeitverzögert wirkt.

- Grenzen

Erstens ist die Bezahlung der Bildungsvermittlung ein Teil staatlicher Gemeinschaftsaufgaben und somit von den finanziellen Möglichkeiten des Staates abhängig.

Zweitens wird Bildung auch von Unternehmen finanziert, und diese Bildung ist dann primär an dem Verwertungsinteresse der Unternehmen ausgerichtet. Bildung eilt als Wegbereiter für Forschung, Entwicklung, technischen Fortschritt, innovative Produkte, Automatisierung und effektive Organisation dem realwirtschaftlichen Wachstum voraus. Das Interesse von Unternehmen an der Bezahlung von Bildung setzt speziell voraus, dass Bildung im Rahmen ihrer Vorlaufzeit auf kalkulierbare Zeiträume und für realwirtschaftliches Wachstum ausgelegt sein sollte.

Bildung hat gegenläufige Wirkungen:

Bildung, Ausbildung, Wissen, Forschung und Entwicklung sind wichtige Voraussetzungen für technischen Fortschritt. Mit dessen Hilfe erhöht sich der Verstärkungsfaktor der menschlichen Leistungsfähigkeit. Diese kann zusammen mit Automatisierung und Rationalisierung die Produktivität der Güterherstellung erhöhen.

Zunächst zeigt Bildung sich als Antrieb für quantitatives realwirtschaftliches Wachstum, von dem fast alle profitieren können.

Im Laufe der Zeit benötigt man für die Güterherstellung weniger Menschen, weil deren bildungsgestützter Verstärkungsfaktor und deren Produktivität zunehmen. Bei zunehmender Produktivität kann eine abnehmende Anzahl von Menschen also zunehmend mehr quantitative Güter bereitstellen. Das führt dazu, dass eine abnehmende Anzahl von Menschen genug Geld erhält, um gefertigte Produkte in ausreichendem Umfang kaufen zu können. Dadurch wird das Schwächeln quantitativen realwirtschaftlichen Wachstums provoziert.

Bildung kann das quantitative realwirtschaftliche Wachstum also auf zweierlei Art beeinflussen. Erstens kann das Wachstum zunehmen. Zweitens kann es schwächeln.

Eine weitergehende Betrachtung zeigt, dass Bildung, Ausbildung, Wissen, Forschung und Entwicklung einerseits dem Zweck der Erreichung primär kurzfristiger Erfolge in einer Realwirtschaft dienen können, andererseits können sie dem gegenüber aber auch dem Zweck der Nachhaltigkeit in einer Realwirtschaft dienen. Beide Zwecke unterscheiden sich durch den Zeitaspekt.

- Einerseits gibt es also das menschliche Bestreben, durch den Einsatz von Geld und mit Hilfe von Automatisierung und Rationalisierung in der Realwirtschaft in möglichst kurzen Zeiträumen durch Güterherstellung möglichst viel zusätzliches Geld zu erwirtschaften. Der Zyklus eines Geldeinsatzes soll möglichst kurz sein, d. h. die Umlaufgeschwindigkeit eingesetzten Geldes soll groß sein. Durch jeden Zyklus soll wieder zusätzliches Geld verdient werden. Mit Hilfe der Informationstechnologie als Teil des technischen Fortschritts kann die Umlaufgeschwindigkeit verstärkt werden. Sie bringt zunehmende Güterherstellung und steigenden Ressourcenverbrauch mit sich.
- Andererseits sind beim Einsatz von Geld möglichst lange Zeiträume für die Nutzbarkeit menschlicher Arbeitskraft, hergestellter Güter und Ressourcen anzustreben – zum Zweck der Nachhaltigkeit.

Es zeigt sich, dass bei der Betrachtung der realwirtschaftlichen Entwicklung unter dem Aspekt der Bildung die Zeit eine wichtige Rolle spielt.

Einerseits kann es in der Realwirtschaft beim Einsatz von Geld um den bildungsgestützten kurzfristigen Erfolg gehen. Dieser Erfolg soll bei jedem erneuten Geldeinsatz möglichst schnell wiederholt werden können. Bei jedem erneuten realwirtschaftlich basierten Einsatz von Geld werden auch Ressourcen benötigt. Das schmälert deren Vorrat.

                                                           10.04.2023

Andererseits geht es um langfristig angelegte bildungsgestützte Nachhaltigkeit zwecks Ressourcensicherung.

E 11   Grenzen der realwirtschaftlichen Treiber: Ersparnisse, Kredite und direkt an Unternehmen vergebenes Geld

Sparen von Geld bzw. dessen späterer Einsatz findet in unterschiedlichen Zusammenhängen statt, als da z. B. sind:
- Sparen nach Deckung des Bedarfs an quantitativen Gütern
- Sparen z. B. für geplanten Autokauf oder Hauskauf
- Sparen als Vorsorge für zukünftige Unwägbarkeiten
- Sparen für die Altersvorsorge
- Sparen als Vorsorge für spätere Generationen

Wenn eingenommenes Geld gespart wird, ist es auf den ersten Blick den realwirtschaftlichen Kreisläufen entzogen, es sei denn, Banken vergeben bei ihnen eingelagerte Ersparnisse als Kredit an Konsumenten oder Unternehmen oder Sparer geben ihr Geld an Unternehmen, indem sie z. B. Aktien kaufen.

- Grenzen
Zusammenfassend kann man feststellen, wenn die Summe der Ersparnisse wesentlich großer ist als die Summe der vergebenen Kredite einschließlich der direkt an Unternehmen vergebenen Ersparnisse, deutet das auf eine Schwächung der Realwirtschaft hin.

**E 12   Grenzen des realwirtschaftlichen Treibers
„Umverteilung zur Erfüllung staatlicher
Gemeinschaftsaufgaben"**

Einerseits erscheint es logisch, dass die Erledigung von Gemeinschaftsaufgaben von allen Mitgliedern der Gesellschaft gleichermaßen getragen werden sollte, weil sie auch eher gleichmäßig davon profitieren.

Andererseits erscheint es folgerichtig, das Geld für die Umverteilung in Richtung der Erledigung der Gemeinschaftsaufgaben den Menschen zu entziehen, die es aktuell nicht einsetzen wollen.

Werden die Umverteilungsmittel allen Mitgliedern der Gesellschaft ziemlich gleichmäßig entzogen und fließt das Geld nach der Umverteilung den realwirtschaftlichen Kreisläufen schnell wieder zu, wirkt die Umverteilung eher wachstumsneutral,

Wird das Geld primär denen entzogen, die es aktuell nicht benötigen und einsetzen wollen, und werden die umverteilten Mittel den realwirtschaftlichen Kreisläufen schnell wieder zugeführt, wirkt die Umverteilung eher wachstumsfördernd.

-     Grenzen
Vor diesem Hintergrund kann Umverteilungspolitik des Staates zur Wachstumssteuerung eingesetzt werden.

Wenn die Menge des in Richtung Gemeinschaftsaufgaben umverteilten Geldes größer wird als die Wachstumserfolge insgesamt, ergibt sich die Notwendigkeit von Staatsverschuldung. Eine solche Entwicklung bedarf später der näheren Betrachtung.

E 13 Zusammenfassung: Grenzen der Wirksamkeit realwirtschaftlicher Treiber

Nachdem festgestellt wurde, dass menschliche Beziehungen durch die Beschreibung ihrer Tauschbeziehungen mit qualitativen und quantitativen Gütern darstellbar sind und dass zunehmende Wünsche nach Befriedigung menschlicher Bedarfe u. a. mit Hilfe zunehmenden quantitativen realwirtschaftlichen Wachstums befriedigt werden können, stellte sich die Frage nach der Beständigkeit des Wachstums. Dazu wurden Grenzen quantitativen realwirtschaftlichen Wachstums betrachtet.

Alle Treiber quantitativen realwirtschaftlichen Wachstums zusammen sollen bewirken, dass ausreichendes quantitatives realwirtschaftliches Wachstum realisiert wird, um durch Verteilung von Wachstumserfolgen gesellschaftliche Zufriedenheit zu ermöglichen. Wenn realwirtschaftliche Treiber an die Grenzen der Beständigkeit ihres Wirkens kommen und die Wachstumserfolge zu gering werden, müssten in der Folge Beteiligte auf Zuwachs von Wachstumserfolgen verzichten oder sogar Minderung in Kauf nehmen. Wie die Erfahrung zeigt, sind die meisten Mitglieder einer Gesellschaft aber zumindest an Besitzstandswahrung interessiert.

Wenn permanentes quantitatives realwirtschaftliches Wachstum als Fundament für einen stabilen demokratischen Staat erforderlich ist, das Wachstum aber nicht gewährleistet ist, tut sich die grundsätzliche Frage des Zusammenspiels von mangelhaftem realwirtschaftlichem Wachstum und Stabilität einer Demokratie auf.

Vor diesem Hintergrund soll der Frage nach Maßnahmen gegen das Schwächeln quantitativen realwirtschaftlichen Wachstums nachgegangen werden. Dazu werden Strategien betrachtet, mit denen Grenzen für die Beständigkeit realwirtschaftlicher Treiber hinausgeschoben werden können.

F   Beeinflussung von Grenzen der Wirksamkeit realwirtschaftlicher Treiber

Eine permanent wirksame Strategie zur Verhinderung mangelhaften quantitativen realwirtschaftlichen Wachstums würde erfordern, offensichtlich vorhandene Grenzen der Wirksamkeit realwirtschaftlicher Treiber hinausschieben oder gar aufheben zu können.

Bevor wir uns mit einer solchen Strategie befassen, soll uns die Frage nach der Notwendigkeit permanenten quantitativen realwirtschaftlichen Wachstums beschäftigen. Wenn auf derartiges Wachstum verzichtet werden könnte, benötigen wir auch keine Strategien zur Bekämpfung von Wirksamkeitsgrenzen realwirtschaftlicher Treiber.

Auf den ersten Blick erscheint quantitatives realwirtschaftliches Wachstum als notwendig. Diese Vermutung leitet sich daraus ab, dass insbesondere in industrialisierten Ländern die Forderung nach permanentem quantitativem realwirtschaftlichem Wachstum erhoben wird, wenn es gilt, realwirtschaftliche Mangelerscheinungen zu bekämpfen. Bei den Forderungen nach permanentem quantitativem realwirtschaftlichem Wachstum als Mittel gegen realwirtschaftliche Mangelerscheinungen wird offensichtlich nicht bedacht, dass Wachstumserfolge nicht zwangsläufig zur Behebung von realwirtschaftlichen Mangelerscheinungen führen. Unter dem Einfluss spezieller realwirtschaftlicher Interessen kann ihr Einsatz es auch mit sich bringen, dass realwirtschaftliche und auch ökologische Mangelerscheinungen vergrößert werden. Woher könnte die Forderung nach permanentem quantitativem realwirtschaftlichem Wachstum stammen, wenn sie trotz möglicher Fehlwirkungen erhoben wird?

Für Menschen ist es logischerweise von zentralem Interesse, das Überleben zu ermöglichen. In kalten Klimazonen war dazu schon in frühen Zeiten die Vorratshaltung sehr zweckdienlich. Zu deren

Realisierung entwickelten sich Fertigkeiten zum Planen und Organisieren. In eher kalten Klimazonen erzieht die Natur die Menschen also zur Planung und Organisation der Vorratshaltung. Das Überleben konnte so mit deren Hilfe zunehmend besser gesichert werden.

Durch die Erfahrung mit Planung und Organisation wurden zukünftige Verhaltensmuster vorgezeichnet. Damit konnten über das Überleben hinaus die Möglichkeiten zur Bedürfnisbefriedigung und Erhöhung der Lebensqualität verbessert werden.

Das menschliche Verhalten zeigt, dass man auf die Realisierung zunehmend besserer Lebensbedingungen mit Hilfe quantitativen realwirtschaftlichen Wachstums kaum verzichten will. Somit wird Ausschau gehalten, wie man mangelhaftes quantitatives realwirtschaftliches Wachstum beeinflussen kann, wie offensichtlich vorhandene Wachstumsgrenzen hinausgeschoben werden können oder wie man diese vielleicht sogar abbauen kann.

F 1 Beeinflussung von Grenzen der Wirksamkeit des realwirtschaftlichen Treibers „quantitative Güter"

Wenn ein Teil der Bevölkerung zu viel Geld spart oder wenn andere Menschen zu wenig Geld zur Verfügung haben, können entsprechend weniger Güter gekauft werden.

Sparen kann dadurch verursacht werden, dass manche Menschen ihre Grundbedarfe und Komfortbedarfe decken können, ohne ihre Einkommen komplett dafür verwenden zu müssen. Parallel dazu kann es sein, dass es im Laufe der realwirtschaftlichen Entwicklung zunehmend mehr Menschen gibt, die z. B. durch Arbeitslosigkeit bedingt zu wenig Geld haben, um über einen Minimalbedarf hinaus Güter kaufen zu können.

In beiden Fällen verkleinert sich der Gütererwerb, weil dafür weniger Geld ausgegeben wird bzw. ausgegeben werden kann. Realwirtschaftliche Kreisläufe werden geldmäßig und bezüglich Gütererwerb geschwächt. Es stehen weniger Wachstumserfolge zur Verteilung bereit.

Wenn die Mitglieder einer Gesellschaft aber daran gewöhnt sind, permanent Wachstumserfolge erhalten zu können, ist bei deren Mangel Unzufriedenheit möglich. Da sich Politiker zufriedene Menschen wünschen, um von diesen weiterhin gewählt zu werden, sind sie versucht, mangelndes quantitatives realwirtschaftliches Wachstum verhindern zu wollen.

Das könnte dadurch geschehen, dass der Staat Geld von den Menschen mit größeren Ersparnissen an jene mit zu geringen Einkommen umverteilt, um damit zusätzliches quantitatives realwirtschaftliches Wachstum zu ermöglichen.

Um den Widerwillen der Menschen mit größeren Ersparnissen nicht zu provozieren, aber gleichzeitig das Schwächeln quantitativen realwirtschaftlichen Wachstums zu verhindern, vergibt der Staat gern Hilfszahlungen in Form von Subventionen oder Transferzahlungen. Das Geld soll Kaufpotenziale vergrößern und realwirtschaftliche Kreisläufe antreiben.

- Grenzen
Wenn Wachstumserfolge zu gering sind, um dem Staat das für Hilfszahlungen erforderliche Geld bereitstellen zu können, sind Politiker versucht, das erforderliche Geld per Staatsverschuldung als Kredit zu besorgen. Dabei wird gern versprochen, die Kredite später bei ausreichendem realwirtschaftlichem Wachstum zurückzuzahlen. Die Erfahrung zeigt, dass die Rückzahlung der für die Finanzierung der Staatsverschuldung aufgenommenen Kredite in zu geringem Umfang erfolgt. Wenn die Staatsverschuldung dann zu groß wird, erreicht die Beeinflussbarkeit des realwirtschaftlichen Treibers „quantitative Güter" durch Hilfszahlungen ihre Grenze.

F 2 Beeinflussung von Grenzen der Wirksamkeit des realwirtschaftlichen Treibers „Arbeitskräfte"

So lange mit Hilfe von Herstellung und Verkauf quantitativer Güter ausreichendes quantitatives realwirtschaftliches Wachstum herrscht und fast alle Menschen dabei genügend gut bezahlte Arbeit haben, erscheint die realwirtschaftliche Situation als stabil.

Im Laufe von Automatisierung und Rationalisierung werden in der Konsumgüterproduktion Arbeitskräfte frei, die zunächst zur fortlaufenden Realisierung von Automatisierung und Rationalisierung eingesetzt werden können. In zunehmendem Maße wird so die Produktion von Konsum- und Investitionsgütern immer effektiver und freiwerdende Arbeitskräfte werden dann in abnehmenden Umfang benötigt. Sie können in anschließenden Arbeitsverhältnissen oft nur noch geringere Einkommen erzielen oder sie werden arbeitslos und erhalten einen geringeren Betrag als Unterstützung. Diese Entwicklung wird im Folgenden aufgefächert.

F 2.1 Gering bezahlte Tätigkeiten

Wenn Arbeitslosigkeit entsteht, mündet die oft in gering bezahlter Arbeit. Sie zeigt sich z. B. bei Dienstleistungstätigkeiten für private Personen, nicht industriellen Tätigkeiten und industriellen Tätigkeiten. Diese Varianten von Tätigkeiten werden im Folgenden näher beleuchtet.

- Gering bezahlte Dienstleistungen für Privatpersonen
Im Laufe der realwirtschaftlichen Entwicklung erreichen manche Menschen zunehmend gute Einkommen. Sie haben oft zu wenig Zeit zur Erledigung ihrer privaten Angelegenheiten. Solche Menschen haben dann Dienstleistungsaufgaben zu vergeben, ohne dafür so viel Geld bezahlen zu können oder zu wollen, dass die Zahlungsempfänger davon hinreichend gut leben können.

Zur Erfüllung dieser nicht hinreichend bezahlten Dienstleistungen werden oft Menschen eingestellt, die in Folge von Automatisierung und Rationalisierung arbeitslos geworden sind und die im Wettlauf um gut bezahlte Jobs nicht mithalten können.

Das Zusammenwirken von gutverdienenden und schlecht verdienenden Menschen kann wie folgt aufgefächert werden.

Zu Zeiten ausreichenden quantitativen realwirtschaftlichen Wachstums und dazugehöriger genügender Freizeit können gutverdienende Menschen auch mit qualitativen Gütern wie gegenseitigem Service gut versorgt sein.

Wenn bei unzureichendem quantitativem realwirtschaftlichem Wachstum und gleichzeitig zunehmender Rationalisierung für gutverdienende Menschen die Arbeitsverdichtung und die Ausweitung der Arbeitszeit zunehmen, wird der Freiraum für den Austausch qualitativer Güter wie z.B. gegenseitiger Service für diese Menschen kleiner. Wenn somit Zeit für die gegenseitige Erbringung von unentgeltlichem Service fehlt, muss dieser bezahlt werden.

In den Zeiten mangelhaften quantitativen realwirtschaftlichen Wachstums wird Service eher gering bezahlt, weil es für dessen Erbringung ein Überangebot an Arbeitskräften gibt. Die geringen Beschäftigungsmöglichkeiten dieser Menschen werden durch das rationalisierungsorientierte Wirken der Menschen verursacht, die dann im Laufe der Entwicklung als Nachfrager nach gering bezahltem Service in Erscheinung treten.

Vor diesem Hintergrund erscheint es sinnvoll, für Dienstleistungen keine zu geringen Entgelte zuzulassen, sondern angemessene Entgelte vorzuschreiben. Damit sollten die empfangenden Menschen einen angemessenen Lebensstandard und eine Altersarmut verhindernde Alterssicherung realisieren können. In der Folge hätten die Servicenehmer die höheren Entgelte für die Serviceausführenden zu bezahlen oder sie müssten die Arbeiten selbst verrichten. Dann müssten sich Arbeitsbelastung, Arbeitsverdichtung, Freiräume und Arbeitsentgelte für potentielle Servicenehmer neu einpegeln. Die Interessenlage von manchen Servicenehmern verhindert eine solche Entwicklung offensichtlich erfolgreich, so dass es Menschen gibt, die ihren Lebensunterhalt kaum angemessen bestreiten können, denen Altersarmut droht und die für die Zukunft ein Unruhepotential bilden können.

-       Gering bezahlte nicht industrielle Tätigkeiten
Neben den eher schlecht vergüteten Dienstleistungsaufgaben im privaten Bereich gibt es ebenfalls nicht ausreichend bezahlte Aufgaben in verschiedenen nicht industriellen Bereichen wie z. B. in der Landwirtschaft, im gastronomischen Service, im Frisörbereich usw. Dazu werden zwei Aspekte betrachtet. Erstens handelt es sich dabei um das korrigierende Einpegeln zwischen vorzuschreibenden erhöhten Einkommen und resultierenden Preisen. Zweitens wird die Rolle der Eigenverantwortung betrachtet.

Korrigierendes Einpegeln zwischen Einkommen und Preisen:
Eine für gering verdienende Menschen Lebensunterhalt und Altersversorgung sichernde angemessen erhöhte Bezahlung würde Preiserhöhungen für Güter und Dienstleistungen erforderlich machen, die von solchen Menschen hergestellt bzw. erbracht werden. Das würde Konsequenzen mit sich bringen

Zum einen müssten die gering entlohnten Menschen die zu ihrem Nutzen erhöhten Preise bezahlen können. Deshalb müssten die Löhne und Gehälter dieser Menschen so weit erhöht werden, dass auch das möglich ist.

Zum anderen müssten die erhöhten Preise insbesondere von den Menschen mit guten Einkommen bezahlt werden. Diese können dann vielleicht weniger Geld sparen oder aber sich etwas weniger Komfortgüter leisten.

Das hier angesprochene korrigierende Einpegeln zwischen erhöhten Löhnen und Gehältern einerseits und resultierenden Preisen andererseits würde eine Umverteilung hervorrufen, die dem Schwächeln einer Realwirtschaft durch teilweise zu geringe Kaufkraft auf Grund zu geringer Bezahlung mancher Menschen entgegenwirken würde.

Rolle der Eigenverantwortung:
Einkommensmäßig gut etablierte Menschen können sich als eher tüchtig erscheinen lassen, weil sie sich auf Grund höherer Einkommen mehr leisten können als ärmere Menschen.

Als Ursache für hohe Einkommen können sie Wahrnehmung von Eigenverantwortlichkeit für Einkommen ins Feld führen, obwohl diese oft durch Tarifverträge festgelegt sind.

Der Begriff der Eigenverantwortlichkeit kann für Bezieher höherer Einkommen auch attraktiv sein, weil sie vielleicht meinen, damit ihre eigenen höheren Einkommen begründen zu können, obwohl diese vielleicht dazu beitragen, dass für andere Menschen aus der Einkommensmasse eher zu geringe Anteile übrigbleiben.

In der Anwendungslogik der Eigenverantwortlichkeit für gutverdienende Menschen sind auch Geringverdiener für ihren geringen Verdienst verantwortlich, weil dieser logischerweise ein Abbild geringerer Tüchtigkeit sein müsste.

Im Rahme der Eigenverantwortlichkeit für Einkommen können gutverdienende Menschen auch höhere Preise ablehnen, wenn mit deren Hilfe eine bessere Entlohnung speziell für Geringverdiener vorgenommen werden soll.

Abweichend von vermutlich empfundener Eigenverantwortlichkeit für manche Einkommen wird die Höhe von Einkommen bis zu einem gewissen Niveau oft durch Verteilungsmodi wie Tarifverhandlungen und Gesetzgebung festgelegt. Verteilungsmodi für Menschen mit geringen und guten Einkommen werden eher von den Menschen mit höheren Einkommen bestimmt, weil sie eher meinungsrelevant sind. So ist erklärbar, dass Menschen mit höheren Einkommen sich auf Grund der von ihnen bevorzugten prozentualen Verteilung von Einkommenserhöhungen mit höheren Zuschlägen bevorteilen. Dazu muss hier ausdrücklich erläutert werden, dass höhere Einkommen bei prozentualer Erhöhung einen höheren Zuschlag erhalten als geringere Einkommen. Vor diesem Hintergrund wird die permanente Auseinanderentwicklung von Einkommen zu Gunsten der Menschen mit höheren Einkommen u. a. gern mit dem Deckmantel eigenverantwortlicher Leistung kaschiert.

-        Gering bezahlte industrielle Tätigkeiten
Erstens gibt es in industrialisierten Ländern Arbeitsplätze, die nach der Erhöhung von Löhnen und Gehältern kostenmäßig nicht mehr mit denen in Niedrigstlohnländern konkurrieren können. Durch solche Erhöhungen kann es zur Verlagerung der Herstellung von Gütern mitsamt zugehöriger Arbeitsplätze in Länder mit Niedrigstlöhnen kommen. Das betrifft in industrialisierten Ländern oft die Arbeitsplätze von eher gering qualifizierten Menschen. In der Folge erhalten manche arbeitslos gewordenen Menschen nur noch gering bezahlte Arbeitsstellen, so dass ihr Lebensunterhalt oft nicht mehr angemessen gewährleistet ist.

Zweitens erfolgt die Erhöhung von Löhnen und Gehältern zum großen Teil prozentual. Dadurch geht die Schere von Einkommen zunehmend auseinander. Menschen mit höheren Einkommen erhalten bei deren prozentualer Erhöhung einen größeren Betrag als Zuschlag als diejenigen Menschen mit geringeren Einkommen. Durch die Scherenwirkung können zunehmend mehr Menschen mit geringen Einkommen ihren Lebensunterhalt nicht mehr angemessen bestreiten.

Erhöhung von Löhnen und Gehältern in Industrieländern kann dazu führen, dass dort zunehmend mehr Menschen ihren Lebensunterhalt nicht mehr angemessen bestreiten können, weil ihre Arbeitsplätze als Folge der Erhöhung von Löhnen und Gehältern in Niedrigstlohnländer verlagert werden und Einkommen tendenziell sinken.

Weiterhin kann prozentuale Erhöhung von Löhnen und Gehältern die Einkommensschere so weit auseinandertreiben, dass manche Menschen durch auf zu geringem Niveau verharrenden Einkommen nicht mehr genug Geld erhalten.

Obige Betrachtungen führen zu der Überlegung, die globale Einkommensentwicklung wie folgt als Treppe darzustellen:

Erstens zeigen sich in industrialisierten Ländern Einkommen, die ein gutes und komfortables Leben ermöglichen.

Zweitens gibt es in industrialisierten Ländern Einkommen, die zu gering sind, um einen angemessenen Lebensunterhalt zu gewährleisten. Dazu gehören Einkommen im privaten Dienstleistungsbereich, im nicht industriellen und im industriellen Bereich.

Drittens erhalten in industrialisierten Ländern gering bezahlte Menschen so viel Unterstützung, dass ein Minimum an Versorgung gesichert ist.

Viertens werden in kaum industrialisierten Ländern für Niedrigstlöhne Güter hergestellt, die sich Menschen mit zu geringen Einkommen in industrialisierten Ländern auch noch leisten können. So können Menschen in industrialisierten Ländern mit Hilfe von Produkten aus Niedrigstlohnländern offensichtlich ergänzend soweit versorgt werden, dass industrialisierte Staaten keine gesellschaftlichen Unruhen wegen zu schlechter Versorgung ihrer Bewohner mit zu geringem Einkommen befürchten müssen.

Fünftens sind in nicht industrialisierten Ländern Niedrigstlöhne so gering, dass sehr viele Menschen am Existenzminimum leben. Sie haben kaum genug Geld, sich einen Grundstock an Ersparnissen zuzulegen. Bei fehlender Krankenversicherung können sie im Krankheitsfall kaum die erforderliche Medizin bezahlen. In traditionellen Gemeinschaften unterstützen sich die Menschen gegenseitig, sie sind oft auch dazu verpflichtet. Zu solchen Zwecken werden dann eventuelle Ersparnisse verwendet, Tiere verkauft oder man lässt sich Löhne im Voraus auszahlen. Diese Menschen subventionieren durch ihre geringen Einkommen die Menschen in reichen Ländern.

Sechstens sterben Menschen an den Folgen zu geringer existenzieller Versorgung.

Kaum industrialisierte Länder haben nur geringe Chancen, auf einen Wachstumspfad zu gelangen, der ihnen ausreichende Wachstumserfolge bringen könnte und darauf gegründete gesellschaftliche Stabilität.

Die Treppe symbolisiert die Versorgung der Menschen mit Gütern und Geld. Die untersten Stufen stehen für Hunger und Niedrigstlöhne und sind offensichtlich erforderlich, damit Menschen mit zu geringen Einkommen in industrialisierten Ländern sich so viel Güter aus Niedrigstlohnländern leisten können, dass es in industrialisierten Ländern nicht zur Kernschmelze in potenziellen Unruheherden kommt.

F 2.2 Gering bezahlte Qualifikationen

Zu Zeiten mangelhaften quantitativen realwirtschaftlichen Wachstums trifft die Entwicklung in Richtung geringer Bezahlung in erster Linie jene Beschäftigungsbereiche, die nur geringe Qualifikation erfordern und für die es ein Überangebot an Arbeitskräften gibt. Auch qualifizierte Personen können in den Strudel geringer Bezahlung geraten, wenn ihre Qualifikationen nicht oder nicht mehr benötigt werden. Das ist z. B der Fall, wenn sie als erfahrenes Personal durch andere Menschen ersetzbar sind, die gegebene Aufgaben bei weniger Erfahrung mit Hilfe IT-basierten Wissens erledigen können und die deshalb geringere Einkommensansprüche stellen.

In erster Annäherung kann vermutet werden, dass bei einem Überangebot an Arbeitskräften deren Einkommen um einen ähnlich hohen Anteil wie das Angebot an Arbeitskräften zu groß ist. Das ist aber nicht der Fall. Vielmehr können Arbeitgeber ihr Einkommensangebot überproportional senken, begleitet mit dem nicht notwendigerweise auszusprechenden Kommentar, dass andere Arbeitnehmer dafür arbeiten würden. Einkommen sind oft so gering, dass die betroffenen Menschen von den erzielten Einnahmen ihre Grundbedürfnisse kaum befriedigen können.

Als Reaktion auf zu geringe Einkommen könnten Arbeitgeber versuchen, ihre Produktpreise soweit zu erhöhen, dass sie ihren Arbeitnehmern so hohe Löhne und Gehälter bezahlen könnten, dass diese damit ihren Lebensunterhalt in angemessener Art und Weise zu bestreiten in der Lage wären. Diese Arbeitgeber sind dann darauf angewiesen, dass ihre Kunden zu dem bekannten Zweck höhere Preise zu zahlen bereit sind. Wenn es diese Bereitschaft nicht gibt, besteht die Gefahr, dass diese Arbeitgeber von Konkurrenten mit geringeren Preisen sowie geringeren Löhnen und Gehältern aus dem Markt gedrängt werden.

Das reale Marktgeschehen hat eine Entwicklung in Richtung höherer Preise zum Zwecke höherer Einkommen für zu gering bezahlte Mitarbeiter bisher nicht in einem maßgeblichen Umfang hervorgebracht.

Es gibt offensichtlich keine eigendynamische Entwicklung in Richtung der Verhinderung der Verarmung von Bevölkerungsgruppen. Das Phänomen der Verarmung ist beobachtbar, wenn bei einer beträchtlichen Gruppe von Menschen Arbeitslosigkeit herrscht oder die Einkommen tendenziell sinken.

Wenn eine eigendynamische Entwicklung möglich wäre, die zu Zeiten mangelhaften quantitativen realwirtschaftlichen Wachstums die Verarmung von Bevölkerungsgruppen durch zu geringe Einkommen verhindert, dann hätte sie sich schon gezeigt. Um eine solche Entwicklung möglich zu machen, hätten die Preise für die von diesen Menschen hergestellten Güter in erforderlichem Umfang zunehmen müssen, um die Einkommen angemessen erhöhen zu können. Der Wettbewerb um Kunden, die sich am geringsten Preisniveau orientieren oder auch orientieren müssen, scheint eine solche Entwicklung maßgeblich zu verhindern.

F 2.3 Individuelles Verhalten und gesellschaftliche Entwicklung

Es werden individuelle Verhaltensweisen, ausreichendes oder schwächelndes realwirtschaftliches Wachstum, Polarisierung, Vorteilsnahmen und Benachteiligungen betrachtet.

- Ausreichendes quantitatives realwirtschaftliches Wachstum

Es gibt Zeiten realwirtschaftlicher Entwicklung, in denen fast alle Menschen einer Gesellschaft ihre Bedarfe zunehmend decken können. Dafür scheint es erforderlich zu sein, dass Güterherstellung, Güternachfrage, Beschäftigung, Einkommen und Gewinne Schritt für Schritt immer weiter zunehmen können und es auch tun. Die Mitglieder der Gesellschaft vertrauen dann offensichtlich darauf, dass sich eine solche Entwicklung wie von selbst fortsetzt und in ausreichendem quantitativem realwirtschaftlichem Wachstum mündet und bleibt. Das Vertrauen in solche Abläufe bestätigt sich immer wieder wie von selbst. Es stehen fortlaufend zunehmende Wachstumserfolge für fast alle Beteiligten bereit. Diese Erfolge erlauben für viele Menschen individuelle Zufriedenheit und die Erfüllung von Gemeinschaftsaufgaben durch den Staat – unter Mitbestimmung und auf Kosten der Beteiligten. So bildet sich ein Fundament für gesellschaftliche Stabilität und Demokratie.

Für fortlaufendes ausreichendes quantitatives realwirtschaftliches Wachstum sind weiterhin Ressourcen wie Energie, Rohstoffe und zum Verbrauch bereitstehende Umwelt erforderlich.

Von Bedeutung sind auch Maschinerie und Informationstechnologie. Sie werden von Menschen erstellt und können menschliches Agieren verstärken.

In der vorhergehenden Darstellung sind zentrale Elemente für ausreichendes quantitatives realwirtschaftliches Wachstum aufgezeigt worden.

In nächsten Schritt wird zunächst erläutert, wie ausreichendes quantitatives realwirtschaftliches Wachstum ins Schwächeln geraten kann und was man dagegen tun könnte.

-       Schwächelndes quantitatives realwirtschaftliches
        Wachstum
Sobald quantitatives realwirtschaftliches Wachstum schwächelt, weil z. B. für eine zu große Anzahl von Menschen die Kaufkraft zum Vorteil sparender Menschen abnimmt, müsste die Verteilung der Wachstumserfolge zu Gunsten von Menschen mit zu geringem Einkommen geändert werden, damit Wachstum möglich bleiben kann.

Die Verteilung an die Menschen mit zu wenig Geld könnte derart erfolgen, dass diese bei der Verteilung von Wachstumserfolgen durch mehr Gleichverteilung zunehmende Zuschläge erhalten und die Menschen mit großen Einkommen abnehmende Zuschläge. So könnten die ärmeren Menschen ihre erhöhten Einnahmen schnell wieder realwirtschaftlichen Kreisläufen wachstumsfördernd zuführen, indem sie ihre bestehenden Bedarfe decken. Menschen mit größeren Einkommen würden bei mehr

Gleichverteilung von Wachstumserfolgen abnehmende Zuschläge erhalten und damit weniger Geld zum Sparen und zum Entziehen aus realwirtschaftlichen Kreisläufen.

Die Veränderung der Verteilung von Einkommen könnte alternativ durch vorgeschriebene angemessen höhere Löhne und Gehälter eingeleitet werden, die die Menschen mit geringen Einkommen zu bekommen hätten. Die aus höheren Einkommen resultierenden höheren Güterpreise würden vor allen Dingen die Menschen mit größeren Einkommen belasten, die dann weniger sparen könnten, während für die ärmeren Menschen die Einkommen so stark steigen müssten, dass sie davon auch die Preissteigerungen angemessen kompensieren könnten. Dieser Vorgang steht für eine wachstumsorientierte Umverteilung von reicheren zu ärmeren Menschen.

-       Polarisierte Einkommen - Vorteilsnehmer - Benachteiligte
In Zeiten schwächelnden quantitativen realwirtschaftlichen Wachstums scheint die ausreichende Umverteilung zu Gunsten der Menschen mit zu geringen Einkommen zum Zwecke permanenten quantitativen realwirtschaftlichen Wachstums keine sich automatisch ergebende Entwicklung zu sein. Wenn die Umverteilung ein Selbstläufer wäre, dann hätte sie sich schon gezeigt. Im Gegenteil - die Verteilung von Wachstumserfolgen führt bei deren primär prozentualer Verteilung dazu, dass Menschen mit höheren Einkommen einen größeren Zuschlag bekommen als solche mit geringeren Einkommen. Vor diesem Hintergrund sparen Menschen mit höheren Einkommen eher als Menschen mit geringeren Einkommen, denen eher Geld für die Gewährleistung eines angemessenen Lebensunterhaltes fehlt. Die Menschen mit höheren Einkommen erscheinen bei prozentualer Erhöhung der Einkommen als Vorteilsnehmer auf Kosten derjenigen, die in geringerem Umfang an den Wachstumserfolgen beteiligt werden.

Bei der Verteilung von Wachstumserfolgen ist es für gutwillige Vorteilsnehmer einer realwirtschaftlichen Entwicklung offensichtlich nicht möglich, den Verteilungsschlüssel zu Gunsten benachteiligter Bevölkerungsgruppen zwecks Abbaus gesellschaftlicher Polarisierung in relevantem Umfang zu ändern. Sie können offensichtlich nicht erreichen, dass die meisten Menschen mit höheren Einkommen das auch tun.

-        Polarisierungen und Varianten des Wachstums
Zu Zeiten ausreichenden quantitativen realwirtschaftlichen Wachstums kann es eine eigendynamische Entwicklung der Zunahme von Einkommen geben, solange alle Beteiligten darauf vertrauen können, dass Einkommen, Kaufkraft, Güterherstellung, Gütererwerb und Gewinne schrittweise kontinuierlich zunehmen.

In der Phase nicht ausreichenden quantitativen realwirtschaftlichen Wachstums und sich herausbildender gesellschaftlicher Polarisierung beobachten wir Marktversagen, sowohl auf Seiten der Arbeitgeber als auch auf Seiten der Arbeitnehmer – wie im Folgenden aufgezeigt wird:

- Wenn Arbeitgeber zugunsten höherer Löhne und Gehälter für Geringverdiener die Preise für ihre Produkte erhöhen, müssen sie damit rechnen, dass ein erheblicher Teil der Konkurrenten das nicht tut und sie aus dem Markt drängt.

- Wenn Vorteilsnehmer auf der Seite der Arbeitnehmer bei der Verteilung von Wachstumserfolgen zu Gunsten von Geringverdienern Verzicht üben, können sie nicht damit rechnen, dass eine beträchtliche Anzahl anderer Vorteilsnehmer es ihnen gleichtut. Vielmehr muss damit gerechnet werden, dass andere Vorteilsnehmer sich den Verzicht zunutze machen.

Nach dem Übergang von ausreichendem quantitativem realwirtschaftlichem Wachstum in mangelhaftes quantitatives realwirtschaftliches Wachstum zeigen sich offensichtlich Polarisierung und Marktversagen. Bestehen bleibt allerdings eine Erwartungshaltung, laut der ein Markt dazu dienen sollte, dass die beteiligten

Menschen hinreichend mit Gütern versorgt werden, um einen angemessenen Lebensstandard realisieren zu können. Wenn die Erwartung guter Versorgung mit Gütern, gesellschaftlicher Polarisierung und offensichtliches Marktversagen zusammentreffen, werden zwecks Verhinderung sozialer Unzufriedenheit oft Hilfszahlungen geleistet.

-       Grenzen der Unterstützung bei zu geringen Einkommen
In manchen Industriestaaten werden Bevölkerungsschichten bei zu geringem Einkommen mit staatlicher Unterstützung versorgt. Das mag aus moralischen Gründen geschehen oder auch zu dem Zweck, Unzufriedenheit mit dem Staat zu dämpfen.

Ab einem gewissen Umfang können die Unterstützungszahlungen so groß werden, dass die realwirtschaftlichen Kreisläufe diese nicht mehr ausreichend hergeben, weil sie ausbluten würden. Dann ist der Staat versucht, das erforderliche Geld per Staatsverschuldung zu besorgen. Der Staat hält die Unterstützungszahlungen aus verschiedenen Gründen relativ gering.

Erstens hält der Staat Unterstützungszahlungen unter dem Vorwand gering, dass für Arbeitnehmer ein Anreiz bestehen bleiben soll, höhere Einkommen anzustreben. Diese Vorgehensweise lässt es zu, dass für viele Menschen das Einkommen trotz eines Vollzeitjobs nicht ausreicht, um damit Grundbedarfe und Zukunftssicherung durch Rente angemessen bestreiten zu können.

Zweitens gibt es die eher jüngeren Menschen, die die Staatsverschuldung später abbauen müssen. Sie haben ein logisches Interesse, dass der Umfang der aktuellen Kreditaufnahme zum Zwecke der Unterstützung von Menschen mit zu geringem Einkommen möglichst gering ist.

Drittens will der Staat mit eher geringer Unterstützung der Menschen mit geringem Einkommen das Wohlwollen der Menschen erhalten, deren hohe Einkommen zunehmend zur Umverteilung an Geringverdiener herangezogen werden könnten.

Die verschiedenen Interessen hinsichtlich der Unterstützung von Menschen mit zu geringem Einkommen bewirken letztendlich, dass die Unterstützung ziemlich begrenzt ist. Vor diesem Hintergrund besteht für manche Menschen die Versuchung, eine so genannte Wertediskussion über alternative Werte ins Feld zu führen, die durch ehrenamtliche Arbeit realisiert werden sollen. Diese Arbeit soll eventuell dazu dienen, dass sich Menschen als Ergänzung zu geringen Einkommen Selbstwertgefühl und externe Anerkennung als alternative Werte erarbeiten und so nicht in einem Zustand von Unzufriedenheit landen.

F 2.4   Ehrenamtliche Arbeit

Ehrenamtliche Arbeit gibt es sinngemäß in verschiedenen Zusammenhängen.

- Zunächst wird gegenseitiges unentgeltliches Geben und Nehmen als eine Art ehrenamtlichen Arbeitens betrachtet.
-- Das sind z. B. gegenseitige Hilfen in stammesgeschichtlichen Zusammenhängen, wo Menschen aufeinander angewiesen sind.
-- Das gegenseitige Helfen erfährt einen besonderen Antrieb, wenn Menschen z. B. in Krisen und Kriegen aufeinander angewiesen sind.
-- In Zeiten, in denen der Wert des Geldes stark abnimmt, helfen sich Menschen oft gegenseitig, um das Geld als Tauschmittel zu ersetzen.
-- Oft sind es Freunde, Nachbarn und Bekannte, die sich gegenseitig helfen. Diese Hilfen haben neben dem Aspekt der Unentgeltlichkeit oft auch einen kommunikativen Aspekt.

- Ehrenamtliche Arbeit in Zeiten ausreichenden quantitativen realwirtschaftlichen Wachstums

Es erscheint interessant, dass in Zeiten ausreichenden quantitativen realwirtschaftlichen Wachstums gegenseitiges Helfen anscheinend unter kommunikativen Aspekten besondere Wertschätzung besitzt. Menschen können dann bei Knappheit von Arbeitskräften nicht nur zunehmend höhere Löhne und Gehälter durchsetzen. Sie können bei der Arbeit zusätzlich auch qualitative Aspekte der Belohnung in Form von Freizeit und Begrenzung der Arbeitsbelastung erhalten und ausbauen. Damit gibt es zunehmende private Freiräume für gegenseitige Hilfe und kommunikatives Zusammenleben.

- Ehrenamtliche Arbeit und schwächelnde quantitative Realwirtschaft

Wenn das quantitative realwirtschaftliche Wachstum nicht mehr genügend Wachstumserfolge für alle Beteiligten abwirft, sinken für manche Menschen die Einkommen tendenziell und manche andere Menschen werden arbeitslos. Dann wird gegenseitige unentgeltliche Hilfe sinnvoll, um dadurch mangelnde finanzielle Mittel zum Erwerb quantitativer Güter kompensieren zu können.

Weiterhin besteht für den Staat der Anreiz, ehrenamtliche Arbeit zu fördern. Durch diese Arbeit sollen vielleicht Ansprüche an den Staat bezüglich der Erfüllung von Gemeinschaftsaufgaben abgedeckt werden. Ehrenamtliche Arbeit hat dann den Charakter des einseitigen Nehmens durch die Bevölkerung, die offensichtlich nicht bereit ist, die erforderlichen Steuern für die Bezahlung der Erledigung mancher Gemeinschaftsaufgaben zu entrichten.

Ehrenamtliche Arbeit kann dazu dienen, dass arbeitslose Menschen sich durch ehrenamtliche Arbeit gesellschaftliche Anerkennung erwerben wollen, um den Sinn ihres Lebens aufzupolieren

Vertreter der Öffentlichkeit können der Versuchung erliegen, sich durch die Befürwortung ehrenamtlicher Arbeit ein Image als Problemlöser bei der Erledigung von Gemeinschaftsaufgaben zuzulegen. Soziale Institutionen und gemeinnützige Vereine können versucht sein, ihr Image durch ehrenamtlich tätige Menschen aufpolieren zu lassen. Unterstützt wird diese Vermutung durch das logische Interesse von Mitarbeitern solcher Organisationen, ihren bezahlten Arbeitsplatz zu sichern, indem sie ehrenamtliche Arbeit organisieren.

F 2.5 Die Verunglimpfung von falsch Qualifizierten

Gering qualifizierte Menschen und Menschen mit realwirtschaftlich nicht benötigten Qualifikationen erhalten oft eine geringe Bezahlung oder aber der Staat versorgt sie mit einem Minimum an Unterstützung. Diese Menschen können in Verbindung mit auch für sie bezahlbaren Produkten aus Niedrigstlohnländern ihren Lebensunterhalt dann so bestreiten, dass sie offensichtlich kein gesellschaftliches Unruhepotenzial bilden.

Parallel zu dieser Entwicklung gibt es realwirtschaftlich erfolgreich etablierte Menschen, die u. a. durch Automatisierung und Rationalisierung dafür gesorgt haben, dass gering oder falsch qualifizierte Menschen in zu geringem Umfang benötigt und bezahlt werden. Die realwirtschaftlich erfolgreich etablierten Menschen haben sich zu Wachstumszeiten oft durch Regelungen zur Besitzstandswahrung eine Teilhabe an der wachsenden Realwirtschaft gesichert. Bei späterem mangelhaftem quantitativem realwirtschaftlichem Wachstum wird die etablierte Teilhabe gern weiterhin in Anspruch genommen, bei Bedarf auch auf Kosten der Menschen mit geringen Einkommen. Zu Zeiten ausreichenden realwirtschaftlichen Wachstums erfolgreich etablierte Menschen bleiben somit zu Zeiten mangelhaften realwirtschaftlichen Wachstums zumindest teilweise Vorteilsnehmer auf Kosten der Menschen mit zu geringen Einkommen. Wenn es die Besitzstandswahrung nicht gäbe, hätten die Vorteilsnehmer vermutlich oft nur geringe Chancen, bei mangelhaftem realwirtschaftlichem Wachstum ihr Einkommensniveau zu halten.

Wenn sich Menschen, die auf dem Arbeitsmarkt in zu geringem Umfang benötigt werden und somit geringe Bezahlung erhalten, demonstrativ gegen Folgen gesellschaftlicher Polarisierung und Besitzstandswahrung wehren, wird ihnen vor dem Hintergrund fehlender oder falscher Qualifikation und Bildung leichthin das Image von Dummbacken oder auch von Dumpfbacken zugeordnet. So ist es leicht, von dargelegten Ursachen abzulenken

Im Zusammenspiel mit gesellschaftlicher Polarisierung gibt es also offensichtlich Menschen mit zu geringen Einkommen. Im Wettlauf um Teilhabe an Wachstumserfolgen befinden sie sich oft über längere Zeit auf der Straße der Hoffnungslosigkeit. Wenn sie sich z. B. mittels Demonstrationen dagegen wehren, droht ihnen manchmal Verunglimpfung. Die politische Sprengkraft einer solchen Entwicklung sollte nicht unterschätzt werden.

Das Problem könnte sich aber durch die demographische Entwicklung lösen. Das könnte dadurch geschehen, dass die geringer werdende Mehrheit der alternden Vorteilsnehmer nach und nach durch eine Überzahl von Benachteiligten und vor allen Dingen von weniger polarisierend agierenden Menschen abgelöst wird, die die Verteilung in der Gesellschaft demokratisch basiert neu regelt.

F 3 Beeinflussungen von Grenzen der Wirksamkeit des realwirtschaftlichen Treibers „Leistungsbilanzüberschuss" durch Exportsicherung

Quantitatives realwirtschaftliches Wachstum kann durch Exportüberschuss gefördert werden. Das geschieht, wenn es einerseits für exportierende Länder Exportüberschüsse und Leistungsbilanzüberschuss gibt. Dann müssen andererseits importierende Länder mit Leistungsbilanzunterdeckung Rückzahlung der zur Finanzierung der Importe aufgenommenen Kredite leisten. Zusätzlich müssen sie die anfallenden Zinsen zahlen.

Im Rahmen der internationalen Entwicklung gibt es Länder mit ausgeglichener Leistungsbilanz. Es kristallisieren sich aber auch besonders wettbewerbsstarke und wettbewerbsschwache Länder heraus. Die einen können durch akkumulierten Leistungsbilanzüberschuss gekennzeichnet sein und die anderen durch Leistungsbilanzunterdeckung.

Für Länder mit Exportüberschuss besteht das Risiko des Ausfalls von Zahlungseingängen, wenn sich in Ländern mit Leistungsbilanzunterdeckung bei zunehmender Zahlungsbelastung eine Zahlungsunsicherheit herausbildet. Um dadurch verursachtes Exportrisiko für Unternehmen kalkulierbar zu machen, wird es teilweise von deren Heimatländern durch Exportsicherung übernommen.

Auf der Seite der Länder mit Leistungsbilanzunterdeckung droht ein Überschulduldungsrisiko, welches zu hohe Belastungen für die Gesellschaft mit sich bringen kann.

Diese Belastungen können vom Staat verursacht werden. Das geschieht, wenn er durch Importe eine negative Leistungsbilanz verursacht, die er dann einschließlich der Zinsen ausgleichen muss. Das Geld für die Zahlung wird er sich am Ehesten von der Bevölkerung oder den Unternehmen holen und somit die Gesellschaft belasten.

Die Belastung kann aber auch durch importierende Unternehmen verursacht werden, wenn sie für Importe aufgenommene Kredite plus Zinsen zurückzahlen müssen und deshalb nur geringe Löhne und Gehälter bezahlen können.

-       Grenzen

In Ländern mit Leistungsbilanzunterdeckung kann die Belastung durch Rückzahlung von Krediten mitsamt Zinsen bei paralleler schlechter Einkommenssituation der Bevölkerung zu sozialen und politischen Spannungen führen. Solche Entwicklungen können zum Zweck der Stabilitätssicherung autoritäre Regierungen mit sich bringen oder sogar Unregierbarkeit der Länder.

Bezüglich autoritärer Regierungen in armen Staaten werden an solche Länder gern Forderungen nach Demokratisierung und guter Regierungsarbeit gestellt. Es liegt aber nahe, dass Menschen in armen Ländern die Befolgung solcher Forderungen eher als wichtig anerkennen, wenn ihr Überleben gesichert ist, sie satt zu essen haben und sie mit einem fundamentalen Gesundheitswesen ausgestattet sind.

In verschiedenen Staaten ist Unregierbarkeit beobachtbar einschließlich ihrer Folgen wie Krieg, Kriegskosten, Leid der Bevölkerung und Flucht der Bevölkerung. Dazu gehören auch die Integrationskosten für Flüchtlinge in deren Aufnahmeländern.

Die Erscheinungsformen autoritärer Regierungen und unregierbarer Staaten legen es nahe, den ursächlichen realwirtschaftlichen Fehlentwicklungen präventiv entgegenzuwirken.

Längerfristig angelegte realwirtschaftliche Entspannung durch Leistungsbilanzausgleich zwischen armen und reichen Ländern würde vermutlich die realwirtschaftlichen Vorteilsnehmer in den Ländern mit Leistungsbilanzüberschuss als Gegner aktivieren.

F 4   „Gutes tun" als Marketingstrategie gegen Güterverschwendung, die aber auch ein realwirtschaftlicher Treiber ist

Wenn die Haltbarkeit von Lebensmitteln nicht mehr gewährleistet ist, droht ihnen Verschwendung. Dafür anstehende Waren werden dann oft vor der Verschwendung für Menschen gespendet, die zu wenig Geld zur Deckung ihres minimalen Güterbedarfs haben.

Für Spender wirkt es Image fördernd, wenn sie für arme Menschen „Gutes" tun, indem sie ihnen von der Vernichtung bedrohte Lebensmittel spendieren. Dadurch wird die Vernichtungsproblematik aber in eine Verhaltensproblematik umgewandelt.

Erstens wird die Vernichtung von Lebensmitteln zwar in eine Spende von Lebensmitteln umgewandelt. Zweitens lernen die Spendenempfänger aber nicht marktkonformes Verhalten, weil sie Leistung ohne Gegenleistung erhalten können. Die Spender dürfen sich nicht wundern, wenn ihnen derart konditionierte Menschen zunehmend mit Forderungen nach Leistungen ohne Gegenleistungen begegnen. Spender fördern durch ihr Verhalten eine Wirtschaft des Bettelns und nicht eine Realwirtschaft, in der alle Beteiligten zu einer funktionierenden Versorgung angemessen beizutragen haben.

Das Spenden von Lebensmitteln dient allerdings der Ressourcenschonung.

Wenn Lebensmittel gespendet werden oder gar verschwendet werden müssen, bedeuten diese Vorgänge, dass sie trotzdem ein realwirtschaftlicher Treiber sind, weil die Kosten für deren Herstellung von regulären Käufern von Lebensmittel zusätzlich aufgebracht werden müssen. So schließen sich realwirtschaftliche Kreisläufe.

F 5 Beeinflussung von Grenzen der Wirksamkeit des realwirtschaftlichen Treibers „Ressourcenverbrauch"

Eine wachsende Realwirtschaft bringt plausiblerweise einen zunehmenden Verbrauch von Ressourcen mit sich. Auf den ersten Blick führt die Verbrauchszunahme zur Ressourcenverknappung. Wirtschaftstheoretisch müsste dadurch der Preis für Ressourcen steigen und damit nicht nur die Nachfrage nach Ressourcen abnehmen, sondern auch die Nachfrage nach damit hergestellten auch teurer werdenden Gütern. Die Zusammenhänge zwischen wachsender Realwirtschaft, Nachfrage nach Ressourcen, damit hergestellten Gütern, Ressourcenverknappung und Ressourcenpreisen sind aber vielfältiger als zunächst zu vermuten ist. Dazu werden die folgenden Überlegungen angestellt.

- Forschung und Entwicklung erlauben es, Ressourcen zunehmend effektiv einzusetzen. Das wirkt kompensierend auf deren Verknappung und Preissteigerung.
- Forschung und Entwicklung führen auch zur Herstellung neuer Energieformen. Auch dadurch wird Verknappung gemindert.
- Ein weiteres Phänomen sind Subventionen für die Gewinnung von Ressourcen. Dadurch können zusätzliche Kapazitäten für Ressourcengewinnung entstehen. Somit wird im Laufe der Zeit bei steigendem Angebot eventuell Druck auf die Ressourcenpreise ausgeübt. Dieser Vorgang trifft auch die Einnahmen armer Lieferländer, die auf die Einnahmen aus Ressourcenexport angewiesen sind.

Ressourcengewinnung ist auch dadurch gekennzeichnet, dass Menschen mit geringen Einkommensniveaus in kaum industrialisierten Ländern Ressourcen-Bereitstellung für industrialisierte Länder vornehmen. Viele dieser Menschen leben am Existenzminimum. Sie scheinen erforderlich zu sein, damit Menschen in industrialisierten Ländern mit Hilfe geringer Ressourcenpreise ihre Versorgungsniveaus halten oder ausbauen können.

- Grenzen

Es ist zu bedenken, dass Güterherstellung nicht unendlich gesteigert werden kann, was durch die letztendliche Begrenztheit von Ressourcen bedingt ist. Durch Umweltschutz, Einsatz regenerativer Energie und Recycling kann der Ressourcenvorrat nur gestreckt nicht aber unendlich vermehrt werden. Die Begrenztheit gilt speziell für die Ressource Umwelt.

F 6 Beeinflussung von Grenzen der Wirksamkeit des realwirtschaftlichen Treibers „innovative Produkte"

Menschliche Neugierde kann man als naturwüchsig bezeichnen. Sie bricht sich z. B. Bahn, wenn Kinder etwas begreifen - sich einen Begriff von etwas bilden wollen. Kinder stehen dann manchmal im Widerspruch zu älteren Menschen, die in einer von Rationalisierung geprägten Realwirtschaft die Vorteile der zeitsparenden Routinisierung nutzen wollen und sich dementsprechend weniger Zeit für Kinder nehmen. Wenn Kinder später als Erwachsene verbliebener Neugierde nachgehen, dann denken sie manchmal über eine Geschäftsidee nach.

Die Realisierung von innovativen Geschäftsideen kostet oft Geld. Investitionen in Innovationen sind durchaus mit Risiko behaftet. Inwieweit sich Investition in Produktentwicklungen lohnen, zeigt sich dadurch, in welchem Umfang resultierende innovative Produkte Käufer finden. Das eingesetzte Kapital wird logischerweise als Risikokapital bezeichnet. Wenn ein Teil von Investitionen zu wenig erfolgreich ist, muss ein anderer Teil umso höhere Rendite erbringen, damit unter dem Strich mit der Summe vorgenommener Investitionen genug Geld verdient werden kann.

Durch zeitliche Streckung von Forschung, Entwicklung, Herstellung und Marktdurchdringung könnte das Investitionsrisiko für innovative Produkten dosiert werden und besser kalkulierbar sein.

Da Forschung, Entwicklung, Produktion und Organisation zunehmend von Informationstechnologie durchdrungen sind, können Produktzyklen zunehmend schnell ablaufen. Wenn man unter diesen Bedingungen potenzielle Marktchancen einer Geschäftsidee nutzen will, befindet man sich im Wettlauf mit möglichen Konkurrenten. Man muss dementsprechend in kurzer Zeit hohes Risikokapital einsetzen, um innovative Projekte in möglichst kurzer Zeit realisieren zu können. So kann man versuchen, zu verhindern, dass ein Konkurrent den Markt mit einem ähnlichen Produkt schneller als man selbst besetzt und die Gewinne abschöpft. Dieser Sachzwang hat Konsequenzen für die Realisierung innovativer Projekte.

-	In Zeiten ausreichenden quantitativen realwirtschaftlichen Wachstums stehen vor dem Hintergrund hoher Produktionsauslastung und guter Gewinne relativ viel Geld und Zeit für die Entwicklung von neuen Produkten und Projekten zur Verfügung. Die Erfassung von Anforderungen von Seiten der Produkte und Projekte kann angemessen vorgenommen werden. Bei ausreichendem realwirtschaftlichem Wachstum besteht kein großer Druck, erforderliche Zeiten und Preise zu knapp zu kalkulieren.

-	Bei schwächelnder quantitativer Realwirtschaft müssen Preise für Produktentwicklungen und Projekte oft nach den Vorgaben aus dem Nachfragermarkt kalkuliert werden. Das bringt für Planer, Organisatoren, Ausführende und Hersteller oft geringere Gewinne und Einkommen mit sich.

-	Grenzen
Wenn der Bedarf an innovativen Produkten als hoch eingeschätzt wird, weil man mit deren innovativen Kaufanreizen dem Rückgang quantitativen realwirtschaftlichen Wachstums entgegenwirken will, dann ist der Bedarf an Risikokapital logischerweise groß. Das kann sowohl von staatlicher Seite, von Banken oder von privaten Investoren zur Verfügung gestellt werden.

Besondere Aufmerksamkeit erfordert die Versuchung, bei Investitionen auf angedeutete und vermutete illusorische Renditen zu setzen, denn die sind ein Ausdruck hohen Risikos. Dort, wo der Einsatz von Risikokapital nicht durch ertragreiche innovative Produkte belohnt wird, entfaltet sich das Risiko des eingesetzten Kapitals. Das Geld kann für Anleger ertraglos verschwunden sein.

Sofern als Risikokapital eingesetztes Geld später z. B. der Altersvorsorge der Anleger dienen soll, kann es für deren Zukunft eine Versorgungslücke hinterlassen, wenn die Investition scheitert. Diese Überlegungen lassen es ratsam erscheinen, Ersparnisse nur in begrenztem Umfang und wohl kalkuliert als Risikokapital einzusetzen.

F 7 Beeinflussung von Grenzen der Wirksamkeit des realwirtschaftlichen Treibers „Statusgewinn"

Wenn manche Menschen arbeitslos werden oder mit eher abnehmenden Löhnen und Gehältern auskommen müssen, geht Kaufkraft verloren. Dann stehen Wachstumserfolge in abnehmendem Umfang zur Verfügung.

Manche Menschen mit relativ großen Einkommen neigen bei der Verteilung von schrumpfenden Wachstumserfolgen dazu, trotzdem einen relativ großen Anteil davon zu ihren Gunsten zu reklamieren, auch wenn so für wenig verdienende Menschen relativ wenig Wachstumserfolge übrigbleiben.

Relativ hohe Einkommenssteigerungen sind u.a. eine Folge von Interessenverschmelzung zwischen Arbeitnehmern und Arbeitgebern zum Zwecke beidseitiger Vorteilssicherung. Interessenverschmelzung mit Arbeitgebern zeigt sich u. a. bei Menschen, die in festen, relativ gut entlohnten Arbeitsverhältnissen leben. Ihre Forderungen in Tarifverhandlungen bezüglich der Teilnahme an Wachstumserfolgen werden meistens in Prozentsätzen formuliert. Menschen mit relativ hohem absolutem Einkommen erhalten dann einen höheren Betrag als Zuschlag als Menschen mit relativ geringem Einkommen. Die prozentualen Forderungen werden von Arbeitgeberseite anscheinend nicht ungern erfüllt, da Arbeitnehmer mit hohen Einkommenszuschlägen als Meinungsmultiplikatoren offensichtlich einen relevanten Einfluss auf die Stabilität der Gesellschaft auszuüben vermögen. Sie können helfen, zu bewirken, dass die durch den Erhalt geringer Wachstumserfolge Benachteiligten im Zaum gehalten werden.

Menschen mit hohen Einkommen und daraus erwachsenen Vermögen sind prädestiniert, Statusgüter zu kaufen und damit quantitatives realwirtschaftliches Wachstum anzutreiben. Auf den ersten Blick könnten damit geringe Einkommenszuwächse anderer Menschen kompensiert werden.

-        Grenzen
Die Zunahmen von Einkommen fließen aber nicht nur in den Erwerb von Statusgütern, sie werden auch gespart. So erfolgt eine potenzielle Schwächung realwirtschaftlicher Kreisläufe.

Realwirtschaftliche Kreisläufe werden auch durch Menschen mit eher geringen Einkommen geschwächt, wenn deren Kaufkraft tendenziell abnimmt. Menschen mit geringen Einkommen würden schnell mehr Geld zur Deckung von Grundbedarfen ausgeben und die realwirtschaftlichen Kreisläufe antreiben, wenn sie nicht aufgrund der prozentualen Einkommenserhöhungen nur kleine Zuschläge erhalten würden.

Gewünschtes Antreiben realwirtschaftlichen Wachstums erfordert u. a. statt prozentualer Einkommenserhöhungen mehr gleichverteilte Erhöhungen. So würden Menschen mit geringen Einkommen zusätzliches Geld erhalten und mit großer Wahrscheinlichkeit auch ausgeben. Menschen mit hohen Einkommen könnten den realwirtschaftlichen Kreisläufen bei Gleichverteilung weniger Geld durch Sparen vorenthalten. Solche Entwicklungen sind aber vermutlich gegen den Willen der einkommens- und meinungsstarken gesellschaftlichen Gruppen kaum realisierbar.

Fortschreitendes schwächelndes quantitatives realwirtschaftliches Wachstum schwächt potenziell die Zufriedenheit mit Staat und Demokratie. Mögliche Folgen gilt es im Auge zu behalten.

F 8   Beeinflussung von Grenzen der Wirksamkeit der realwirtschaftlichen Treiber: Umweltschutz, Einsatz erneuerbarer Energie und Recycling

Erstens erscheint es plausibel, dass mit der Zunahme des Kaufs quantitativer Güter die Verwendung von Ressourcen in Form von Rohstoffen, Energie und Umwelt zunimmt. Der Einsatz von Ressourcen für eine Funktionseinheit bezüglich deren Herstellung nimmt mit Hilfe des technischen Fortschritts zwar ab. Die zunehmende Menge gekaufter Funktionseinheiten und der technische Fortschritt mit seinen zusätzlichen neuen Produkten bringen aber eine absolute Zunahme des Einsatzes von Ressourcen mit sich.

Zweites ist es offensichtlich, dass der Vorrat an Ressourcen nicht unendlich groß ist. Damit ist das quantitative realwirtschaftliche Wachstum letztendlich begrenzt und verlangt deshalb nachhaltiges Wirtschaften. Somit sind also Maßnehmen zur Sicherung des langfristigen Vorhandenseins von Ressourcen wie Rohstoffe, Energie und Umwelt erforderlich. Das heißt, Ressourcen dürfen je nach Art nur insoweit eingesetzt werden, …
-      dass sie für die erforderliche Zeit zur Verfügung stehen
-      dass sie schnell genug nachwachsen können
-      wie sie als erneuerbare Energie zur Verfügung stehen. Dabei müssen erneuerbare Energieformen auch bisher verwendete nicht erneuerbare Energieformen ersetzen
-      wie sie mit Hilfe von Umweltschutz zur Verfügung bleiben
-      wie sie in erheblichem Umfang mit Hilfe von Recycling wiederholt zur Verfügung gestellt werden können.

Dieses Bündel von Erfordernissen beim Ressourceneinsatz ist in realwirtschaftliche Überlegungen einzubinden.

Die höheren Kosten für längerfristig angelegten also nachhaltigen Ressourceneinsatz - unter Einbezug von Recycling, erneuerbarer Energie und Umweltschutz - werden oft mit den kurzfristig geringeren Kosten verglichen, die ohne Einsatz von Recycling, erneuerbarer Energie und Umweltschutz entstehen. Die teurere längerfristige Nachhaltigkeit wird dabei eher kurzfristigen realwirtschaftlichen Vorteilen untergeordnet, so dass zu viel von den in Zukunft erforderlichen Ressourcen vorzeitig verbraucht werden.

Der Preis als Nachfrageregulativ zur Sicherung der Ressourcenversorgung wirkt vermutlich zu spät. Auf längerfristiges Vorhandensein von Ressourcen ausgerichtetes Marktgeschehen gibt es offensichtlich nicht in hinreichendem Umfang.

Als Korrektiv könnten auf dem Ressourcenmarkt Recycling, erneuerbare Energie und Umweltschutz durch staatliche Subventionen in hinreichendem Umfang gestützt werden. Solche Aktivitäten sind aber durch die begrenzten Möglichkeiten des Staates und offensichtlich mangelhaften Bevölkerungswillen zu sehr begrenzt.

Weiterhin kann der Staat Gesetze erlassen, nach denen Verursacher von Abfällen und Umweltverschmutzung die anfallenden Kosten für Recycling und Umweltschutz zu tragen haben oder nach denen die Verursachung einzustellen ist.

Wie geht die Entwicklung weiter, wenn der Ressourcenverbrauch bei offensichtlich nicht unendlich vorhandenen Vorräten weiterhin zu stark zunimmt, dieser Sachverhalt zur Kenntnis genommen wird und wenn die Summe der einzelnen Menschen trotzdem keine substanziell wirksamen Gegenmaßnahmen trifft?

-     Das individuelle Agieren

Die individuellen Verhaltensweisen fügen sich zu gesellschaftlichem Leben zusammen. Dieses schließt auch die Realwirtschaft ein.

In einer wunscherfüllenden Realwirtschaft - betreffend Wünsche nach quantitativen Gütern und Geld – gehört es per Definition dazu, dass quantitatives realwirtschaftliches Wachstum herrscht und dass Wachstumserfolge verteilt werden können. Die Zunahme der quantitativen Güter zur Wunschbefriedigung zieht auch eine Steigerung des Bedarfs an Ressourcen nach sich, wohl wissend, dass deren Vorräte letztendlich nicht unendlich groß sind.

Die Befriedigung von Wünschen nach Überleben, Komfort und Status ist der gemeinsame Nenner vieler Individuen. Sobald diese Wünsche in Güterangebote und Kaufverhalten umgesetzt werden, reagiert der Ressourcenvorrat mit Reduzierung.

-     Die gesellschaftlichen Folgen der Summe individuellen Agierens

Die Folgen der Verknappung insbesondere von verbrauchbarer Umwelt und auch von manchen Rohstoffen betreffen fast alle Mitglieder des gesellschaftlichen Lebens in den verschiedenen Ländern, Kulturen und Kontinenten. Wenn die Folgen eine existenzielle Bedrohung für fast alle Menschen bedeuten, müssten sich die Verhaltensweisen von den intensiv Ressourcenverbrauch und Umweltverschmutzung betreibenden Individuen eigentlich wesentlich ändern. Deshalb erscheint es sinnvoll, das am permanenten Wachstumserfolg orientierte Handeln vieler einzelner Menschen in Verbindung mit den späteren Folgen ihres Handelns für die Gemeinschaft zu betrachten.

Wenn in der Realwirtschaft eines Landes bei permanenter Zunahme quantitativer Güter die Wünsche nach Wachstumserfolgen aller Beteiligter zufriedengestellt werden können, ist es verständlich, wenn die einzelnen Beteiligten das für sie erfolgreiche System beibehalten möchten.

Bedeutend ist, dass Wunscherfüllung durch andauernden Erhalt von Wachstumserfolgen nur für einen Teil der Menschheit stattfindet, dass dabei aber insbesondere Ressourcen wie Umwelt und Rohstoffe für die gesamte Menschheit in bedrohlichem Umfang geschmälert werden.

Für die Bevorteilten ist es anscheinend nicht schwer, mit dem Tatbestand der Begrenztheit von Ressourcen zu leben. Es erscheint für sie verführerisch, die Vorteile einer von Wachstumserfolgen geprägten, zufriedenen, stabilen und demokratischen Gesellschaft zu genießen. Darüber hinaus ist es wohl leicht, die potenziellen Begrenzungen des quantitativen realwirtschaftlichen Wachstums aufgrund begrenzter Ressourcen für sich selbst kaum wahrzunehmen, solange man von den Auswirkungen der Begrenzungen nicht direkt betroffen ist. Das individuelle Dilemma in Form des Auseinanderklaffens von Vorhandensein und Wahrnehmung der Ressourcenbegrenzung scheint es wert zu sein, beleuchtet zu werden.

F 8.1 Auflösen individueller Dilemmas durch Bildung von Meinungspools

Das gesellschaftliche Zusammenleben ist durch zwei wesentliche Komponenten geprägt. Da ist einerseits die Kooperation, die hauptsächlich den Tausch qualitativer Güter betrifft. Da ist andererseits der Wettbewerb, durch den im Wesentlichen der Erwerb quantitativer Güter organisiert wird. Das Zusammenspiel qualitativer und quantitativer Güter und die Priorisierung quantitativer Güter wurden bereits behandelt. Durch die Bevorzugung quantitativer Güter findet auch eine zunehmende Etablierung von Wettbewerb zwischen Menschen statt.

Eine Gesellschaft organisiert sowohl den technischen und realwirtschaftlichen Fortschritt als in deren Folge auch den Erwerb von Gütern zum großen Teil durch Wettbewerb. Dafür werden strategisches Denken, Verhalten und Handeln benötigt.

In Zeiten ausreichenden quantitativen realwirtschaftlichen Wachstums führt der Wettbewerb zu guter Versorgung mit qualitativen und quantitativen Gütern.

Zu Zeiten mangelhaften quantitativen realwirtschaftlichen Wachstums kann es bei der Verteilung von Wachstumserfolgen unter Wettbewerbsbedingungen zu gesellschaftlicher Polarisierung zwischen Vorteilsnehmern und Benachteiligten kommen.

Vor einem von Wettbewerb geprägten strategischen Hintergrund kann man offensichtlich nicht erwarten, dass die Wachstumserfolge schöpfenden Mitglieder einer Gesellschaft ihr wettbewerbsorientiertes Verhalten so wirksam einschränken, dass es eine relevante Ressourcenschonung mit sich bringen würde. Diese Ressourcenschonung würde es nämlich erforderlich machen, den Antrieb für den Erhalt von Wachstumserfolgen entsprechend einzuschränken. Die Grenze des Einsatzes von Ressourcen würde nicht mehr durch Wettbewerb bestimmt. Die Grenze für den Einsatz von Ressourcen würde dann durch die Summe individuell festzulegender Einschränkungen zu ziehen sein. Wenn eine Gruppe sich einer Einschränkung des Ressourceneinsatzes unterwirft und eine andere nicht, könnte die zweite Gruppe die Vorteile der ersten Gruppe zusätzlich wahrnehmen.

Mitglieder einer Gesellschaft, die ihr wettbewerbsorientiertes Verhalten in Richtung Ressourcenschonung ändern sollen, können leicht Aussagen finden, mit denen sie die Grenzen des Ressourcenverbrauchs so festzulegen in der Lage sind, dass sie kaum zurückzustecken haben.

Die Aussagen muss der Einzelne nicht erfinden, denn sie sind das Ergebnis einer Diskussion, die sich wie von selbst so zu entwickeln scheint, dass sich Interessenten als Gruppe um solche Äußerungen scharen können, die für sie vorteilhaft sind.

Es ist offensichtlich, dass Argumentationsmuster von Interessenten sich wie von selbst so zusammenfügen, dass Interessengruppen ihre Vorteile als gerechtfertigt darstellen können. Solange in einer Gesellschaft Vorteilsnehmer gegenüber Benachteiligten die Mehrheit haben, können sie logischerweise auch die Entwicklung einer Meinung in ihrem Interesse maßgeblich beeinflussen, indem sie ihnen zuträgliche Meinungen vertreten. Im Folgenden werden interessenorientierte Argumentationsmuster dargestellt, um so die Transparenz von Mehrheitsbildung zu verbessern.

F 8.2   Unterschiedliche Gruppeninteressen

Es ist von Bedeutung: - welche Länder nicht unbeschränkt vorhandene Ressourcen erhalten und bezahlen können - wo Abfälle gelagert und recycelt werden und wer die anfallenden Kosten trägt - wer den erforderlichen Umweltschutz durchführt und wer die Maßnahmen bezahlt. Im Folgenden werden verschiedene Verteilungsinteressen betrachtet.

Wenn Unternehmen in Ländern mit hohem Lohnniveau aus Kostengründen Fertigung in Ländern mit geringem Lohnniveau vornehmen lassen, ist damit zunächst auch der zugehörige Teil des Ressourcenverbrauchs auf dem Konto der Fertigungsländer gelandet. Weiterhin sind dort erst einmal auch die Kosten für Abfalllagerung, Recycling und für Umweltschutz angesiedelt.

Es ist von Interesse, welchem der beteiligten Länder der Ressourcenverbrauch und die Kosten für Abfalllagerung, Recycling und Umweltschutz letztendlich zugeordnet werden. Das könnten das den Fertigungsauftrag gebende Land, das fertigende Land oder auch das konsumierende Land sein. Somit erscheint es notwendig, den Verteilungsmodus für knappe Ressourcen wie Rohstoffe, Energie und Umwelt zu regeln, einschließlich der Kosten für Abfalllagerung, Recycling und Umweltschutz. Zusätzlich ist von entscheidender Bedeutung, wer den Nutzen des Ressourceneinsatzes erhält.

Um für jedes Land die Menge erlaubten Einsatzes knapper Ressourcen festzulegen einschließlich der zu tragenden Kosten für Abfalllagerung, Recycling und Umweltschutz gibt es verschiedene Möglichkeiten der Zuordnung.

-	Prozentuale Steigerung des Ressourceneinsatzes
Man könnte den Erhalt knapper Ressourcen so festlegen, dass global alle Menschen Anrechte auf eine Steigerung um den gleichen Prozentsatz haben.

--	Diese Festlegung erscheint für Länder wünschenswert, die sich auf einem hohen durchschnittlichen Einsatzniveau von Ressourcen pro Einwohner befinden. Solche Länder erreichen mit Hilfe der prozentualen Berechnung der Steigerung des Ressourcenanspruchs einen relativ hohen Betrag der Zunahme der Einsatzerlaubnis. Die Menschen dieser Länder sind versucht, der prozentualen Berechnung der erlaubten Steigerung des Ressourcenanspruchs zur Mehrheit zu verhelfen, um vorhandene Vorteile ihrer Wachstumsgesellschaft weiterhin extensiv nutzen zu können.

--	Länder mit geringem durchschnittlichem Ressourceneinsatz pro Einwohner erreichen bei der prozentualen Zunahme des erlaubten Ressourceneinsatzes einen vergleichsweise geringen Betrag der Zunahme. Die Möglichkeit der realwirtschaftlichen Entwicklung und des Erreichens von mehr Wohlstand ist dadurch für die Menschen in solchen Ländern eher beschränkt. Damit könnte das Entstehen von realwirtschaftlich zu gering entwickelten und demokratisch kaum organisierten Ländern verstärkt werden.

Dort besteht dann die Gefahr, dass staatliche Stabilität ersatzweise militärisch hergestellt wird, weil das realwirtschaftliche und demokratische Fundament zu schwach ist.

-	Gleiche Steigerungsraten des Ressourceneinsatzes
Man könnte Anrechte auf Ressourcen so festlegen, dass global Steigerungsraten mit gleichem Betrag pro Einwohner gelten.

--	Diese Vorgehensweise erscheint für Länder wünschenswert, die sich auf einem geringen durchschnittlichen Einsatzniveau von Ressourcen pro Einwohner befinden. Solche Länder erreichen mit Hilfe gleicher Steigerungsbeträge des Ressourcenanspruchs einen relativ hohen Betrag der Zunahme der Einsatzerlaubnis für Ressourcen. Die Menschen dieser Länder sind versucht, dieser Berechnung der erlaubten Steigerung des Ressourceneinsatzes zur Mehrheit zu verhelfen, um so größere realwirtschaftliche Wachstumsraten für ihre Gesellschaft zu ermöglichen.

--	Länder mit hohem durchschnittlichem Ressourceneinsatz pro Einwohner erreichen bei global pro Person gleichem Zunahmebetrag des erlaubten Ressourceneinsatzes einen relativ geringen Betrag der Zunahme der Einsatzerlaubnis für Ressourcen. Die Möglichkeit des Erreichens von mehr Wohlstand ist dadurch für Menschen in solchen Ländern sehr begrenzt. Damit könnten sich Widerstände gegen einen solchen Verteilungsmodus herausbilden.

-	Grenzen
Auf Grund der verschiedenen Interessen der beteiligten Länder sind die Möglichkeiten der globalen Regelung des Ressourceneinsatzes offensichtlich sehr eingeschränkt. Damit werden auch Grenzen deutlich, mit dem Mittel der Ressourcenbereitstellung globales quantitatives realwirtschaftliches Wachstum, angemessene Verteilung von Wachstumserfolgen für alle Beteiligten, Zufriedenheit aller Beteiligten, Stabilität in allen Staaten und globale Umweltschonung bewirken zu können.

Alternativ kann man marktgesteuerte Polarisierung zulassen. Dann allerdings muss man sich ergebende gesellschaftliche und globale Spannungen und deren Entladungen akzeptieren. Zu deren Abwehr werden vermutlich Abschottungen zwischen Ländern vorgenommen. Diese gelten dann eher für Flüchtlinge aus armen Ländern, wohl aber weniger in der Gegenrichtung bei der Realisierung von Leistungsbilanzüberschüssen.

F 8.3   Interessen - im Laufe der Zeit

Der Einsatz von Ressourcen und daraus resultierende Folgen sind teilweise durch eine Zeitspanne getrennt. Das betrifft insbesondere das Zusammenspiel von Ressourceneinsatz und Umweltschäden. Der Zeitaspekt macht sich zweifach bemerkbar.

-	Erstens wird teilweise bezweifelt, dass diskutierte Folgen für die Umwelt bei zunehmend starkem Ressourceneinsatz zu einem späteren Zeitpunkt überhaupt auftreten. Hinter dem Schutzschild akzeptierter Zweifel kann die aktuelle Generation ihre Vorteile in der Wachstumsgesellschaft nutzen, sofern sie in einer bevorteilten Weltregion lebt.

-	Zweitens wird eine für die Zweifel verantwortliche Generation zu einem späteren Zeitpunkt vielleicht nicht mehr leben, wenn sich der Zusammenhang zwischen Ursache und Wirkung des Ressourceneinsatzes zeigt. Die Entwicklung kann dann so weit fortgeschritten sein, dass ihre Folgen unaufhaltsam sind und nicht mehr verhindert werden können.

Es besteht anscheinend das Interesse, Vorteile durch den Erhalt von Wachstumserfolgen wahrzunehmen, auch wenn dadurch der Existenz bedrohende Verbrauch der Ressource Umwelt gefördert wird. Dieses Verhalten ist in die offensichtliche Fähigkeit zur Nichtwahrnehmung von Zusammenhängen eingebettet. Darüber hinaus profitieren viele Menschen von der absehbaren Begrenztheit ihres Lebens, so dass erst spätere Generationen mit den Konsequenzen des aktuellen Verhaltens konfrontiert werden.

Spätere Generationen könnten folgende Fragen an die aktuellen Generationen stellen:
- **Warum habt ihr das zugelassen?**
- **Warum habt ihr nichts dagegen unternommen?**

Es ist zu hoffen, dass Folgen unumkehrbaren Ressourcenverbrauchs nicht schlagartig auftreten, sondern sich zunächst nur mit Vorboten zeigen. Es kann aber auch sein, dass negative Folgen sich lawinenartig vermehren.

F 9   Beeinflussung von Grenzen der Wirksamkeit des realwirtschaftlichen Treibers „Investitionen"

Die Verteilung von Investitionen durch eine zentrale Behörde erscheint als nicht angebracht, weil eine solche Institution mit ihrer Funktionalität zu nahe an einer zentralen Planwirtschaft angesiedelt ist, die ihre Steuerungsunfähigkeit unter Beweis gestellt hat.

Weitergehend sei ein Gedankenexperiment angestellt. Danach würde empfohlen, zwecks Verhinderung des Schwächelns der quantitativen Realwirtschaft die Produktivität mit Hilfe von Investitionen zu steigern, aber nur soweit, dass es keine Arbeitslosigkeit, keine Überproduktion und keine Ressourcenengpässe gäbe. Wenn sich ein Teil A der Unternehmen an diese Empfehlungen hält und ein anderer Teil B nicht, dann könnte der Teil B bei größerem Investitionsvolumen und bei Rentabilitätsvorteilen den Teil A vom Markt zu drängen versuchen, um so das Marktgeschehen bei weniger Konkurrenz und mehr Preishoheit ohne Rücksichtnahme auf obige Empfehlungen zu bestimmen.

Eine weitergehende Überlegung zeigt, dass es parallele Aspekte der Investitionstätigkeiten gibt. Wenn z. B: aus Gründen wie Umweltschutz in großem Umfang neue Technologien erforderlich erscheinen, bedarf es der Investitionen in solche neuen Technologien. Parallel dazu müssen aber die alten Technologien in der Übergangsphase finanziell versorgt werden.

Beispielhaft seien zwei Übergänge genannt: der Steinkohlenbergbau zur Autoindustrie mit Verbrennungsmotoren und deren Übergang zur Elektromobilität.

Das Marktgeschehen hat bisher offensichtlich keine optimale Zuordnung von Investitionen zu erforderlichen realwirtschaftlich-technologisch-ökologischen Übergängen hervorgebracht. Es stellt sich die Frage nach der Finanzierung der Übergänge.

Die Unterstützung der Finanzierung von Übergängen haben ihre Grenzen. Aufgrund ökologisch verursachter starker Nachfrage, steigender Preise und zunehmender Inflation können Sparer Geld verlieren, welches der Zukunftssicherung dienen sollte. Tariflicher Verzicht zu Gunsten der technologischen Zukunft bedeutet vorauseilenden Verzicht durch die aktuellen Arbeitnehmer als Beitrag für zukunftsorientierte Investitionen. Obige Effekte erzeugen für Teile der Bevölkerung unterschiedliche Belastungen.

Eine nachhaltige Zukunftssicherung durch Investitionen in realwirtschaftlich-technologisch-ökologisch sinnvolle Technologien kann als Gemeinschaftsaufgabe auch dem Staat zugeordnet werden. Dann fehlt einerseits zwar die direkte Erfolgskontrolle durch den Markt. Dieser aber hat es mit sich gebracht, dass Ressourcen wie die Umwelt unter Wettbewerbsbedingungen existenzgefährdend verbraucht werden.

F 10   Beeinflussung von Grenzen der Wirksamkeit des realwirtschaftlichen Treibers „Bildung"

Bildung kann man unterteilen. Da ist zunächst die zweckfreie Bildung. Bei ihr wird unterstellt, sie sei frei von fremden Verwertungsinteressen. Denken, Bildung und Forschung finden danach um ihrer selbst willen statt.

Darüber hinaus gibt es zweckgebundene Bildung, Ausbildung, Lehre und Forschung. Diese sind z. B. auf individuelle, gesellschaftliche, technische oder auch realwirtschaftliche Ziele ausgerichtet. Ergebnisse ergeben oft natürlich auch zufällig.

Eine Gesellschaft kann z. B. durch den Tausch qualitativer und quantitativer Güter, durch Ressourcenverbrauch und durch ausreichendes bzw. mangelhaftes quantitatives realwirtschaftliches Wachstums beschrieben werden. In ihrer Entwicklung wird eine Gesellschaft durch Bildung beeinflusst. Die folgenden Ausführungen zeigen derartige Einflüsse auf.

-        Bildung und der menschliche Verstärkungsfaktor
Bildung dient u. a. dazu, unter Verwendung von Ressourcen wie Rohstoffe, Energie und Umwelt im Zusammenspiel mit Maschinerie und Informationstechnologie einen menschlichen Verstärkungsfaktor zu ermöglichen. Mit seiner Hilfe kann ein Mensch in einer Zeiteinheit zunehmend mehr Güter herstellen. Dafür werden zunehmend mehr Ressourcen wie Energie, Rohstoffe und Umwelt benötigt.

-        Bildung, der menschliche Verstärkungsfaktor und ausreichendes quantitatives realwirtschaftliches Wachstum
Bildung hilft technischen Fortschritt zu gestalten. Der kann den menschlichen Verstärkungsfaktor verbessern. Dadurch ist es möglich, zunehmenden Güterausstoß zu realisieren, zusätzliche Arbeitskräfte einzubinden und quantitatives realwirtschaftliches Wachstum in ausreichendem Umfang zu fördern.

- Bildung, der menschliche Verstärkungsfaktor, mangelhaftes quantitatives realwirtschaftliches Wachstum und gesellschaftliche Polarisierung

Der bildungsgestützt zunehmende menschliche Verstärkungsfaktor kann quantitatives realwirtschaftliches Wachstum nicht nur fördern, er kann es auch zum Schwächeln bringen. Das zeigt sich, wenn im Laufe der Zeit automatisierungsbedingt und rationalisierungsbedingt einerseits die Anzahl erforderlicher Arbeitskräfte abnimmt und andererseits trotzdem die erzeugte Gütermenge steigt. Zunehmend mehr Menschen mit geringeren Einkommen stehen dann einem potenziell steigenden Güterangebot gegenüber. Damit beginnen realwirtschaftliche Kreisläufe und das realwirtschaftliche Wachstum zu schwächeln.

Weitergehend können sich polarisierende realwirtschaftliche Wirkungen zeigen. Sie sind dadurch gekennzeichnet, dass es einerseits zunehmend Menschen gibt, die automatisierungsbedingt und rationalisierungsbedingt wenig verdienen und die Kaufkraft und Realwirtschaft schwächen. Parallel dazu entsteht eine Gruppierung von Menschen, die z. B. für Automatisierung und Rationalisierung benötigt wird und gut verdient aber auch spart und so realwirtschaftliche Kreisläufe und realwirtschaftliches Wachstum schwächt.

Bildung als ein Teil des technischen Fortschritts, der Automatisierung und der Rationalisierung kann im Laufe der Zeit also schwächelnd auf die Realwirtschaft wirken und parallel gesellschaftliche Polarisierung antreiben.

- Bildung bringt Entlastung von schwerer körperlicher Arbeit aber auch Verdichtung von Arbeit

Bildung unterstützt den technischen Fortschritt. Mit seiner Hilfe kann schwere körperliche Arbeit von Menschen auf Maschinerie übertragen werden. Körperlicher Verschleiß von Menschen kann dadurch gemindert werden.

Der technische Fortschritt bringt stattdessen im Laufe der Zeit durch Informationstechnologie gestützt Menschen belastende Verdichtung von Arbeit mit sich. Das geschieht, indem organisatorische und technische Abläufe in immer kürzeren Zeitabschnitten ausgeführt werden können. Die Lücken in den Abläufen - bedingt durch im Voraus nicht planbare Abstimmung, Koordination und Organisation - werden immer kleiner und seltener. Damit können Menschen mit Hilfe der Informationstechnologie zunehmend erübrigt werden. Dort, wo die Ausschaltung von menschlicher Arbeit noch nicht erfolgte, haben sich Menschen zunehmend nach vorgegebenen Zielen, Zeiten und Taktungen zu richten und ihre Zeit zunehmend dafür einzuteilen.

Weiterhin kann mit Hilfe der Informationstechnologie ein permanenter Druck zwecks Verkürzung der Einsatzzyklen des eingesetzten Geldes ausgeübt werden. Damit werden auch die zugehörigen Produktions-, Projekt- und Innovationszyklen kleiner. Der technische Fortschritt erlaubt es, mit Hilfe der Informationstechnologie die Ausführung von Arbeit so sehr bis an die Grenzen der Belastbarkeit zu verdichten, dass sich das Burn-out-Syndrom entfalten kann. Es entsteht z. B, wenn die Verdichtung von Arbeit mit Hilfe des technischen Fortschritts kaum Zeit zum Durchatmen lässt und zunehmend Anspannung und Verspannung mit entsprechenden Auswirkungen auf die Gesundheit fordert.

-       Bildung und Einkommensänderung
Ausreichendes quantitatives realwirtschaftliches Wachstum ist durch den zunehmenden Bedarf an menschlichen Arbeitskräften gekennzeichnet, die durch körperliche und geistige Arbeit im Zusammenspiel mit eingesetzter Maschinerie die Herstellung von zunehmend mehr Gütern ermöglichen. Solange dafür genug Bedarf besteht, ist gutes Einkommen gewährleistet.

Im Laufe der Zeit zeigt sich, dass das Zusammenspiel von Realwirtschaft, Bildung, technischem Fortschritt, Maschinerie, Informationstechnologie, Automatisierung und Rationalisierung partiell Arbeitslosigkeit und Einkommensminderung erzeugen kann.

- Bildung und Chancengleichheit

Zu Zeiten ausreichenden quantitativen realwirtschaftlichen Wachstums gibt es zwecks dessen fortlaufender Realisierbarkeit mit Hilfe des technischen Fortschritts einen großen Bedarf an geeigneten Menschen für Produktion, Forschung und Lehre. Sie müssen die erforderlichen Qualifikationen durch Bildung und Ausbildung erreichen können. Einerseits stehen für diese Zwecke Menschen bereit, die neben den geistigen Potenzialen auch die finanziellen Möglichkeiten zur Bezahlung der Ausbildung mitbringen. Um den darüber hinaus auftretenden Bedarf an qualifizierten Menschen decken zu können, werden den Menschen Qualifizierungen ermöglicht, die die geistigen Potenziale aufweisen, denen aber das Geld für die Bezahlung der Ausbildung fehlt. Das geschieht unter dem Stichwort der Chancengleichheit. Sie soll zwischen den Menschen herstellt werden, die ihre Ausbildung selbst bezahlen können und denen, die das nicht können und deshalb der öffentlichen Unterstützung bedürfen.

Wenn quantitatives realwirtschaftliches Wachstum schwächelt oder in mangelhaftes quantitatives realwirtschaftliches Wachstum übergeht, bleibt die Realisierung von Chancengleichheit durch Bildung im Blickfeld, um mit Hilfe technischen Fortschritts beim Wettlauf um neue Märkte nicht ins Hintertreffen zu geraten.

- Fachkräfte und Akademiker wechseln die Länder

Ausgebildete Fachkräfte und Akademiker können aus dem Ausland angeworben werden, wenn es im Anwerberland einen Bedarf zu decken gilt. Diese Menschen verlassen ihre Heimatländer z. B., weil sie dort bei schlechten realwirtschaftlichen Verhältnissen nicht benötigt werden oder weil sie dort nur geringe Einkommen erzielen. Die Ausbildungskosten belasten dann zumindest teilweise die Ausbildungsländer. Durch umfangreiche Abwanderung von ausgebildeten Menschen aus ärmeren Ländern und deren Zuwanderung in reichere industrialisierte Länder kann eine zwischenstaatliche globale Polarisierung angetrieben werden.

- Grenzen der Bildung, der Qualifizierung und des technischen Fortschritts
-- Die Wahrnehmung von Chancen zur Teilhabe an Wachstumserfolgen mit Hilfe von Qualifizierung ist differenziert zu betrachten. Einerseits wird leichthin ein fehlender Wille zur Wahrnehmung von Chancen unterstellt. Andererseits fehlt auf der Seite der Technologieanwender vielleicht aber auch der Wille, die erforderliche Zeit bereitzustellen, damit Menschen die Qualifikationen erlangen können.

-- Bildung ist eine Voraussetzung für technischen Fortschritt. Der benötigt qualifizierte Menschen, die technikgestütztes quantitatives realwirtschaftliches Wachstum unterstützen. Anforderungen an Qualifikationen ändern sich oft so schnell, dass Menschen diesen manchmal nicht nachkommen können, vielleicht aufgrund längerer Arbeitslosigkeit, des Alters oder zu großer Belastungen.

-- Bildung ermöglicht es nicht nur, mit Hilfe des technischen Fortschritts Maschinerie herzustellen, für deren Herstellung Arbeitskräfte einzusetzen und mit der resultierenden Kaufkraft Wunscherfüllungen zu ermöglichen. Bildungsgestützte Informationstechnologie macht manche Menschen im Laufe der Zeit auch arbeitslos oder zu Geringverdienern.

-- Der technische Fortschritt dient nicht nur der Befriedigung von menschlichen Bedürfnissen und der Erfüllung von Wünschen nach Gütern. Er dient auch den Interessen von Menschen, die mit seiner Hilfe durch Anwendung von Automatisierung und Rationalisierung mehr Geld verdienen und Vermögen aufbauen wollen, um es wiederum für Rationalisierung einzusetzen. Ab einem gewissen Stadium einer solchen Entwicklung wird dadurch gesellschaftliche Polarisierung vorangetrieben, indem manche Menschen einerseits rationalisierungsbedingt arbeitslos werden oder weniger verdienen und andere Menschen Vermögen aufbauen und Rationalisierungseffekte verstärken.

Abschließend kann man sagen, dass Bildung unterschiedliche Einflüsse auf den technischen Fortschritt ausübt.

Bildung wirkt als treibende Kraft auf den technischen Fortschritt, der wiederum quantitatives realwirtschaftliches Wachstum fördern kann. Damit können Wünsche z. B. in Form von Überleben und Komfort realisiert werden. Bildung dient offensichtlich den Interessen vieler Menschen.

Wenn ausreichendes quantitatives realwirtschaftliches Wachstum mit Hilfe des technischen Fortschritts in mangelhaftes quantitatives realwirtschaftliches Wachstum übergeht, kann sich gesellschaftliche Polarisierung zeigen. Es erscheint wichtig, dieses Entstehen von Polarisierung später bezüglich seiner Beeinflussbarkeit durch Bildung zu betrachten.

F 11   Beeinflussung von Grenzen der Wirksamkeit der realwirtschaftlichen Treiber „Ersparnisse und Kredite"

Wenn für die Zukunft schlechte realwirtschaftliche Zeiten vermutet werden, sind Konsumenten versucht, vorsorglich zu sparen. So können realwirtschaftliche Kreisläufe geschwächt werden. Sich vielleicht andeutende oder auch nur befürchtete schlechte realwirtschaftliche Zeiten werden durch Sparen eher verstärkt oder vielleicht auch erst hervorgerufen. Bei diesem Vorgang handelt sich um den Tatbestand sich selbst erfüllender Befürchtung.

Um solchen Entwicklungen im Ansatz entgegenzuwirken, liegt es für den Staat nahe, realwirtschaftliche Kreisläufe vorsorglich durch Finanzspritzen zu stärken. Die in diesem Zusammenhang geleisteten Zahlungen können an Konsumenten gehen. Diese sollen das erhaltene Geld ausgeben und damit realwirtschaftliche Kreisläufe antreiben. Finanzspritzen können aber u.a. auch für Unternehmen zur Verfügung gestellt werden, damit sie neue

Technologien und Produkte entwickeln, die von den Menschen mit entsprechenden Geldreserven gekauft werden sollen, um so die Realwirtschaft zu stärken.

- Grenzen

In Zeiten noch ausreichenden quantitativen realwirtschaftlichen Wachstums kann der Staat das für Finanzspritzen für erforderlich gehaltene Geld den realwirtschaftlichen Kreisläufen entnehmen.

Wenn realwirtschaftliche Kreisläufe schwächeln, wird der Staat für Finanzspritzen benötigtes Geld eher nicht den reicheren Menschen entziehen wollen, die es den realwirtschaftlichen Kreisläufen durch Sparen ursächlich vorenthalten. Das Wohlwollen dieser Menschen möchte der Staat wohl eher nicht dadurch verlieren, dass er ihnen gespartes Geld entzieht, um es in realwirtschaftliche Kreisläufe zwecks deren Antrieb umzusteuern.

Für den Staat liegt es dann nahe, für Finanzspritzen erforderliches Geld als Kredit aufzunehmen, also Staatsverschuldung zu betreiben. Meistens sind für die Kredite Zinsen zu zahlen. Die Rückzahlungen der Kredite einschließlich der Zinsen schwächen zukünftiges realwirtschaftliches Wachstum und provozieren neue zusätzliche Kredite und Zinsen, deren Schatten im Wettlauf mit den Rückzahlungen immer länger werden können.

F 12 Beeinflussung von Grenzen der Wirksamkeit des realwirtschaftlichen Treibers „Umverteilung"

Umverteilung von Geldmitteln durch den Staat erfolgt derart, dass er den realwirtschaftlichen Kreisläufen Geld entzieht, um es für die Erledigung staatlicher Gemeinschaftsaufgaben zur Verfügung zu haben. Dieses Geld wird z. B. den Menschen zugeführt, die benachteiligt oder behindert sind und deshalb nicht ausreichend an realwirtschaftlichen Kreisläufen teilhaben können. Als weitere Beispiele staatlicher Gemeinschaftsaufgaben seien die

Gewährleistung der inneren und äußeren Sicherheit genannt. Generell wird das Geld für solche Aufgaben verwendet, die der Staat besser erledigen kann als wenn die einzelnen Menschen die Aufgaben anteilmäßig selbst erfüllen müssten.

Solange ausreichendes quantitatives realwirtschaftliches Wachstum herrscht und das umverteilte Geld den realwirtschaftlichen Kreisläufen nach der Umverteilung schnell wieder zufließt, werden der Allgemeinheit dienliche Aufgaben erfüllt, ohne dass das quantitative realwirtschaftliche Wachstum entscheidend gehemmt wird.

Wenn das quantitative realwirtschaftliche Wachstum nicht mehr genügend Wachstumserfolge bereitstellt, damit der Staat die Erledigung der Gemeinschaftsaufgaben zur Zufriedenheit der Mitglieder der Gesellschaft vornehmen kann, ist der Staat versucht, fehlende Geldmittel als Kredite aufzunehmen. Das fehlende Geld für Erledigung von Gemeinschaftsaufgaben könnte der Staat alternativ den Menschen entziehen, die so viel davon haben, dass sie das vorhandene Geld aktuell nicht ausgeben. Reiche Menschen haben aber auch starken gesellschaftlichen Einfluss. Wenn der Staat diesen Menschen zum Zwecke der Erledigung von Gemeinschaftsaufgaben zunehmend erforderliches Geld entzieht, kann er deren Unterstützung verlieren. Um das zu vermeiden, ist der Staat versucht, Kredite aufzunehmen.

-	Grenzen
Die zwecks Erledigung von Gemeinschaftsaufgaben aufgenommenen Kredite müssen einschließlich ggf. erforderlicher Zinsen zurückgezahlt werden. Die Rückzahlungen werden in der Zukunft wieder die Erledigung der Gemeinschaftsaufgaben schwächen und neue Kredite erforderlich machen. Hier sieht man, dass die Staatsverschuldung zwecks Erledigung von Gemeinschaftsaufgaben im Wettlauf mit ihrem eigenen immer länger werdenden Schatten in Form der erforderlichen Rückzahlungen steht, der auf den ersten Blick nicht gewonnen werden kann.

Somit ist es naheliegend, dass sich der Staat mit Hilfe geringer Kosten für Kredite und angepasster Inflation des Problems der Staatsverschuldung zu entledigen versucht.

F 13 Zusammenfassung: Beeinflussung von Grenzen der Wirksamkeit realwirtschaftlicher Treiber

Bei permanentem ausreichendem quantitativem realwirtschaftlichem Wachstum können definitionsgemäß fast alle Mitglieder einer Gesellschaft an vorhandenen Wachstumserfolgen in ausreichendem Umfang teilhaben. Für die Zufriedenheit mit Wachstumserfolgen ist es vermutlich wichtig, dass deren Beträge für die verschiedenen Beteiligten nicht zu weit auseinanderliegen und dass alle Beteiligten die Hoffnung haben können, auf der Erfolgsleiter immer etwas weiter nach oben kommen zu können. Eine Phase sich selbst antreibenden und anhaltenden quantitativen realwirtschaftlichen Wachstums als Grundlage für eine zufriedene, stabile, demokratische Gesellschaft kann ihre Grenzen zeigen, wenn realwirtschaftliche Treiber schwächeln. Diese Grenzen kann man sich wie folgt vorstellen.

Bei ausreichendem quantitativem realwirtschaftlichem Wachstum nehmen gewünschte quantitative Güter, für deren Herstellung erforderliche Arbeit, Verdienst, Kaufkraft, Konsum, Gewinne und Investition permanent zu. Alle Beteiligten werden fortlaufend in ihrer Erwartung bestätigt, dass diese Entwicklung weitergeht.

Beim Übergang in den Zustand mangelhaften quantitativen realwirtschaftlichen Wachstums geht den realwirtschaftlichen Kreisläufen u. a. Kaufkraftrealisierung verloren. Das geschieht auf zwei Wegen. Erstens verdient eine Gruppe tendenziell in abnehmendem Umfang Geld. Das ist ein polarisierender Vorgang. Zweitens spart eine Gruppe. Parallel dazu fehlt die Belebung der abnehmenden Kaufkraftrealisierung durch eine Umverteilung finanzieller Mittel aus dem Sparmodus der einen Gruppe in die Bereitstellung für Konsummodus und Investitionsmodus anderer Gruppen.

Es zeigt sich eine gesellschaftliche Polarisierung als Begleitung des Übergangs von ausreichendem zu mangelhaftem quantitativem realwirtschaftlichem Wachstum. Diese Polarisierung birgt gesellschaftliche Sprengkraft zwischen einzelnen Menschen, Gruppen, Gesellschaften und Ländern in sich.

Hier drängen sich Überlegungen auf, wie gesellschaftliche Polarisierung unter Benutzung möglichst weniger zentraler Stellschrauben stabilitätswirksam gemindert werden kann.

G**Ideen für die Einschränkung von Polarisierung zur Sicherung von gesellschaftlicher und staatlicher Stabilität sowie von Demokratie**

Polarisierung in einer Gesellschaft ist u. a. dadurch gekennzeichnet, dass es Menschen gibt, die …
- bezahlte Arbeit haben und solche, die keine Arbeit haben,
- gut bezahlte Arbeit haben und solche, die schlecht bezahlte Arbeit haben,
- hohe Einkommen haben und solche, die geringe Einkommen haben,
- Vermögen haben und solche, die kein Vermögen haben,
- große Vermögen haben und solche, die geringe Vermögen haben.

Gesellschaftliche Polarisierung zeigt sich zwischen Menschen und Bevölkerungsgruppen.

Gesellschaftliche Polarisierung kann beim Übergang von ausreichendem quantitativem realwirtschaftlichem Wachstum zu mangelhaftem quantitativem realwirtschaftlichem Wachstum entstehen.

Bei ausreichendem quantitativem realwirtschaftlichem Wachstum besteht für fast alle Menschen einer Gesellschaft die Möglichkeit, sich durch die Teilhabe an Wachstumserfolgen über das Überleben hinaus Komfort oder vielleicht sogar Statussymbole leisten zu können.

Durch das Zusammenspiel von Automatisierung und Rationalisierung kann es insbesondere bei Bevölkerungsgruppen mit mangelhafter Qualifikation zu Arbeitslosigkeit und abnehmender Bezahlung kommen. So kann deren Kaufkraft sinken. In der Folge schwächelt eventuell das quantitative realwirtschaftliche Wachstum.

Zunehmende Wachstumserfolge und Kaufkraft stehen dagegen weiterhin für die Menschen bereit, die speziell für Automatisierung und Rationalisierung benötigt werden. Wie die Erfahrung zeigt, können Einkommenssteigerungen auch auf Kosten anderer Menschen und Bevölkerungsgruppen erlangt werden.

Manche Menschen können gute Einkommen erzielen und auch sparen andere eher nicht. Es kann gesellschaftliche Polarisierung zwischen Menschen und Bevölkerungsgruppen entstehen.

Bei benachteiligten Menschen kann sich Hoffnungslosigkeit herausbilden, wenn sie nicht mehr daran glauben, den Anschluss an die realwirtschaftliche Entwicklung halten zu können. Menschen, Bevölkerungsgruppen oder ganze Länder können durch derart programmierte Unzufriedenheit den Ausgangspunkt für destabilisierende Entwicklungen bilden.

Gesellschaftliche Polarisierung könnte wie folgt abgeschwächt werden: Ein hinreichender Teil von Ersparnissen gutverdienender Menschen wäre so umzuverteilen, dass er den realwirtschaftlichen Kreisläufen schnell wieder zugeführt würde. Das könnte dadurch geschehen, dass Ersparnisse eher reicher Menschen so auf ärmere Menschen umverteilt werden, dass diese das Geld dem Konsum schnell wieder zufließen lassen können. Die derart unterstützten Menschen sind diejenigen, die sonst durch gesellschaftliche Polarisierung auf der Verliererstraße landen können. Es gibt offensichtlich nicht genügend Umverteilung von Ersparnissen oder auch zu wenig gleichverteilte statt prozentual verteilte Einkommenszuwächse, um gesellschaftliche Polarisierung wirksam zu beschränken.

Bei weitergehender Betrachtung deutet sich eine zusätzliche Variante von Polarisierung an und zwar die, die sich zwischen zwei Zeitpunkten zeigt. Sie offenbart sich im Laufe realwirtschaftlichen Wachstums beim begleitenden Ressourcenverbrauch, speziell bei dem Verbrauch der verfügbaren Umwelt. Diese Ressource Umwelt droht Existenz gefährdend abzunehmen. Das geschieht

                                                  10.04.2023

zwischen den Zeitpunkten, zu denen es zunächst noch genug und später zu wenig von der Ressource Umwelt gibt.

Grundsätzlich erscheint es wichtig, dass der Antrieb für gesellschaftliche Polarisierung im Bereich der Einkommen reduziert wird. Weiterhin sollte der Ressourcenvorrat - insbesondere der der Ressource Umwelt - nicht Existenz gefährdend gemindert werden. Dabei sollte in der Realwirtschaft die marktwirtschaftliche Selbstregulierung weitestgehend gewährleistet sein, und es sollte sich keine autoritäre Herrschaft oder zentrale staatliche Planung etablieren, eine Planung, die ihre Nichtfunktionsfähigkeit bewiesen hat.

Die Überlegungen hierzu werden auf einige Eckpfeiler konzentriert:
- Zukunft sichernder Umgang mit Ressourcen, insbesondere mit der Ressource Umwelt
- Gewährleistung von genügend Arbeitsplätzen, die ausreichend bezahlt werden
- Rentabilität von investiv eingesetztem Geld
- Dämpfung gesellschaftlicher Polarisierung durch Einkommensgestaltung
- Umverteilung und Alternativen zur Umverteilung zwecks Erledigung staatlicher Aufgaben

G 1 Zukunft sichernder Umgang mit Ressourcen, insbesondere mit der Ressource Umwelt

Die Zukunftssicherung für Ressourcen kennt mehrere Varianten, als da z. B. sind:
- Planung des Ressourcenbedarfs durch Planung des Gütermarktes
- Ressourcensparende Technologien
- Umweltschutz und Recycling
- Nachhaltige Realwirtschaft

G 1.1 Planung des Ressourcenbedarfs durch Planung des Gütermarktes

Um die Knappheit von Ressourcen zu vermeiden, könnte man versuchen, durch Planung des Güterbedarfs auch den Ressourcenbedarf zu planen. Wie die Erfahrung zeigt, richten sich Menschen mit ihren Bedarfsrealisierungen jedoch nicht nach realwirtschaftlichen Güterbedarfsplanungen der Gesellschaft, deren Teil sie sind. Damit scheitert logischerweise auch die Planung des Ressourcenbedarfs. Aufgrund dieses Sachverhalts sind schon ganze Wirtschaftsimperien an sich selbst gescheitert.

G 1.2 Ressourcensparende Technologien

Die Zunahme des Verbrauchs quantitativer Güter im Rahmen permanenten quantitativen realwirtschaftlichen Wachstums bringt zunehmenden Bedarf von Ressourcen mit sich und damit letztendlich deren Knappheit, weil ihre Vorkommen meistens nicht unendlich sind. Um der Ressourcenknappheit entgegenwirken zu können, drängen sich Gedanken über eine Ressourcennutzung auf, die für die Zukunft ausreichenden Ressourcenvorrat sichern hilft.

Der Wille zu einer zukunftsorientierten Nutzung von Ressourcen müsste durch den Selbsterhaltungswillen eines realwirtschaftlichen Systems getragen werden, welches auf die permanente Zunahme von Wuscherfüllungen durch quantitative Güter und damit auch permanent mögliche Bereitstellung von Ressourcen baut, um erwünschte Wachstumserfolge realisieren zu können. Von diesen Wachstumserfolgen sollten nach Möglichkeit alle Menschen profitieren können, damit sie zufrieden und mit ihrem Staat einverstanden sein können, um ihn deshalb als Garanten ihrer Realwirtschaft gewährleisten zu wollen. In dieser Logik müssten alle an Wachstumserfolgen interessierten Menschen an einer zukunftsorientierten Nutzung von Ressourcen interessiert sein.

Zwecks Realisierung der Zukunftsorientierung können Technologien zur Ressourceneinsparung eingesetzt werden. Dadurch ermöglichter effektiverer Einsatz von Ressourcen ermöglicht es, dass diese für eine größere Anzahl von Gütern bzw. für eine längere Zeit zur Verfügung stehen. Das Ausmaß der Streckung des Ressourceneinsatzes hängt von der Bereitschaft ab, solche Streckungsmaßnahmen früh genug in ausreichendem Umfang auch für spätere Generationen und für arme Länder einzusetzen.

G 1.3   Umweltschutz und Recycling

Bei vom Gütermarkt gesteuertem Ressourcenbedarf erfolgt dessen Zunahme bis zu einer Knappheit von Ressourcen, die Preiserhöhungen für Güter mit sich bringt und dadurch zunehmende Abschöpfung von Kaufkraft, so dass Güternachfrage und Ressourcenverbrauch laut einer ersten Vermutung sinken müssten.

Insbesondere bei der Ressource Umwelt werden leichthin Grenzen ihres Verbrauchs überschritten. Das kann geschehen, wenn der Verbrauch der Ressource Umwelt zu sehr verzögert verbrauchsregulierende Preiserhöhungen für Güter mit sich bringt. Der zu langanhaltende Verbrauch der Ressource Umwelt kann globale existenzielle Gefährdungen mit sich bringen.

Eine auf den ersten Blick ideale Idee ist die Streckung des Ressourcenangebots durch umfangreiches Recycling bzw. umfangreichen Umweltschutz. Die erforderlichen Maßnahmen sind aber oft teurer als der Verbrauch vorhandener Ressourcen ohne Recycling und Umweltschutz. Also stellt sich die Frage nach der Akzeptanz, der Realisierung und vor allen Dingen der Bezahlung wirksamen Recyclings bzw. Umweltschutzes.

Jeder einzelne Mensch könnte Produkte wählen, für die genügend Recycling und Umweltschutz betrieben wird. Er würde sich damit zwischen kurzfristiger Vorteilsnahme bei zu geringem Umfang von realisiertem Recycling und Umweltschutz und langfristiger Sicherung von Ressourcen entscheiden. Der Übergang von kurzfristig orientiertem zu langfristig und damit nachhaltig angelegtem Verhalten wird von der Summe der Individuen offensichtlich ungenügend vorgenommen.

G 1.4 Nachhaltige Realwirtschaft

In einer marktwirtschaftlich orientierten Realwirtschaft beeinflusst der Wettbewerb unter den Marktteilnehmern deren Erfolg in Form des Veräußerns bzw. Erwerbs von Gütern. Maßgeblich für den Erfolg der am Wettbewerb Beteiligten ist ihre Leistungsfähigkeit. Die Leistung ist meistens zeitzentriert und preisorientiert.

Das heißt, wenn ein Unternehmen ein Produkt in kürzester Zeit fertigt und zu möglichst geringem Preis liefert, hat es Wettbewerbsvorteile und ist eher erfolgreich als Konkurrenten - es hat größere Chancen der Existenzsicherung und Expansion.

Die Zeitzentrierung bringt es mit sich, dass fortlaufend höhere Arbeitsleistungen und Produktionsleistungen erbracht werden müssen. Dadurch ist auch mehr Kaufkraft erwerbbar und die realwirtschaftlichen Kreisläufe können angetrieben werden.

Im Laufe einer zeitzentrierten Entwicklung können Ressourcen knapper und teurer werden. Das kann auf die Preise der Güter durchschlagen und deren Verkäufe mindern. Ressourcen schwächeln dann in ihrer Funktion als realwirtschaftliche Treiber. Wenn das Schwächeln einer zeitzentrierten Realwirtschaft durch Ressourcenknappheit bedingt ist, gilt es über Alternativen zur Ressourcenknappheit und Zeitzentrierung nachzudenken.

-       Ressourcenzentrierung als Alternative zur Zeitzentrierung
Die Ressourcen bestehen neben der Ressource Umwelt aus den beiden Hauptgruppen Energie und Rohstoffe. Sowohl Energie als auch Rohstoffe werden oft zu Orten günstiger Produktherstellung transportiert, um die Produkte dann zu den Kunden zu bringen, die maximale Preise zahlen. Die Transportwege gleichen einem Netz. Sie orientieren sich an der Günstigkeit von Rohstoffen, Energiebereitstellungen und Arbeitskräften und an der Kapitalkraft des Käufermarktes. Transporte und Produktion erfolgen zeitzentriert. Die Transporte finden meistens mit Hilfe umweltschädlichen Energieeinsatzes statt. Es ergibt sich eine globale Polarisierung zwischen beteiligten Ländern.

Vor diesem Hintergrund sei im Vergleich zur primären Zeitzentrierung die Frage nach einer nachhaltigeren Orientierung gestellt. Das könnte die Ressourcenzentrierung sein. In einem ersten Gedankenblock zur Ressourcenzentrierung wird bedacht, dass die Produktion von Gütern dort positioniert werden könnte, wo Energie in regenerativer umweltschonender Form günstig zur Verfügung steht. Weitere Überlegungen zur Ressourcenzentrierung beschäftigen sich mit dem optimalen Recycling zum Zwecke der Rohstoffwiedergewinnung. Abschließend werden Potenziale und Grenzen der Ressourcenzentrierung beleuchtet.

-       Erneuerbare Energie als Teil der Ressourcenzentrierung.
--   In erster Annäherung an die Ressourcenzentrierung erscheint es sinnvoll, Rohstoffe zu den Orten zu transportieren, wo Energie in Form erneuerbarer Energie über lange Zeit eines Jahres günstig vorhanden ist.
--   Dort könnte die Energie verlangende Produktion zu einem großen Teil während des Vorhandenseins der erneuerbaren Energie günstig stattfinden
--   Der Ersatz nicht erneuerbarer Energie durch erneuerbare Energie dient dem Umweltschutz

-     Im zweiten Schritt der Ressourcenzentrierung wird die erneuerbare Energie mit dem Recycling zusammengeführt.

Da in einer wachstumsorientierten Realwirtschaft beim Einsatz erneuerbarer Energie weiterhin Rohstoffknappheit gefördert wird, drängt sich das Recycling von Rohstoffen als Ergänzung zum Einsatz erneuerbarer Energie in die Überlegungen. Das Recycling von Rohstoffen ist neben dem Einsatz erneuerbarer Energie das zweite Standbein der Ressourcenzentrierung.

Recycling gewinnt in Ländern mit mittlerem Lohnniveau an Attraktivität gegenüber Hochlohnländern. Zu recycelnde Produkte würden in die Länder mit mittleren Lohnniveaus und Zentrierung auf erneuerbare Energie gebracht. Diese Länder erhalten dann neben günstiger erneuerbarer Energie auch wesentliche Anteile an Rohstoffen als Ergebnis des Recyclings.

--   Die Lohnkosten in den Ländern mit mittlerem Lohnniveau müssten entscheidend höher sein als in Niedrigstlohnländern, aber wesentlich niedriger als in Hochlohnländern. Das Lohnkostenniveau ist im Zusammenhang mit der Produktion und dem damit zu verkoppelnden Recycling zu betrachten. Das Recycling wird mit dem Einsatz erneuerbarer Energie und der Fertigung neuer Güter gebündelt.

-     Potenziale der Ressourcenzentrierung

Als erstes ist die zentrale Frage zu stellen, ob es Potenziale für Investitionen in die Ressourcenzentrierung gibt. Solche Investitionen in eine Produktion, die wesentlich auf erneuerbarer Energie und Recycling basiert und die in Ländern mit mittlerem Lohnniveau stattfindet, könnten erfolgen durch:

--   Menschen aus Industrieländern, die Ersparnisse besitzen. Anstatt in rein spekulativ orientierte Finanzmärkte zu investieren, könnten sie für einen angepassten Zinssatz Geld in eine ressourcenorientierte Realwirtschaft einbringen. Bei der Kalkulation eines solchen Zinssatzes ist einzubeziehen, dass die Verluste spekulativ eingesetzten Geldes vermieden werden können.

-- Unternehmen, die im Vorlauf zu übermäßig verbrauchter Umwelt aktiv werden, um sich einen Startvorteil gegenüber traditionellen Unternehmen zu verschaffen. Durch das Umschwenken auf erneuerbare Energie und Recycling würde der Verbrauch von Umwelt und Rohstoffen gemindert.

Die Potenziale einer auf erneuerbare Energie und Recycling ausgerichteten Realwirtschaft kann man sich zusammenfassend wie folgt vorstellen. Erstens würde in den in Frage kommenden Ländern ein mittleres Lohnniveau etabliert und so eine wohlfahrtsorientierte Realwirtschaft ermöglicht. Zweitens könnten in solchen Ländern vermeidbare Wertverluste spekulativ eingesetzten Geldes realwirtschaftlich verwendet werden. Für Spekulationen nicht mehr eingesetztes Geld könnte zukünftig Kristallisationspunkt einer auf erneuerbare Energien und Recycling ausgerichteten Realwirtschaft sein. Im Folgenden wird dargestellt, wie Länder mit einer solchen Realwirtschaft demokratische Stabilität erreichen können.

- Bei Konzentrierung auf Ressourcenzentrierung können realwirtschaftliche Kreisläufe in Gang kommen
Bei Realisierung von Ressourcenzentrierung wären in bisherigen Niedrigstlohnländern erhöhte Löhne und Gehälter zu zahlen. In solchen Ländern könnten sich dann Menschen mit erhöhter Kaufkraft quantitative Güter kaufen. So wäre es möglich, dass sich realwirtschaftliche Kreisläufe bilden. Diese Länder können dann gesellschaftlich stabile und demokratisch organisierte Staaten werden und sichere Handelspartner für traditionelle Industrieländer. Flüchtlingsströme könnten gemindert werden. Diese Länder können als so genannte Leuchtturmländer für andere Länder einen Anreiz bieten, einen ähnlichen Weg gehen zu wollen.

- Verteilung der Wachstumserfolge bei Ressourcenzentrierung
Bei der beschriebenen Ausrichtung auf erneuerbare Energie und Recycling erscheint es sinnvoll, die daraus resultierenden Wachstumserfolge nicht primär nach prozentualem Schlüssel zu

verteilen, sondern zu einem wesentlichen Teil nach dem Schlüssel der Gleichverteilung. Dadurch könnte man die Auseinanderentwicklung der Einkommen und Vermögen beschränken. Somit würde den realwirtschaftlichen Kreisläufen weniger Geld durch Sparen entzogen und ihrer Schwächung vorgebeugt.

- Grenzen für die Gewinnung erneuerbarer Energie und das Recycling
-- Nach Ablauf der Lebensdauer von Anlagen für die Gewinnung erneuerbarer Energie müssen diese erneuert werden. Für deren Herstellung werden natürlich auch Rohstoffe benötigt. Letztendlich stellt sich auch die Frage nach der Verfügbarkeit von Plätzen für die Aufstellung von Anlagen für die Gewinnung erneuerbarer Energie, wenn diese bei wachsender Realwirtschaft den erforderlichen letztendlich unbegrenzten Energiebedarf decken soll.
-- Weiterhin können derzeit nicht alle Geräte, Produkte und Güter vollkommen recycelt werden. Dieser Sachverhalt ist bereits bei Planung und Entwurf von Geräten, Produkten und Gütern zu berücksichtigen.

- Komprimierte Aussagen
Es wurde dargestellt, wie Länder sich bezüglich der Ressourcenzentrierung realwirtschaftlich zu orientieren hätten.
-- sie müsste sich auf erneuerbare Energie ausrichten
-- ihre Lohnkosten müssten ein mittleres Niveau haben. Sie müssten also wesentlich höher sein als in Billigstlohnländern aber auch wesentlich niedriger als in traditionellen Industrieländern. Das Lohnniveau ist im Zusammenwirken der Kosten für Produktion und Recycling zu sehen
-- Einkommenszuwächse müssten eher gleich verteilt sein
-- für den Aufbau realwirtschaftlicher Kreisläufe müsste Geld zur Verfügung stehen, bei dem die Kreditkosten auf angepassten Zinsen fußen.

Erneuerbare Energie und Recycling in Ländern mit mittlerem Lohnniveau könnten deren Zukunft sichern helfen, indem dort nachhaltige Industrien aufgebaut würden.

In den Hochlohn-Industrieländern wissen wir um den in diesen Ländern verursachten Aufwand für Personalkosten. In einer ersten gedanklichen Annäherung an das Recycling von Produkten können wir davon ausgehen, dass für das Recycling der gleiche Aufwand wie für die Herstellung der Produkte zu betreiben wäre. Ein resultierendes höheres Kostenniveau für Produkte würde vermutlich auf Kosten des Versorgungsniveaus in den Industriestaaten gehen, weil die Recyclingkosten in den Preis für quantitative Güter eingehen müssten und die Kaufkraft der Menschen somit nur für den Kauf von weniger quantitativen Gütern reichen würde.

Die Zentrierung auf erneuerbare Energie sowie auf Recycling im Zusammenspiel mit einem mittleren Lohnniveau kann eine Alternative zur primär zeitzentrierten Realwirtschaft in Hochlohn-Industrieländern bieten. Das Recycling lohnt sich zumindest teilweise eher unter Bedingungen sich entwickelnder realwirtschaftlicher Länder als unter den Bedingungen in Hochlohn-Industrieländern. Das Spannungsfeld kann wie folgt beschrieben werden.

Hochlohnländer sind durch zunehmende Polarisierung in ihren Ländern und in ihren Verhältnis zu armen Ländern gekennzeichnet. Die Polarisierung bringt es mit sich, dass arme Menschen und arme Länder beim Gütererwerb und damit zusammenhängenden Ressourcenverbrauch beschränkt sind. Die Beschränkung erlaubt es reicheren Menschen und Ländern, maximal vom verbleibenden Ressourcenvorrat zu profitieren.

Ärmere Staaten hätten die Chance, durch maximale Nutzung erneuerbarer Energie und Gewinnung von Rohstoffen durch Recycling die Grundlage für eine nachhaltige Realwirtschaft zu schaffen. Das Lohnniveau müsste wesentlich höher sein als in Niedrigstlohnländern aber wesentlich niedriger als in Höchstlohnländern. Die Ausbildung eines mittleren Lohnniveaus orientiert sich an den Kosten für die Gewinnung erneuerbarer Energie, den Kosten für Recycling und den Kosten für die Güterherstellung. Denkbar ist, dass sich die Gütermärkte dann nachhaltigkeitsorientiert zwischen Hochlohnländern und den Ländern mit mittlerem Lohnniveau aufteilen. Es tut sich die spannende Frage nach funktionstüchtigen Koalitionen auf, die die Entwicklung globaler Polarisierung mit ihren existenziellen Folgen dämpfen können.

G 2 Gewährleistung von genügend Arbeitsplätzen, die ausreichend bezahlt werden

Zu diesem Thema wird zunächst ein kurzer Überblick gegeben:
-        Automatisierung und Rationalisierung sowie deren Einfluss auf die Anzahl erforderlicher Arbeitskräfte
-        Eigendynamik des Arbeitsmarktes
-        Strategie zur Gewährleistung von genügend Arbeitsplätzen, die ausreichend bezahlt werden

G 2.1 Automatisierung und Rationalisierung sowie deren Einfluss auf die Anzahl erforderlicher Arbeitskräfte

Automatisierung und Rationalisierung ermöglichen zunächst quantitatives realwirtschaftliches Wachstum. Im Laufe der Zeit können sie es wieder schwächen. Wie diese Wende vor sich geht, wird im Folgenden aufgezeigt.

Zu Beginn einer ausreichend wachsenden quantitativen Realwirtschaft werden die Interessen an einerseits zunehmendem Konsum und entsprechend ausreichend bezahlter Arbeit und andererseits an der Steigerung der Güterherstellung parallel durch Automatisierung und Rationalisierung bedient. Das Wachstum wird möglich, weil für die Realisierung steigender Güterherstellung als auch für die unterstützende Durchführung von Automatisierung und Rationalisierung eine steigende Anzahl von Arbeitskräften benötigt wird. Die Arbeitnehmer verdienen zunehmend Geld und können dafür zusätzlich hergestellte quantitative Güter erwerben.

Automatisierung dient dazu, Arbeitsvorgänge nach Möglichkeit automatisch ablaufen lassen zu können und so Arbeitskräfte durch Maschinerie, Energieeinsatz und Informationstechnologie zu ersetzen.

Rationalisierung soll dafür sorgen, dass das für Automatisierung eingesetzte Geld Rendite abwirft.

Im Laufe einer solchen Entwicklung steigt ab einem gewissen Zeitpunkt die Zunahme automatisch hergestellter Konsum- und Investitionsgüter schneller als die Güternachfrage. Es kommt zu tendenzieller Marktsättigung. Manche Arbeitskräfte aus der Produktion von Gütern und Investitionsmitteln werden frei.

Manche Einkommen werden somit tendenziell kleiner, weil es ein Überangebot an Arbeitskräften gibt und diese im Wettbewerb um Arbeitsplätze bereit sein müssen, für weniger Geld zu arbeiten. Manche Arbeitskräfte erhalten keine neue Arbeitsstelle, sie bleiben arbeitslos und sind auf staatliche Unterstützung angewiesen. Weil manche Arbeitskräfte mit abnehmenden Einkommen zufrieden sein müssen, wird deren Kaufkraft geringer. Sie können weniger quantitative Güter kaufen.

Tendenzielle Überproduktion, teilweise geringer bezahlte Arbeit und Kaufkraftminderung fördern das Schwächeln des realwirtschaftlichen Treibers ausreichend bezahlter Arbeit. Da stellt sich die Frage nach dem Reagieren des Arbeitsmarktes.

G 2.2   Eigendynamik des Arbeitsmarktes

Dem Arbeitsmarkt ist anscheinend eine Logik innewohnend, nach der sich die Beschäftigung wie von selbst verändert.

Da ist erstens die wie von selbst zunehmende Beschäftigung in Phasen ausreichenden quantitativen realwirtschaftlichen Wachstums, in der alle Beteiligten davon ausgehen und ausgehen können, dass Löhne, Gehälter, Gewinne, Konsumgüter und Investitionsgüter Schritt für Schritt ausreichend zunehmen.

Da ist zweitens das Phänomen einer wie von selbst abnehmenden Beschäftigung, u. a. gekennzeichnet durch zu geringe Einkommen und Kaufkraft, die realwirtschaftliche Kreisläufe schwächen.

Zur Verdeutlichung dieses Phänomens werden im Folgenden zwei Aspekte des Arbeitsmarktes beleuchtet. Da sind als erstes fehlende Selbstheilungskräfte, die in Richtung ausreichender Beschäftigung, Einkommen und Kaufkraft führen könnten. Zweitens werden anscheinend eigenständige Entwicklungen in Richtung mangelhafter Beschäftigung betrachtet.

-    Fehlende Selbstheilungskräfte des Arbeitsmarktes
So wie in der Marktwirtschaft davon ausgegangen wird, dass sich Angebot und Nachfrage aufeinander einpegeln, so wird es hintergründig vermutlich auch für den Arbeitsmarkt gedacht. Dazu bedürfte es realwirtschaftlicher Selbstheilungskräfte, die den Arbeitsmarkt als Reaktion auf sein Schwächeln in Richtung eines zunehmenden Bedarfs an Beschäftigten mit guten Verdienstmöglichkeiten entwickeln können, um ihn in Richtung zunehmenden Konsums und zunehmender Investitionen und damit ausreichenden quantitativen realwirtschaftlichen Wachstums zu bewegen. Dieses könnte von dem realwirtschaftlichen Treiber der Güternachfrage getrieben werden.
--   Der Bedarf an quantitativen Gütern dürfte wegen der Wünsche vieler Menschen nach Überleben und nach etwas Komfort lange Zeit noch nicht gedeckt sein.

-- Der potenzielle Bedarf quantitativer Güter könnte mit Hilfe zusätzlich beschäftigter Menschen, Automatisierung und Rationalisierung gedeckt werden.
-- Das für Investitionen in Automatisierung und Rationalisierung erforderliche Geld könnte z. B. von den Menschen zur Verfügung gestellt werden, die für die automatisierende und rationalisierende Realwirtschaft und Industrie benötigt werden. Diese Menschen profitieren davon, indem sie gute Einkommen haben und somit sparen können, um in Automatisierung und Rationalisierung investieren zu können.

Der Arbeitsmarkt bewegt sich vor beschriebenem Hintergrund aber noch nicht in Richtung von mehr Beschäftigung. Es fehlt offensichtlich das Geld für jene Menschen, die per Gütererwerb ihre Wünsche erfüllen möchten und die damit Beschäftigung ermöglichen könnten.

Arbeitsmärkte bewegen sich anscheinend nicht genug in Richtung höherer Einkommen und Kaufkraft für Geringverdienende und damit auch nicht in Richtung ausreichender Nachfrage nach Gütern und somit auch nicht zu einer ausreichenden Anzahl von Beschäftigten. Das kommt u. a. daher, dass im Laufe der Zeit bei zunehmender Automatisierung und Rationalisierung die Wachstumserfolge asymmetrisch zu Ungunsten der Geringverdiener verteilt werden.

Das den Geringverdienern fehlende Geld fehlt in den realwirtschaftlichen Kreisläufen zum Kauf bereitstehender Güter und damit auch zum Aufrechterhalten quantitativen realwirtschaftlichen Wachstums. Dieses Wachstum wäre eine Voraussetzung dafür, dass fast alle Beteiligten ausreichende Wachstumserfolge erhalten könnten.

Geld befindet sich hingegen bei den Menschen, die es gespart haben und in quantitatives realwirtschaftliches Wachstum investieren wollen, wobei die Investitionen wegen der schwächelnden

Nachfrage nach Gütern aber nicht erforderlich sind. Diesen Zustand kann man wie folgt darstellen:

Es gibt zwei parallele Pfade.
Auf dem einen Pfad befinden sich Güter für tendenziell gesättigte Märkte. Deren Sättigung resultiert aus teilweise zu geringen Einkommen und somit auch aus zu geringer Nachfrage nach Gütern.

Auf dem anderen Pfad befindet sich gespartes Geld, welches für rentablen Einsatz für Investitionen gespart wurde, dort aber wegen zu geringer Nachfrage nach Gütern in abnehmendem Umfang benötigt wird.

Das gesparte Geld fehlt teilweise den Menschen mit zu geringem Einkommen. Sie könnten dieses Geld zum baldigen Kauf von Gütern einsetzen. So wäre es möglich, zusätzliches quantitatives realwirtschaftliches Wachstum in Gang zu bringen, welches dann wieder nach gespartem Geld für Investitionen verlangen würde, um in zunehmendem Umfang verlangte Güter herstellen zu können.

Es fehlt offensichtlich eine Verbindung zwischen den beiden beschriebenen Pfaden, durch die ausreichend viel gespartes Geld in den konsumtiven Teil der realwirtschaftlichen Kreisläufe gelangen kann, um den Antrieb quantitativen realwirtschaftlichen Wachstums zu bewerkstelligen.

Als präventive Lösung würde es sich anbieten, bei der Verteilung von Wachstumserfolgen mehr Geld in den Konsum zu leiten und weniger auf Sparkonten. Das könnte dadurch geschehen, dass Einkommen mehr gleich und weniger prozentual verteilt werden. Eine solche Entwicklung hat sich aber nicht in ausreichendem Umfang eingestellt.

-       Die eigenständige Entwicklung des Arbeitsmarktes
Da es bei einem Teil der Bevölkerung und dessen tendenziell abnehmendem Einkommen und dessen schwächelnder Kaufkraft

automatisches Gegensteuern in Richtung ausreichender Einkommen offensichtlich nicht gibt, könnten Unternehmen die Initiative ergreifen. Sie könnten zugunsten höherer Mindestlöhne die Preise für ihre Produkte so erhöhen, dass sie die höheren Mindestlöhne zahlen könnten, um so höhere Kaufkraft zu schaffen und quantitatives realwirtschaftliches Wachstum anzustoßen. Wenn einzelne Unternehmen so vorgehen, müssen sie damit rechnen, von anderen Unternehmen aus dem Markt gedrängt zu werden, die keine höheren Löhne zahlen und stattdessen mit niedrigeren Preisen am Gütermarkt durchsetzungsfähiger sind als die Unternehmen mit besser bezahlter Arbeit.

- Zusammenfassung

Es zeigt sich, dass bei steigender Automatisierung und Rationalisierung und abnehmender Nachfrage nach bestimmten Arbeitskräften der Anreiz zu deren ausreichender Bezahlung abnimmt. Weniger gut bezahlte Arbeit führt zu weniger Kaufkraft und damit zum Schwächeln des Wachstums der quantitativen Realwirtschaft.

Entsprechend dem offenbar zwangsläufig wirkenden Marktgeschehen könnte man die Menschen mit zu geringem Einkommen einfach sich selbst überlassen.

Eine solches Verhalten setzt sich am Arbeitsmarkt offenbar nicht vollständig durch. Das kommt daher, dass man bei einem Blick über Grenzen zur Kenntnis nehmen muss, dass vor dem Hintergrund einer rein marktorientierten Logik der Einkommensverteilung und Güterverteilung ein Teil der Menschen auf der Erde hungert. Somit gibt es wohl ein zumindest eingeschränktes Interesse an Vorgehensweisen gegen mangelhaftes quantitatives realwirtschaftliches Wachstum und für die Gewährleistung von ausreichend bezahlter Arbeit mit dem Ziel einer zumindest teilweise zufriedenen und stabilen Gesellschaft. Hier setzten weitergehend Diskussionen zu Strategien gegen eine schwächelnde Realwirtschaft an.

G 2.3 Strategie zur Gewährleistung von genügend Arbeitsplätzen, die ausreichend bezahlt werden

Um zusätzliche Arbeitsplätze zu ermöglichen, erscheint es u. a. sinnvoll, quantitatives realwirtschaftliches Wachstum zu schaffen. Diesbezüglich werden zunächst zwei Hindernisse aufgezeigt, um dann das Instrument der Umverteilung darzustellen.

- Erstes Hindernis: Geld fehlt für den Erwerb von Gütern
In realwirtschaftlichen Kreisläufen ist Geld erforderlich, um Güter kaufen zu können. Wenn Menschen z B. aufgrund von Automatisierung und Rationalisierung arbeitslos werden oder zu wenig Geld verdienen, oder wenn Menschen in sehr armen Ländern kaum die Möglichkeit haben, Geld zu verdienen, können diese Menschen nicht die erforderliche Kaufkraft schöpfen, um ihre Bedarfe decken und ihre Wunscherfüllungen bezahlen zu können und so quantitatives realwirtschaftliches Wachstum anzutreiben.

- Zweites Hindernis: Geld wird dem Konsum durch Sparen vorenthalten
Parallel zu Menschen mit zu geringen Einkommen gibt es Menschen, die u.a. für die automatisierungsorientierte und rationalisierungsorientierte Realwirtschaft benötigt werden und die gute Einkommen erzielen. Sie können die Bedarfe für Überleben, Komfort und Status decken, ohne das erworbene Geld insgesamt für den Erwerb quantitativer Güter ausgeben zu müssen. Ein Rest des erworbenen Geldes kann den realwirtschaftlichen Kreisläufen somit durch Sparen entzogen werden und fehlt deshalb zum Antreiben quantitativen realwirtschaftlichen Wachstums.

- Umverteilung von gespartem Geld zwecks Anhebung mangelhafter Einkünfte und zur Vermehrung von Arbeitsplätzen
Erstens ist festzustellen, dass bei einem Teil der Bevölkerung die Kaufkraft oft tendenziell sinkt.

                                        10.04.2023

Zweitens nimmt das Sparen anderer Bevölkerungskreise zu und begrenzt dadurch deren Realisieren von Kaufkraft.

Drittens können aus Wettbewerbsgründen einzelne Unternehmen die Entwicklung in Richtung höherer Löhne und Gehälter für Geringverdiener nicht realwirtschaftlich wirksam durchsetzen. Dadurch wird die Schaffung von Kaufkraft behindert.

Daraus leitet sich die Vermutung ab, dass eine staatliche Umverteilung von Geld von den Menschen mit Sparaktivitäten in Richtung von ärmeren Bevölkerungsschichten wachstumswirksam wäre, weil diese ärmeren Menschen mit dem empfangenen Geld schnell ihre Bedarfe decken würden. Die zusätzliche Bedarfsdeckung erfordert dann zusätzliche Arbeitskräfte.

Eine Umverteilung durch den Staat dürfte unstrittig sein, wenn sie der Versorgung der Gesellschaftsmitglieder dient, die aufgrund von Behinderung nicht ausreichend aktiv am realwirtschaftlichen Geschehen teilnehmen können. Weiterhin muss der Staat mit Hilfe von Umverteilung Gemeinschaftsaufgaben wie innere und äußere Sicherheit erfüllen können, die einzelne Bürger nicht in erforderlichem Umfang wirksam realisieren können.

Zusätzlich zu den typischen staatlichen Gemeinschaftsaufgaben wird oft die Forderung an den Staat herangetragen, wachstumswirksam umverteilungsaktiv zu werden.

Besserverdienenden und vermögenden Menschen entzogenes Geld könnte durch Finanzspritzen - wie Transferzahlungen und Subventionen - in realwirtschaftliche Kreisläufe eingebracht werden.

Wenn dieses Geld den Menschen zugeführt wird, die es zwecks Bedarfsdeckung schnell wieder in die realwirtschaftlichen Kreisläufe einbringen, wird dadurch das quantitative realwirtschaftliche

Wachstum angetrieben und alle Beteiligten können davon profitieren, indem es neue Wachstumserfolge zu verteilen gibt, die die Güternachfrage und den Arbeitsmarkt beflügeln können.

Bei der wachstumsorientierten Umverteilung durch den Staat besteht die Gefahr, dass durch die Umverteilung in Richtung Konsum zu wenig Geld für Investitionen übrigbleibt. Die erforderliche Beschränkung muss berücksichtigt werden.

G 3 Rentabilität von investiv eingesetztem Geld

Die Realwirtschaft kennt verschiedene Entwicklungszustände.

- Von der Handarbeit zu komplexer Realwirtschaft
Wenn die Herstellung von Gütern nur per Energieeinsatz durch den menschlichen Körper erfolgt, bedarf es dafür keiner Maschinerie und außer der Energie des menschlichen Körpers keiner externen Energie. Auf diesem Herstellungsniveau wäre die Versorgung der Menschen mit Gütern sehr begrenzt.

Wenn unter solchen Umständen jeder Mensch alles selbst erzeugt, was er benötigt, wäre kein Tausch erforderlich.

Wenn einzelne Menschen nur spezielle Güter herstellen, können sie über gegenseitigen Tausch ihre Versorgung vervielfältigen.

Wenn Menschen in größeren Zusammenhängen tauschen wollen, ist der Einsatz von Geld zum Zwecke des einfachen Zwischenlagerns sinnvoll.

Durch Einsatz von Geld, Maschinerie, Energie, Automatisierung und Informationstechnologie kann der rein menschliche Energieeinsatz vervielfältigt werden. So ist eine zunehmende und vielfältige Versorgung von Menschen mit Gütern möglich.

10.04.2023

- Von der Güterversorgung zur Sicherung der Zukunft durch Sparen

Einerseits wollen viele Menschen durch den Einsatz ihrer Arbeitskraft unter Mithilfe von Maschinerie, Energie, Automatisierung und Informationstechnologie zunehmend Geld verdienen und Kaufkraft schöpfen, um mehr Güter erwerben zu können. Auf diesem Weg wollen sie oft auch Geld für die Zukunft sparen, um später größere Anschaffungen machen zu können oder um ihre Versorgung für ihre Zukunft finanziell zu gewährleisten.

- Vom Sparen zur Investition in quantitatives realwirtschaftliches Wachstum

Wenn man gespartes Geld erst später für den eigenen Gütererwerb einsetzen will, kann man es in der Zwischenzeit dazu benutzen, mit ihm zusätzliches Geld zu verdienen. Das gesparte Geld kann Banken oder Unternehmen zur Verfügung gestellt werden. Banken verleihen das Geld an Konsumenten oder Unternehmen. Unternehmen investieren das Geld von Banken oder direkten Anlegern in Maschinerie, Energie, Automatisierung oder Informationstechnologie, um die quantitativen Güter produzieren zu können, die potenzielle Käufer wünschen.

Solange gespartes Geld in Maschinerie, Energie, Automatisierung oder auch Informationstechnologie investiert wird und die mit deren Hilfe zusätzlich hergestellten Güter gekauft werden, dient der Einsatz des gesparten Geldes quantitativem realwirtschaftlichem Wachstum. Alle Beteiligten können Wachstumserfolge erhalten. Das gesparte und investierte Geld kann einschließlich damit erwirtschafteter Rendite an die Sparer zurückfließen.

G 3.1 Investition in quantitatives realwirtschaftliches Wachstum kann zu stockendem quantitativem realwirtschaftlichem Wachstum führen

Gespartes und von Unternehmen für Maschinerie, Energie, Automatisierung, Informationstechnologie und Rationalisierung eingesetztes Geld kann im Laufe der Zeit zu Überproduktion und tendenzieller Sättigung von Gütermärkten führen. In deren Folge ergeben sich für manche Menschen Arbeitslosigkeit, abnehmende Einkommen und abnehmende Kaufkraft. Damit wird das quantitative realwirtschaftliche Wachstum gehemmt. Gespartes Geld kann dann nicht mehr in erwartetem Umfang der Erfüllung der Renditeerwartung der Sparer dienen, die gespartes Geld Investitionswirtschaft investieren wollen. In der Fortsetzung dieses Gedankens bietet es sich an, Geld in technischen Fortschritt zu investieren.

G 3.2 Unwägbarkeiten von Investitionen in technischen Fortschritt

Der technische Fortschritt ist das Ergebnis von Forschung und Entwicklung. Er bringt innovative Produkte, neue Herstellungsverfahren, Automatisierung und Rationalisierung hervor.

Neue Produkte lösen teilweise vorhandene Produkte ab. Sie bieten darüber hinaus darüber hinaus aber auch neue zusätzliche Kaufanreize.

Durch Investitionen in den technischen Fortschritt werden oft Verfahren für die Erleichterung des Lebens, zur Erhöhung der individuellen Sicherheit und zum Sparen von Energie und Rohstoffen ermöglicht. Diese Varianten des technischen Fortschritts werden gern hervorgehoben.

Investitionen in Automatisierung und Rationalisierung führen andererseits ab einer gewissen Produktivität zu Überproduktion, partiellem Lohnverfall, abnehmender Nachfrage nach Gütern und schwächelnder quantitativer Realwirtschaft. Diese Varianten des technischen Fortschritts werden gern unterbelichtet dargestellt.

Investitionen in technischen Fortschritt beeinflussen auch die Entwicklung in kaum industrialisierten Ländern. Durch Automatisierung und Rationalisierung bestimmter Aufbau von Realwirtschaft verhindert dort oft das Entstehen von arbeitsintensiven Arbeitsplätzen, die Einkommen generieren könnten und damit realwirtschaftliche Kreisläufe.

Parallel werden dort aber die globale Kommunikation und damit der Einblick in Wohlstandsgesellschaften gefördert. Diese müssen dann hohe Mauern bauen gegen die Menschen, die aus Ländern mit behinderter Realwirtschaft in Wohlstandsgesellschaften kommen wollen.

G 3.3   Marktgesteuerte Investitionen in technischen Fortschritt

Um dem technischen Fortschritt eine Anwendungsorientierung zu ermöglichen, erscheint es sinnvoll, dass man primär den Markt über die Aktivitäten von Investoren bezüglich des technischen Fortschritts entscheiden lässt. So müssen die Geldanleger von der Erfolgsträchtigkeit einer Produktidee überzeugt sein und sie müssen ihr Einsatzrisiko gegen die erwartete Rendite abwägen. Staatliche Investitionen in technischen Fortschritt werden eher einer kritischen Betrachtung anempfohlen.

G 4 Dämpfung gesellschaftlicher Polarisierung durch Einkommensgestaltung

Steigerungen von Einkommen für die einzelnen Menschen werden oft wie selbstverständlich prozentual vorgenommen. Als Alternative würde es sich anbieten, dass bei Einkommensarten wie z. B. bei Löhnen und Gehältern die Erhöhungen für die einzelnen Menschen zu einem wesentlichen Anteil um den gleichen Betrag erfolgen und nur zu einem kleineren Anteil prozentual.

Beim Vergleich der Erhöhungen von Einkommen sind die prozentualen Anteile an den Erhöhungen dominant gegenüber den Anteilen gleichen Betrages. Parallel dazu ist es offensichtlich, dass einflussreiche Menschen meistens relativ hohe Einkommen beziehen. Diese Menschen erhalten bei prozentualen Erhöhungen ihrer Einkommen höhere Beträge als Zuschlag als Menschen mit geringeren Einkommen. Es liegt somit nahe, dass Menschen mit höheren Einkommen prozentuale Erhöhungen befürworten und dass diese Erhöhungsart als Ergebnis der Einflussmöglichkeiten von Menschen mit höheren Einkommen anscheinend wie selbstverständlich geschieht.

Menschen mit höherem Einkommen werden ab einer bestimmten Höhe einen Teil ihrer Einkommen nicht mehr für den aktuellen Gütererwerb einsetzen. Sie können Geld sparen, um damit später größere Anschaffungen machen zu können oder um Zukunftssicherung zu betreiben.

Gespartes Geld wird in der Zwischenzeit bis zum Ausgeben oft Banken oder Unternehmen zur Verfügung gestellt. Diese können damit z. B. Investitionen in Produktionsanlagen finanzieren, um die von wachsendem Markt geforderten quantitativen Güter herzu stellen.

Menschen mit höheren Einkommen, die ihr gespartes Geld in eine wachsende Realwirtschaft investieren, erhalten für das eingesetzte Geld eine Rendite. Höhere Einkommen werden also neben den Vorteilen prozentualer Erhöhungen zusätzlich mit einer Rendite belohnt. Damit öffnet sich die Schere zwischen höheren Einkommen und geringeren Einkommen zusätzlich.

Solange höhere Einkommen einschließlich der dafür erhaltenen Rendite und niedrigere Einkommen insgesamt möglichst schnell wieder in die realwirtschaftlichen Kreisläufe einfließen, zwecks Gütererwerb im konsumtiven Bereich und zwecks Investitionen im Produktionsbereich, werden Arbeitsplätze und Kaufkraft geschaffen und quantitatives realwirtschaftliches Wachstum gefördert. In einer solchen Phase erhalten fast alle an realwirtschaftlichen Kreisläufen beteiligten Menschen Wachstumserfolge in Form von höheren Löhnen, Gehältern, Gewinnen, Umverteilungen durch den Staat und in Form von mehr Gütern.

Auch wenn sich Einkommen bei prozentualer Zunahme und partiell additiver Rendite zunehmend auseinanderentwickeln, dürfte es kaum Akzeptanzprobleme geben, solange alle Menschen am Wachstumserfolg beteiligt sind und die Menschen mit geringeren Einkommen zumindest die Chance verspüren, auf der Einkommensleiter nach oben kommen zu können.

Geld der Menschen mit prosperierenden Einkommen wird oft im Herstellungsbereich investiert und entfaltet dort automatisierenden und rationalisierenden Charakter. Dabei werden menschliche Arbeitskräfte durch Maschinerie, Energie und Informationstechnologie ersetzt und der Umfang erzeugter Güter erhöht sich.

Sobald die Menge erzeugter Güter im konsumtiven und investiven Bereich schneller steigt als deren Bedarf, ergeben sich tendenziell Überproduktion, Arbeitslosigkeit und Minderung von Einkünften und Kaufkraft. Das quantitative Wachstum wird somit gehemmt. Dann kann das Interesse nicht mehr wie gewohnt bedient werden, durch Investitionen in Automatisierung und Rationalisierung Rendite zu erlangen.

Sobald Automatisierung und Rationalisierung Überproduktion und tendenziell gesättigte Gütermärkte hervorrufen und so Arbeitslosigkeit und geringere Einkommen fördern, nimmt die Erwirtschaftung von Wachstumserfolgen ab. Bei den am realwirtschaftlichen Geschehen Beteiligten bilden sich zwei Gruppen.

Das sind einerseits die Menschen, deren Einkommen weiterhin steigen, weil sie in der durch Automatisierung und Rationalisierung geprägten Realwirtschaft benötigt werden. Das ist insbesondere deshalb der Fall, weil sich Unternehmen wettbewerbsbedingt im Wettlauf um ihr Überleben befinden, welches sie durch Rationalisierung sichern wollen.

Das sind andererseits Menschen, die arbeitslos werden oder deren Einkommen tendenziell sinken, weil es z. B. für ihre Qualifikation zu wenig Arbeitsplatzangebote gibt.

G 4.1 Die Aufsplittung in Gruppen mit prosperierenden und schwächelnden Einkommen

Die Menschen mit höheren und weiterhin steigenden Einkommen fassen wir zu einer Gruppe zusammen und nennen sie die Gruppe mit prosperierenden Einkommen. Sie können weiterhin an Wachstumserfolgen teilhaben.

Menschen mit tendenziell abnehmenden Einkommen sind durch mangelhafte oder nicht benötigte Qualifikation, Arbeitslosigkeit oder Abhängigkeit von staatlicher Unterstützung gekennzeichnet und können kaum an Wachstumserfolgen teilhaben. Diese Menschen fassen wir in der Gruppe mit niedrigen Einkommen zusammen.

Im Folgenden wird beschrieben, wie die Trennung der Bevölkerung in Gruppen von Menschen mit prosperierenden Einkommen

 10.04.2023

und mit niedrigeren Einkommen anscheinend wie von selbst vor sich geht.

Zu Zeiten ausreichenden quantitativen realwirtschaftlichen Wachstums kann fast jeder der beteiligten Menschen mit Hilfe von Automatisierung und Rationalisierung Wachstumserfolge produzieren und an ihnen teilhaben und so eigene Zufriedenheit realisieren. Diese Entwicklung wird von allen Beteiligten durch ihr Tun angetrieben. Die einen mit eher niedrigen Einkommen tun das primär durch ihr zufriedenstellend zunehmendes Einkommen und durch ihren zunehmenden Konsum. Die anderen mit prosperierenden Einkommen und Sparmöglichkeiten tun das über den Konsum hinaus zusätzlich durch Investitionen in eine prosperierende Realwirtschaft, für die sie Rendite erhalten.

Im Laufe der Zeit kann, ebenfalls angetrieben durch Automatisierung und Rationalisierung, ein schleichender Prozess von Überproduktion, tendenzieller Marktsättigung und teilweiser Verringerung von Beschäftigung und Einkommen einsetzen. Diese Entwicklung kann dann verursachend sein für die Trennung in die Gruppen mit weiterhin prosperierenden und mit sich tendenziell verringernden Einkommen.

Die Ursache für das Auseinanderfallen in prosperierende und in niedrige Einkommen ist auf den ersten Blick nicht leicht erkennbar. Das kommt daher, dass sowohl prosperierendes quantitatives realwirtschaftliches Wachstum und zufriedenstellende Einkommen für fast alle Beteiligten als auch in der Folge schwächelndes quantitatives realwirtschaftliches Wachstum und das Entstehen von geringen Einkommen für einen Teil der Bevölkerung die gleichen Ursachen haben. Das sind Automatisierung und Rationalisierung.

Vor dem Hintergrund gleicher Ursachen verschwimmt der Übergang von ausreichendem zu schwächelndem quantitativen realwirtschaftlichen Wachstum

Damit verschwimmt auch die Erkennbarkeit des Übergangs von gutem Einkommen für fast alle hin zur Aufsplittung der Gesellschaft in Gruppen mit prosperierenden und mangelhaften Einkommen. Der verschwimmende Übergang verklärt die Möglichkeit der klaren Zuordnung von Ursachen für gute und geringe Einkommen.

G 4.2 Die scheinbare Eigenverantwortung für die Zugehörigkeit zu einer Einkommensgruppe

Einerseits stellen sich Menschen mit höheren Einkommen gern als erfolgreich dar, indem sie ihren Erfolg der eigenen Leistung zuordnen, obwohl ihre überproportional zunehmenden Einkommen oft das Ergebnis von prozentualer Verteilung des Wachstumserfolgs sind.

Andererseits werden Menschen für ihre Arbeitslosigkeit und geringen Einkommen leichthin als selbst verantwortlich erklärt.

Diese beiden Einkommensgruppen verdienen es, näher beleuchtet zu werden.

G 4.2.1 Anerkennung aufgrund der Zugehörigkeit zur Gruppe mit höheren Einkommen

Zu Zeiten ausreichenden quantitativen realwirtschaftlichen Wachstums können die Menschen mit höheren Einkommen mehr als genügend an Wachstumserfolgen teilhaben. Weiterhin gibt es für sie zusätzlich genug Zeit zum Erwerb und zum Austausch qualitativer Güter wie z. B. unentgeltlicher Hilfe und Zusammenarbeit. Die Voraussetzungen für gegenseitige Anerkennung in der Gruppe mit höheren Einkommen erscheinen somit als gegeben.

Zu Zeiten mangelhaften quantitativen realwirtschaftlichen Wachstums ist die Gruppe mit höheren Einkommen mit einer speziellen Herausforderung konfrontiert. Sie muss im Wettbewerb mit Ihresgleichen zunehmend mehr Zeit zur Erreichung ihrer höheren Einkommen aufwenden. Weil der erforderliche Zeitaufwand zur Erreichung hoher Einkommen zunimmt, bleibt weniger Restzeit für den Austausch qualitativer Güter wie unentgeltliches Zusammenwirken als Teil der sozialen Gemeinschaft. So kann der Erwerb von Anerkennung leiden.

G 4.2.2 Hoffnungsverlust aufgrund der Zugehörigkeit zur Gruppe mit niedrigen Einkommen

Zu Zeiten ausreichenden quantitativen realwirtschaftlichen Wachstums gibt es für die Gruppe mit eher niedrigen Einkommen trotzdem genügend Teilhabe an Wachstumserfolgen. Auch für diese Menschen gibt es zusätzlich genug Zeit zum Austausch qualitativer Güter wie z. B. der unentgeltlichen Zusammenarbeit.

Zu Zeiten mangelhaften quantitativen realwirtschaftlichen Wachstums gibt es für Menschen mit eher zu geringen Einkommen wegen oft geringerer Möglichkeit zur Anpassung an Qualifikationsanforderungen abnehmend berechtigte Erwartungen und Hoffnungen bezüglich ausreichender oder gar zunehmender Wachstumsteilhabe. Menschen mit schwächelndem Einkommen müssen eher mit der Abnahme ihrer Kaufkraft rechnen. So ist es verständlich, wenn solche Menschen die gegebenen Umstände als unabänderlich verinnerlichen und ihre Hoffnung in Hoffnungsverlust umschlägt. Fehlende Kaufkraft kann eventuell durch gegenseitige unentgeltliche Hilfe gemildert werden.

G 4.3 Menschen und ihre Zugehörigkeit zu Einkommensgruppen

Einerseits gibt es Gruppen von Menschen mit höheren Einkommen, die aus unterschiedlichsten Gründen erfolgreich sind.

Andererseits sind manche Gruppen von Menschen realwirtschaftlich weniger erfolgreich, weil sie z. B. wegen Behinderung, wegen mangelnder oder nicht benötigter Qualifikation oder auch wegen mangelnder Belastbarkeit keine oder schlecht bezahlte Arbeit haben.

Im Folgenden werden einige Gruppen dargestellt.

- Gruppen der Menschen mit individuell durchsetzbaren höheren Einkommen
-- Das sind erstens qualifizierte Menschen, deren Knappheit es ihnen erlaubt, höhere Einkommen durchzusetzen. Diese Menschen werden u. a. für Forschung, Entwicklung, Automatisierung und Organisierung benötigt.
-- Das sind weiterhin Menschen in Machtpositionen, die ggf. hohe Einkommen zu verteidigen haben. In Zeiten zunehmend schnellen technologischen Wandels sind solche Machtpositionen aber auch gefährdet, wenn bei zunehmendem realwirtschaftlichem Wettbewerb der Erfolg ausbleibt, den zu erwirtschaften von diesen Menschen erwartet wird.
-- Es gibt auch Menschen, die große Vermögen wie in einem Spiel einsetzen können, um genügend Spiele zu gewinnen und unterm Strich erfolgreich zu sein.

- Die Gruppe der Menschen, die Einkommenserhöhungen gemeinschaftlich gestalten können

Das sind z. B. Mitglieder von Gewerkschaften. Sie werden für ihre Mitgliedschaft belohnt, indem sie als Teil einer machtvollen Interessengemeinschaft Tarifverträge mitgestalten können, die zwischen Arbeitnehmern und Arbeitgebern abgeschlossen werden. Gewerkschaften und ihre Mitglieder sind für die Güterhersteller eine gut kalkulierbare Größe bezüglich Zahlung von Löhnen und Gehältern, Festlegung von Produktpreisen und Planbarkeit der Produktion. Es gibt also Interessen, die Arbeitnehmer und Arbeitgeber zusammenführen und auch zusammenhalten.

Die Einbindung von Gewerkschaften in die Realwirtschaft geschieht durch Tarifverträge. Darin vereinbarte Verbesserungen werden größtenteils prozentual vorgenommen. Damit bewegt sich die Einkommensschere auch zwischen Gewerkschaftsmitgliedern auseinander. Die Mitglieder mit höheren Einkommen haben ein spezielles Interesse an einer stabilen Zusammenarbeit mit den Güterherstellern, um so ihre Vorteile in Form prozentual zunehmender Einkommen untermauern zu können. Damit die auseinandergehende Einkommensschere nicht zur Unzufriedenheit bei den Menschen mit geringeren Einkommen führt, werden manchmal auch nicht prozentuale Erhöhungen vorgenommen, z. B. beim Ausgleich für zwischenzeitliche tariflose Zustände.

Wenn in einem Land manche quantitativen Güter aufgrund tariflicher Erhöhungen von Löhnen und Gehältern nicht mehr rentabel genug hergestellt werden können, um z. B. die Renditeerwartungen für Erspartes der Menschen mit höheren Einkommen erfüllen zu können, wird die Herstellung solcher Produkte logischerweise in Länder mit geringeren Einkommensniveaus verlegt. Nach Übergangszeiten zwecks Abkühlung aufgeregter Gemüter realisiert sich dann Arbeitslosigkeit auch für Gewerkschaftsmitglieder. Arbeitslos werdende Menschen kommen logischerweise nicht mehr stark im Interessenbereich der Gewerkschaften vor.

Gewerkschaften müssen anscheinend immer wieder Aktivitäten wie Streiks organisieren, um neue Mitglieder zu gewinnen. Die können sich so für Streiks finanziell absichern.

Zu geringe Zunahmen von kleinen Einkommen könnte man kompensieren, indem Wachstumserfolge zu einem wesentlichen Anteil nicht prozentual, sondern gleichmäßig verteilt würden. Dann erhielte das Wort „Solidarität" für Gewerkschaftsmitglieder einen aktualisierten Glanz, weil Menschen mit geringeren Einkommen mit Hilfe der für sie resultierenden höheren Einkommenssteigerungen entsprechend mehr quantitative Güter kaufen könnten.

Eine Strategie von wesentlich mehr Gleichverteilung von Wachstumserfolgen würde für viele Menschen entscheidende Verbesserungen bringen. Weiterhin würden Voraussetzungen für eine stabilere Gesellschaft geschaffen, weil mehr Menschen ausreichend an Wachstumserfolgen teilhaben könnten.

-       Gruppen von Menschen mit geringen Einkommen, die u. a. durch Behinderung, mangelnde bzw. nicht benötigte Qualifikation oder auch durch mangelhafte Belastbarkeit gekennzeichnet sind

Diese Menschen können zu Zeiten ausreichenden quantitativen realwirtschaftlichen Wachstums und nicht zu stark fortgeschrittener Automatisierung fast alle in ausreichend bezahlten Arbeitsverhältnissen sein.

Mit zunehmender Automatisierung und Rationalisierung werden manche Menschen als Inhaber von Arbeitsplätzen durch den Einsatz von Maschinerie, Energie und Informationstechnologie überflüssig. Das betrifft oft Arbeitsplätze, die geringere Qualifikationen erfordern und die deshalb relativ einfach automatisierbar sind.

Mit Hilfe der Informationstechnologie erlaubt die technologische Entwicklung zunehmend komplexe Automatisierung, die in immer kürzeren Zeitabständen neue technologische Generationen hervorbringt. Dem entsprechend werden die Anforderungen an die noch benötigten Mitarbeiter bezüglich Qualifikation, Effektivität und Flexibilität zunehmend größer.

Umso mehr die Fertigkeiten automatisierter Produktion und Organisation zunehmen, umso mehr können auch Menschen mit guter Qualifikation ersetzt werden.

Bei zunehmend leistungsfähiger werdender Automatisierung werden Menschen, die behindert sind, denen Qualifikationen fehlen, die nicht mehr benötigte Qualifizierungen aufweisen oder die zu gering belastbar sind, immer weniger gebraucht. Unter ihnen nimmt die Anzahl der arbeitslos werdenden Menschen zu. Sie erhalten dann eher geringer bezahlte Arbeitsplätze oder bleiben arbeitslos. Diese Menschen bilden schwerpunktmäßig die Gruppe mit niedrigen Einkommen.

Menschen mit geringen Einkommen, Löhnen und Gehältern oder mit Einkommen aus staatlichen Transferzahlungen schwächen im Laufe der Zeit oft die realwirtschaftlichen Kreisläufe. Diese Menschen können dann kaum noch als realwirtschaftliche Treiber wirksam sein. Insbesondere sie profitieren kompensatorisch von günstigen quantitativen Gütern, die in Billigstlohnländern hergestellt werden.

Die Gruppe der Vorteilsnehmer
im Rahmen gesellschaftlicher Polarisierung
Mangelhafte Geldzufuhr für Menschen mit geringen Einkommen könnte zu Lasten der Menschen ergänzt werden, die höhere Anteile von den Wachstumserfolgen aus den realwirtschaftlichen Kreisläufen erhalten und einen Teil davon sparen. Damit würde Geld umverteilt von Sparern mit relativ hohen Einkommen in Richtung von Menschen mit zu geringen Einkommen, die es zwecks aktueller Bedarfsbefriedigung schnell wieder den realwirtschaftlichen Kreisläufen zuführen könnten. Damit würde quantitatives realwirtschaftliches Wachstum angetrieben und das würde neue Runden der Verteilung von Wachstumserfolgen an alle Beteiligten ermöglichen.

Menschen mit guten Einkommen wehren sich verständlicherweise gegen eine als zu stark empfundene Umverteilung.

Menschen mit geringen Einkommen akzeptieren im Laufe der Zeit leichthin ihre Situation, indem sie vom Staat ein finanzielles

Minimum erhalten und sich entsprechend einrichten. Wenn Menschen mit geringen Einkommen ihre Hoffnung aufgegeben haben, in prosperierende realwirtschaftliche Kreisläufe mit angemessenen Einkommen gelangen zu können, stabilisiert sich die Aufsplittung der Bevölkerung in solche Menschen mit guten Einkommen und solche mit geringen Einkommen.

Insbesondere Menschen mit gutem Einkommen können zwecks Verteidigung ihrer eigenen Situation leichthin behaupten, dass Menschen mit geringem Einkommen mit ihrer Situation zufrieden sind und diese offenbar nicht ändern wollen. Sie selbst hingegen können sich als diejenigen darstellen, die gute und erforderliche Qualifikationen erworben haben und die die erforderliche körperliche und geistige Belastbarkeit ihr Eigen nennen und deshalb gute Einkommen erzielen.

Eine wesentliche Gruppe von Menschen mit guten Einkommen ist jedoch diejenige, die durch geschickte Interessenvertretung ihre Besitzstände in Zeiten prosperierender Wirtschaft gesichert hat. Die Besitzstände und deren Wahrung wurden z. B. durch Gesetzgebung als auch durch Wahrnehmung von Gruppeninteressen wie z. B. durch Gewerkschaften festgeschrieben. Diese Besitzstände sind eine Grundlage für Vorteilsnahme im Laufe gesellschaftlicher Entwicklung. Die Vorteilsnehmer streben es an, in geänderter wirtschaftlicher Situation bei schwächelndem realwirtschaftlichem Wachstum ihre Ansprüche aus der Zeit einer umfassend prosperierenden Wirtschaft aufgrund der festgeschriebenen Besitzstände weiterhin in Anspruch zu nehmen. Das tun sie auch auf Kosten von Menschen mit geringen Einkommen, z.B. durch prozentuale Verteilung der Wachstumserfolge.

Es tut sich die spannende Frage auf, wie die Situation für Besitzstandswahrer wäre, wenn diese sich nicht auf Besitzstände stützen könnten, die sie in Zeiten prosperierender Wirtschaft für sich haben festschreiben lassen und wenn sie stattdessen ihr aktuelles Arbeitsleben unter Wettbewerbsbedingungen gestalten müssten, wie das bei vielen anderen Menschen der Fall ist.

Diese Frage dürfte neue Antworten hervorbringen, sobald im Rahmen der demografischen Entwicklung die Gruppe der Besitzstandswahrer an politischem Gewicht verliert.

G 4.4 Länder mit eher reicher oder eher armer Bevölkerung

So wie es in Industrieländern eine gesellschaftliche Polarisierung zwischen Menschen mit höheren und eher zu niedrigen Einkommen gibt, so gibt es eine globale Polarisierung zwischen reichen Industrieländern und armen Ländern, die kaum eine eigene Industrie haben.

Man kann einerseits beobachten, dass kaum industrialisierte Länder aus eigener Kraft Geld schöpfende Industrien aufbauen. Diese Länder greifen dazu z. B. auf Menschen zurück, die auswanderten und in anderen Ländern als Fachkräfte ausgebildet wurden und die dann zurückkehrend eine Brücke zwischen den industrialisierten und den sich entwickelnden Ländern schlagen.

Man kann aber auch beobachten, dass armen Ländern das Geld fehlt, um staatliche Strukturen, staatliche Sicherheit und ein minimales Gesundheitswesen zu realisieren.

Industrieländer haben Potenziale, positive Veränderungen für arme Länder zu fördern. Veränderungen geschehen aber eher zugunsten von Industrieländern, die im Wettbewerb miteinander versuchen, Nutzen aus ärmeren Ländern zu ziehen.

Interessen von Industriestaaten an armen Ländern zeigen sich u. a. in Form:
- des Bezugs möglichst günstiger Rohstoffe
- des Verkaufs teurer Industrieprodukte
- der Abwerbung von Fachkräften

- der Subventionierung eigener landwirtschaftlicher Produkte mit Hilfe industriell verdienten Geldes zur Herstellung eigener landwirtschaftlicher Wettbewerbsfähigkeit gegenüber den weniger industrialisierten Ländern. Damit wird deren landwirtschaftlicher Export eher erschwert.

Vor solchem Hintergrund scheint es für industrialisierte Staaten wichtig zu sein, dass zur Gewährleistung vorteilsnehmender Wirtschaftsbeziehungen zu den ärmeren Ländern dort stabile Strukturen herrschen. Die Verbindungen zu den ärmeren Ländern bestehen logischerweise zu den dortigen einflussreichen Menschen. Diese stellen ggf. in ihren Ländern Stabilität her, die durchaus auch mit Hilfe autoritärer Führung gewährleistet wird.
Zur Herleitung alternativer Vorgehensweisen müssen die Leistungsbilanzunterschiede zwischen Staaten näher betrachtet werden. Die Staaten sind durch unterschiedliche Geschichte und Entwicklung geprägt. So ist es logisch, dass verschiedene Länder auch durch unterschiedliche realwirtschaftliche Situationen gekennzeichnet sind. Die einen neigen eher zu Leistungsbilanzüberschuss und die anderen eher zu Leistungsbilanzunterdeckung.

Solange auf der Seite des Leistungsbilanzüberschusses dieser nicht zu groß wird und nicht zu Zahlungsschwierigkeiten auf der Seite der Leistungsbilanzunterdeckung führt, ist eine eher spannungsfreie Situation gegeben, in der gegenseitiges realwirtschaftliches ausgewogenes Agieren möglich sein kann.

Solange auf der Seite der Leistungsbilanzunterdeckung diese nicht zu groß wird und nicht zu Einzahlungsausfällen auf der Seite des Leistungsüberschusses führt, ist auch hier eine eher spannungsfreie zukunftsträchtige Situation möglich, die gegenseitiges Agieren auf Augenhöhe erlaubt.

Eher spannungsfreie Situationen sollten genutzt werden, in der Zukunft mögliche Spannungen zu verhindern. Das betrifft auf der

Seite des Leistungsbilanzüberschusses Spannungen in der Bevölkerung, die sich aus Einzahlungsausfällen, abnehmendem Export und abnehmender Beschäftigung ergeben. Das sind auf der Seite der Leistungsbilanzunterdeckung Spannungen in der Bevölkerung, wenn der Abbau der Unterdeckung finanzielle Engpässe verursacht und die Versorgungslage verschlechtert.

Das Mindern von Spannungen zwischen Ländern mit sehr auseinanderfallenden Leistungsbilanzen würde erfordern, Leistungsbilanzüberschüsse und -unterdeckungen auszugleichen.

Das könnte geschehen, indem es für Länder mit Unterdeckung leichter wird, bei angemessenem Lohnniveau und zu angemessenen Preisen mehr Güter zu exportieren.

Der Ausgleich von Leistungsbilanzen geschieht aber offensichtlich in zu geringem Umfang, weil Länder mit Leistungsbilanzüberschüssen dadurch weniger Wachstumserfolge im eigenen Land zu verteilen hätten. So könnte deren quantitatives realwirtschaftliches Wachstum leiden wie auch die Akzeptanz ihrer Politiker seitens der Bevölkerung.

In einem nächsten Schritt erscheint es notwendig, in den Kern des Problems von Leistungsbilanzunterschieden vorzudringen.

Nicht wettbewerbsfähige Länder nehmen Kredite auf, um Kosten ihres Staates zu decken. Diese Kosten ergeben sich z. B aus der Notwendigkeit der Begleichung eines Leistungsbilanzdefizits, sofern der Staat Importe durchgeführt hat oder für Importe haftet. Das Geld für die Kredite wird u. a. von Banken aus reichen Ländern zur Verfügung gestellt. Wenn Länder zahlungsunfähig werden, benötigen sie neue Kredite aus den reicheren Ländern. Dazu müssen sich die armen Länder verpflichten, mit einem Teil der neuen Kredite zunächst die alten Kredite plus deren Zinsen zurückzuzahlen.

Beide Seiten lassen sich bis zu einem gewissen Grad auf solche verketteten Finanzgeschäfte ein.
Die wettbewerbsfähigen Länder tun das, um die Pleite armer Länder zu verhindern und damit auch den Verlust des durch Banken aus den reicheren Ländern an die armen Länder verliehenen Geldes. Dieses Verhalten ergibt sich, weil die reicheren Länder teilweise für die Kredite der Banken an arme Länder haften. Wenn Kredite nicht zurückgezahlt werden könnten, müssten die haftenden Staaten einspringen.

Die armen Länder bleiben leichthin in der Rolle der permanenten Zurückzahler von Krediten plus Zinsen. Staaten, die permanent Zinsen für Leistungsbilanzunterdeckung zu zahlen haben, zahlen auch für den Wohlstand der anderen Seite. Eine solche Entwicklung kann in den ärmeren Staaten Folgen haben wie innere Unruhen und autoritäre staatliche Systeme, die dann ggf. staatliche Ruhe und Stabilität militärisch zu gewährleisten versuchen.

Irgendwann werden solche Staaten dann eventuell regierungsunfähig und rutschen mit für die reichen industrialisierten Staaten letztendlich kaum auszumalenden Folgen ins Chaos.

Somit können sich nicht nur in eher reichen Staaten Spannungen zwischen armen und reichen Menschen aufbauen. Es können auch Spannungen zwischen armen und reichen Staaten auftreten, die für beide Seiten große Probleme mit sich bringen können.

Letztendlich erscheint es sinnvoll, die Gefahr der Überschuldung für arme Länder dadurch zu reduzieren, dass von deren Seite die Staatspleite als Abschreckung drohen kann. Um die Gefahr einer Staatspleite zu reduzieren, könnten die Geldgeber der Banken dafür Sorge tragen, dass die Banken bei der Kreditvergabe an arme Länder Überschuldung und Vergaberisiken wirksam einschränken. Die Gefahr von Staatspleiten erscheint als ein marktkonformes Instrument gegen Überschuldung.

G 5   Umverteilung und Alternativen zur Umverteilung zwecks Erledigung staatlicher Aufgaben

Es ist eine wesentliche Aufgabe des Staates, seinen Gemeinschaftsaufgaben wie z. B. der Gewährleistung der inneren und äußeren Sicherheit nachzukommen. Dazu gehört aber auch die Versorgung von Behinderten. Das sind in erster Linie körperlich und geistig behinderte Menschen, die nicht ausreichend Geld für ihren Lebensunterhalt verdienen, um angemessen an realwirtschaftlichen Kreisläufen teilnehmen zu können.

Zur Erledigung solcher Aufgaben muss der Staat eine Umverteilung von Geld aus den realwirtschaftlichen Kreisläufen in Richtung der Erledigung seiner Gemeinschaftsaufgaben vornehmen.

Darüber hinaus hat sich eine weitere staatliche Aufgabe eingeschlichen, und zwar die der Umverteilung in Richtung von nicht behinderten Menschen mit zu geringem Einkommen. Die Entwicklung in Richtung dieser Aufgabe wird im Folgenden beschrieben.

Durch das Sparen von Menschen mit höheren Einkommen wird realwirtschaftlichen Kreisläufen Geld entzogen. Das gesparte Geld steht für Sparziele wie Autokauf oder Hauskauf bereit. Darüber hinaus haben manche Menschen so hohe Einkommen, dass es für sie wegen realisierter kurz- und langfristiger Bedarfsdeckung keine aktuellen Sparziele für Anschaffungen von weiteren Gütern gibt. Dann benutzen sie das gesparte Geld vielleicht für die eigene Zukunftssicherung oder die der Kinder.

Solange gespartes Geld nicht für aktuelle Ausgaben benötigt wird, steht es u. a. für Investitionen in Automatisierung und Rationalisierung zur Verfügung. Durch Automatisierung und Rationalisierung werden nach einer Zeit quantitativen realwirtschaftlichen Wachstums Menschen arbeitslos oder deren Einkommen sinken. Ihre Kaufkraft nimmt ab, während die Produktherstellung weiter zunimmt. Es kommt zu tendenziell schwächelnder Nachfrage nach quantitativen Gütern und zu tendenzieller Marktsättigung durch Überproduktion.

Einerseits wird dem konsumtiven Kreislauf also Geld durch Sparen entzogen und andererseits auch dadurch, dass Einkommen sinken. Beide Phänomene führen dazu, dass Kaufkraft und Nachfrage nach quantitativen Gütern abnehmen.

Hier tut sich die Frage auf, inwieweit Nachfrage erhöht und damit Produktion angekurbelt werden kann, damit Menschen mit sinkenden Einkommen wieder mehr arbeiten und verdienen können.

Vor diesem Hintergrund erscheint es auf den ersten Blick logisch, dass der Staat neben den traditionellen Gemeinschaftsaufgaben eine Zusatzaufgabe übernimmt, indem er durch Sparen geparktes Geld durch Umverteilung teilweise an Menschen mit geringen Einkommen weiterleitet, die es den realwirtschaftlichen Kreisläufen schnell wieder zuführen. Das hätte den Zweck, die Fortsetzung realwirtschaftlichen Wachstums und die resultierende Verteilung von Wachstumserfolgen für alle Mitglieder der Gesellschaft zu deren Zufriedenheit zu ermöglichen und damit die staatliche Stabilität als Fundament für die Demokratie zu untermauern.

G 5.1 Umverteilung – Zufriedenheit – Stabilität

Der Staat nimmt Umverteilungen vor, um so seine Gemeinschaftsaufgaben zu realisieren. Das zu diesem Zweck dem realwirtschaftlichen Kreislauf entzogene Geld wird relativ schnell für konkrete Aufgaben eingesetzt und so den realwirtschaftlichen Kreisläufen relativ schnell wieder zugeführt. Durch die Umverteilung kommt es also zu keinem wesentlichen Stocken der realwirtschaftlichen Kreisläufe. Wenn das Geld den Menschen entzogen wird, die Geld sparen, fließt dieses Geld den realwirtschaftlichen Kreisläufen nach der Umverteilung sogar schneller wieder zu als ohne Umverteilung.

Was geschieht bei wachstumsbezogener Betrachtung, wenn ausreichendes quantitatives realwirtschaftliches Wachstum in mangelhaftes quantitatives realwirtschaftliches Wachstum übergeht?

-       Zeiten ausreichenden quantitativen realwirtschaftlichen Wachstums

Dann können fast alle Menschen einer Gesellschaft zunehmend mehr Einkommen und Güter erhalten. Einkommen nehmen meistens prozentual zu. Menschen mit höheren Einkommen erhalten so einen höheren zusätzlichen Betrag als solche mit geringeren Einkommen. Es geht eine Schere auf zwischen den Menschen mit höheren und denen mit geringeren Einkommen.

Solange das quantitative realwirtschaftliche Wachstum für fast alle Menschen ausreichende Wachstumserfolge bereitstellt, wird die Auseinanderentwicklung von Einkommen offensichtlich akzeptiert. Auch die Menschen mit geringeren Einkommen können die Hoffnung haben, auf der Einkommensleiter aufzusteigen.

Solange die Mitglieder einer Gesellschaft mit dem Erhalt von quantitativen Gütern zufrieden sind und sie zusätzlich genügend Zeit für den Erwerb qualitativer Güter behalten, sind die Voraussetzungen für eine stabile Gesellschaft offensichtlich gegeben.

In Zeiten, in denen für fast alle Mitglieder einer Gesellschaft in ausreichendem Umfang quantitative realwirtschaftliche Wachstumserfolge und ausreichende Zeit für den Erwerb qualitativer Güter zur Verfügung stehen, kann das Empfinden von subjektiver Verteilungsgerechtigkeit der einzelnen Mitglieder der Gesellschaft zu gesellschaftlicher Zufriedenheit und staatlicher Stabilität führen.

- Zeiten mangelhaften quantitativen realwirtschaftlichen Wachstums

Wenn es im Rahmen von Automatisierung, Rationalisierung und asymmetrischer Verteilung von Wachstumserfolgen zu tendenzieller Überproduktion und Kaufkraftminderung kommt, kann ausreichendes quantitatives realwirtschaftliches Wachstum in mangelhaftes quantitatives realwirtschaftliches Wachstum übergehen. Im Laufe der Zeit fallen dann eventuell nicht mehr genügend Wachstumserfolge an, um alle Menschen ausreichend beteiligen zu können.

Manche Menschen werden dabei arbeitslos oder ihre Einkommen nehmen tendenziell ab. Zusätzlich benachteiligen prozentuale Verteilungen von Einkommen die Menschen mit geringeren Einkommen. Die Schere zwischen Menschen mit höheren und mit niedrigen Einkommen bewegt sich auseinander.

Menschen mit niedrigen Einkommen können sich der Hoffnungslosigkeit ausgesetzt fühlen, wenn sie nur geringe Chancen haben, auf der Einkommensleiter aufsteigen zu kommen.

Zu Zeiten mangelhaften quantitativen realwirtschaftlichen Wachstums nimmt bei den Menschen mit den geringeren und tendenziell abnehmenden Einkommen das Gefühl vermutlich ab, in einer gerechten Gesellschaft zu leben. So kann die Stabilität einer Gesellschaft leiden.

Wenn der Staat derartigen Entwicklungen entgegenwirken will, ist er versucht, eine schwächelnde Realwirtschaft zu stärken, indem er ihr Geld zuführt.

Auf den ersten Blick wäre es naheliegend, dass er denjenigen Menschen das Geld entzieht, die es bei gutem Verdienst dem konsumtiven Kreislauf durch Sparen vorenthalten und ihn damit schwächen. Wenn der Staat dieses Geld durch Umverteilung den ärmeren Menschen und damit indirekt dem realwirtschaftlichen Kreislauf schnell wieder zuführt, kann der gestärkt werden.

Menschen mit höheren Einkommen sind vermutlich gegen eine solche Umverteilung. Das erscheint verständlich, weil ihre empfundene Anerkennung durch hohe Einkommen als geschmälert empfunden werden könnte

Wenn der Staat das Schwächeln quantitativen realwirtschaftlichen Wachstums verhindern will, den Menschen mit höheren Einkommen das Geld für die Umverteilung aber nicht abnehmen will, bleibt ihm die Kreditaufnahme.

Dafür bieten Menschen mit Sparguthaben dem Staat ihr Geld an, um dafür eine Rendite zu erhalten. Damit können Einnahmen aus nicht mehr rentablen Investitionen in Automatisierung und Rationalisierung abgelöst werden.

Die Kreditaufnahme eines Staates zum Antrieb einer schwächelnden quantitativen Realwirtschaft führt zu Staatsverschuldung. Diese wäre auf den ersten Blick eine Alternative zur Umverteilung durch den Staat, weil die Interessen der Geldgeber für die Kredite aus dem Kreis der Menschen mit höheren Einkommen und der Kredit-Nutznießer aus dem Kreis der Menschen mit zu geringen Einkommen anscheinend zusammenpassen. Offen bleiben zunächst die Fragen, was passiert, wenn die Realwirtschaft fortlaufend neue Kredite verlangt und welche Rolle spielen die Zinsen.

G 5.2   Staatsverschuldung als Alternative zur Umverteilung durch den Staat

Wenn der Staat zwecks Antriebs einer schwächelnden quantitativen Realwirtschaft Kredite aufnimmt, kann er dadurch die direkte Umverteilung von reichen zu armen Menschen reduzieren. Mit Hilfe der Kredite versucht er dann, dem Schwächeln der quantitativen Realwirtschaft durch Finanzspritzen aus Kredittöpfen Einhalt zu gebieten und die Realwirtschaft so wieder auf Wachstumskurs zu bringen.

Zum Füllen der Kredittöpfe stehen u. a. diejenigen bereit, die dem konsumtiven Kreislauf durch Sparen Geld vorenthalten haben und damit das Stocken realwirtschaftlicher Kreisläufe mit verursachten. Da die stockende Realwirtschaft weniger gespartes Geld für Investitionen in Automatisierung und Rationalisierung benötigt, können Sparer ersatzweise in staatliche Kredittöpfe einzahlen, um von dort Rendite zu erhalten.

Auf der anderen Seite der Kredittöpfe befinden sich Interessenten, um vom Staat Geld in Form von Hilfszahlungen wie Subventionen und Transferzahlungen zu erhalten. Da sind z. B.:

- Unternehmen, die effektivere, umweltfreundlichere oder auch die Arbeitsbelastung mindernde Anlagen, Maschinerie, Geräte und Produkte entwickeln möchten, um im Wettlauf mit Konkurrenten bestehen und sich durchzusetzen zu können, national und international.
- Universitäten, die mit staatlicher Unterstützung in Forschung investieren möchten, um neue Produkte für Konsum und Fertigung zu erfinden und zu entwickeln, die neue Märkte eröffnen können.
- Bildungseinrichtungen, die das Qualifikationsniveau von arbeitslosen Menschen anheben wollen, damit diese wieder für neue Beschäftigungen bereitstehen können.
- Arbeitslose Menschen oder solche mit zu geringem Einkommen, die unterstützt werden möchten.

Angebote von Hilfszahlungen vom Staat in Form von Subventionen und Transferzahlungen gebären also kreative Interessenten. Diese stehen im Wettbewerb um den Erhalt von Hilfszahlungen.

Die Aufgabe des Staates, Gemeinschaftsaufgaben durchzuführen, wird um eine Aufgabe erweitert, und zwar die der Durchführung kreditfinanzierter Hilfszahlungen an verschiedene gesellschaftliche Gruppen. Die Zahlungen sollen dazu beitragen, quantitatives realwirtschaftliches Wachstum zu fördern.

Die Geld erhaltenden Gruppen stehen im Wettbewerb um den Erhalt der Hilfszahlungen. Das so eingesammelte Geld soll für ihre Empfänger eine verbesserte Teilnahme an der realwirtschaftlichen Entwicklung ermöglichen. In die Forderungen an den Staat scheint eine Rechtfertigung implantiert zu sein, die die Forderungen unabweisbar machen soll. Das funktioniert derart, dass Forderungen damit gerechtfertigt werden, dass manche Gruppen höhere Wachstumserfolge erhalten als andere. In der Logik dieses Denkens gilt es als gerecht, dass Gruppen mit geringerem Erhalt von Wachstumserfolgen zusätzliches Geld erhalten, und zwar in Form der Hilfszahlungen vom Staat, bezahlt aus dessen Kreditaufnahme.

Die Hilfszahlungen von Seiten des Staates sollen zum Antreiben des quantitativen realwirtschaftlichen Wachstums führen, Wachstumsschwäche verhindern oder überwinden und Wachstumserfolge für benachteiligte Gruppen bringen, damit deren Forderungen an den Staat ihre Ursache verlieren.

Da die Erfüllung von Wünschen meistens schnell neue Wünsche gebiert, wirkt der Weg der Wunscherfüllung mit Hilfe von Hilfszahlungen auf den ersten Blick wie eine wunderbare Möglichkeit zur Gewährleistung permanenten quantitativen realwirtschaftlichen Wachstums.

Wenn der Staat in Zeiten ausreichenden quantitativen realwirtschaftlichen Wachstums den realwirtschaftlichen Kreisläufen Geld entzieht und damit Gemeinschaftsaufgaben erfüllt, fließt es meistens schnell wieder in die realwirtschaftlichen Kreisläufe zurück. Diese werden dadurch eher nicht geschwächt.

Wenn der Staat in Zeiten mangelhaften quantitativen realwirtschaftlichen Wachstums den realwirtschaftlichen Kreisläufen permanent Geld zwecks deren Antrieb zuführt und dafür Kredite aufnimmt, wird ein Teil des zugeführten Geldes gespart, um Vorsorge für offensichtlich unsichere finanzielle Zeiten zu treffen.

Weiterhin muss ein Teil des kreditfinanzierten Geldes, welches für den Antrieb der realwirtschaftlichen Kreisläufe gedacht ist, für die staatliche Kreditverwaltung ausgegeben werden.

Oft müssen Zinsen für die Kredite aufgebracht werden, die die Hilfszahlungen ermöglichen.

Diese Abzweigungen von den Krediten vermindern in der Zukunft die realwirtschaftliche Treiberwirksamkeit der Kredite.

Wenn der Staat zur Finanzierung von Hilfszahlungen zwecks Stärkung des quantitativen realwirtschaftlichen Antriebs Kredite aufnimmt, bringen diese die Rückzahlung und Kosten für Verwaltung und oft auch für Verzinsung mit sich. Weiterhin werden empfangene Hilfszahlungen teilweise zum Sparen verwendet. Die geldmäßigen Abzweigungen dienen nicht dem Zweck, das realwirtschaftliche Wachstum zu beflügeln, sie müssen später aber trotzdem beglichen werden und provozieren somit weitere Kredite.

Die Realisierung von Hilfszahlungen per Staatsverschuldung verursacht einen zunehmend größer werdenden Kreditumfang. Um der Staatsverschuldung mit ihren begleitenden Folgen entgegenzuwirken, bieten sich die Inflation und die Verbilligung des Gelangebotes an.

-        Staatsverschuldung und Inflation
Inflation kann sich zeigen, wenn trotz Einkommenserhöhung der Wert des erhaltenen Einkommens nicht entsprechend zunimmt, weil parallel dazu Preissteigerungen stattfinden.

Inflation kann auch anders ablaufen. Wenn Güter nämlich teurer werden, können Menschen mit nicht zunehmenden Einkommen und Menschen mit Ersparnissen weniger für ihr Geld kaufen. Der Wert ihres Geldes nimmt für solche Menschen im Laufe der Zeit ab.

Es zeigt sich eine Polarisierung zwischen Bevölkerungsteilen. Da sind einerseits die Menschen, deren Einkommen parallel zu Preissteigerungen entsprechend zunehmen. Ihr Lebensstandard bleibt erhalten. Andererseits gibt es die Menschen, deren Einkommen nicht zunehmen, oder die von Ersparnissen leben – solche Menschen können sich bei Preissteigerungen weniger Güter kaufen, für sie nimmt der Wert ihres Geldes ab.

Im Folgenden wird der Vorgang des Wertverlustes von Geld durch Inflation bezüglich des Staates und seiner Verschuldung beleuchtet. Wenn Kredite, die vom Staat für Hilfszahlungen aufgenommen wurden und die zu Staatsverschuldung führten, erst nach längerer Zeit zurückzuzahlen sind, wird bei zwischenzeitlicher Inflation die Last für den Staat als Rückzahler geringer, weil er dann für den höheren Wert des geliehenen Geldes nur den gleichen Betrag mit geringerem Wert zurückzahlen muss. Durch die Kreditaufnahme hatte der Staat aber die Möglichkeit, das geliehene Geld mit hohem Wert für gewünschte realwirtschaftliche Zwecke wie den Anschub quantitativen realwirtschaftlichen Wachstums zu nutzen, um es später bei geringerem Wert zurückzuzahlen.

Für Menschen, die nicht zunehmende staatliche Unterstützung erhalten oder die für die Altersversorgung gespart haben, bedeutet die Inflation aber einen entsprechenden Wertverlust ihrer finanziellen Einkünfte und Absicherung.

Solche Menschen dürften die natürlichen Gegner einer inflationsbegleitenden Staatsverschuldung sein. Diese müssen sich aber darüber im Klaren sein, dass der Staat ein Interesse an einem begrenzten Wertverlust des Geldes hat, weil er dann für einen höheren Wert des geliehenen Geldes nur den gleichen Betrag mit geringerem Wert zurückzahlen muss.

Als konservative Alternative zum zukunftssichernden Sparen steht der Generationenvertrag bereit. Danach kann die erwerbsmäßig nicht mehr aktive Rentnergeneration das an Renten- oder Unterstützungszahlungen erwarten, was von der parallel erwerbsmäßig aktiven Generation erarbeitet wird. Dann haben Sparer z. B. den Wertverlust ihrer zukunftssichernden Ersparnis weniger zu fürchten, weil sie als Rentner auf dem angepassten Niveau der zukünftigen Generation leben können. Aber gerade der Generationenvertrag wurde durch verschiedene staatliche Maßnahmen ausgehöhlt.

Es gilt, darüber nachzudenken, wie negative Folgen von Staatsverschuldung gemindert werden können und trotzdem quantitatives realwirtschaftliches Wachstum erwirtschaftet werden kann. Die Realisierung von Wachstumserfolgen dient dann dazu, eine zufriedene und stabile Gesellschaft zu ermöglichen. Dafür erscheint die Realisierung des Generationenvertrages als wichtig.

-       Staatsverschuldung und Verbilligung des Geldangebotes
Zu Zeiten schwächelnden quantitativen realwirtschaftlichen Wachstums und damit einhergehender Zukunftssorgen besteht für Menschen der Anreiz, mehr Geld zurückzulegen, als sie es bei ausreichendem Wachstum tun würden. Durch Sparen werden allerdings Güternachfrage und das quantitative realwirtschaftliche Wachstum zusätzlich geschwächt. Es zeigt sich bezüglich der Zukunftssorgen ein Phänomen sich selbst erfüllender Erwartung.

Wenn durch Sparen die Güternachfrage sinkt, könnten beim Kampf um Konsumenten die Preise für Güter gesenkt werden. Bei einer solchen Gegebenheit sind die Nachfrager versucht, ihre Geldausgaben zu verschieben, um weiter fallende Preise abzuwarten. Damit wird das quantitative realwirtschaftliche Wachstum weitergehend geschwächt.

Um eine solche sich anbahnende Abwärtsspirale der realwirtschaftlichen Entwicklung zu bekämpfen, besteht die Versuchung, dass Geldangebot zu verbilligen. Eine solche Maßnahme soll einen Anreiz bieten, dass Menschen das Geldangebot annehmen und eine private Verschuldung vornehmen - um das geliehene Geld zwecks Konsums oder Investition in die realwirtschaftlichen Kreisläufe einzuleiten. Durch solche Aktivitäten soll dann quantitatives realwirtschaftliches Wachstum initiiert werden. Wenn das gelingt, könnte dadurch der Umfang von Staatsverschuldung entsprechend vermindert werden, die dem gleichen Zweck dient.

Man kann aber davon ausgehen, dass schwächelndes quantitatives realwirtschaftliches Wachstum den Kreditbedarf für den Erwerb von Konsumgütern und Investitionsgütern eher begrenzt und nicht fördert. Die Begrenztheit ist insbesondere durch schuldenbegrenzende Zukunftssorgen auf Konsumentenseite und bezüglich zu großer Produktionskapazität auf Herstellerseite bedingt.

Wenn die Realwirtschaft offensichtlich kaum nach Krediten für Konsum und Investitionen verlangt, ist wegen offensichtlicher Ratlosigkeit die Versuchung groß, trotzdem in traditioneller Weise mit billig zur Verfügung gestelltem Geld die Realwirtschaft ankurbeln zu wollen. Dieses Geld wird dann ersatzweise z. B. für rein spekulative Zwecke eingesetzt, um Geld mit Geld verdienen zu wollen. Quantitatives realwirtschaftliches Wachstum wird damit aber offensichtlich kaum beflügelt. Deshalb ist es wichtig, über Alternativen für realwirtschaftliches Wachstum nachzudenken und dabei die realwirtschaftliche Entwicklung nicht aus den Augen zu verlieren.

G 5.3 Alternativen zur Staatsverschuldung

Einleitend kann man feststellen: Wenn quantitatives realwirtschaftliches Wachstum schwächelt, weil z. B. in der Folge von

Automatisierung und Rationalisierung manche Menschen zu kleine Einkommen erhalten und andere Menschen bei zunehmenden Einkommen Geld sparen, könnte der Staat Geld von den reicheren Menschen in Richtung der ärmeren Menschen umverteilen, damit die mehr konsumieren können, und quantitatives realwirtschaftliches Wachstum sich so fortsetzen kann.

Da sich reichere Menschen verständlicherweise nach Möglichkeit gegen Umverteilung wehren, ist der Staat versucht, das Ankurbeln der quantitativen Realwirtschaft ersatzweise mit Hilfe von Staatsverschuldung vorzunehmen. Als Kreditgeber dafür stehen jene Menschen bereit, die in Zeiten ausreichenden quantitativen realwirtschaftlichen Wachstums Geld sparen und in Wachstum investieren. Sie können beim Übergang zu mangelhaftem quantitativem realwirtschaftlichem Wachstum ihr Geld ersatzweise als Kredite in die Staatsverschuldung einbringen. Damit soll dann quantitatives realwirtschaftliches Wachstum initiiert werden. Die Kredite müssen einschließlich des abgezweigten Geldes zurückgezahlt werden. Für den Staat besteht der Vorteil, dass sich der Wert der Staatsverschuldung durch Inflation reduziert. Parallel dazu sinkt auch der Wert des Geldes, welches Menschen für die Zukunftssicherung gespart haben oder welches Menschen als geringe nicht steigende Einkommen erhalten.

Wenn die Akzeptanz wachsender Staatsverschuldung zum Zwecke des Ankurbelns schwächelnder quantitativer Realwirtschaft an ihre Grenzen stößt, gilt es weiterführend über Alternativen zur Staatsverschuldung und Stärkung der Realwirtschaft nachzudenken. Das soll unter folgenden Überschriften geschehen:
- Staatsverschuldung und ihr Verbot
- Staatliche Aufgaben und deren alternative Finanzierung
- Ergänzung der Realwirtschaft durch Spekulation
- Trennung der wirtschaftlichen Kreisläufe in realwirtschaftliche und rein spekulativ-finanzwirtschaftliche Kreisläufe
- Der Zeitaspekt beim spekulativen Handel
- Spekulation – von der Minderheitsmeinung zur Mehrheitsmeinung

10.04.2023

- Besteuerung spekulativen Handels.

5.3.1 Staatsverschuldung und ihr Verbot

Wenn quantitatives realwirtschaftliches Wachstum schwächelt und zu wenig Wachstumserfolge verteilt werden können, um die Erwartungen der beteiligten Menschen zu erfüllen, sind offensichtlich Maßnahmen gegen das Schwächeln der Realwirtschaft sinnvoll.

Da gibt es zunächst die Möglichkeit, gespartes Geld, welches den realwirtschaftlichen Kreisläufen vorenthalten wurde, mit Hilfe politischer Entscheidungen ärmeren Menschen zuzuführen, die es dann vermutlich schnell für Konsum ausgeben. Dagegen wehren sich verständlicherweise die Eigentümer der Ersparnisse und die Politiker, die das Wohlwollen dieser Menschen erhalten möchten.

Dann ist der Staat versucht, quantitatives realwirtschaftliches Wachstum per Hilfszahlungen zu fördern, indem er dafür Kredite aufnimmt und Staatsverschuldung betreibt. Es wurden Grenzen der Wirksamkeit von Staatsverschuldung aufgezeigt.

Auf den ersten Blick erscheint es empfehlenswert, die Staatsverschuldung nicht mehr zu praktizieren. Damit werden allerdings nicht die Ursachen schwächelnder Realwirtschaft als Auslöser der Staatsverschuldung abgestellt, als da sind:
- Manche Menschen können durch Automatisierung und Rationalisierung arbeitslos werden. Dann sinken tendenziell Einkommen und Kaufkraft.
- Durch Sparen, bevorzugt vorgenommen von Menschen mit höheren Einkommen, wird den realwirtschaftlichen Kreisläufen Geld vorenthalten.
- Einkommen nehmen meistens prozentual zu. Damit bewegen sich diese auseinander. Es gibt Menschen mit zunehmend hohen Einkommen. Es gibt parallel dazu zunehmend

mehr Menschen mit geringen Einkommen und geringer Kaufkraft.
-   Begleitend steigen in vielen Bereichen die Preise, so dass sich insbesondere Menschen mit geringen Einkommen auch deshalb weniger leisten können.

Wenn auf Grund obiger Einflüsse die quantitative Realwirtschaft schwächelt und die Polarisierung zwischen armen und reichen Menschen zunimmt, kann sich eine gesellschaftliche Unzufriedenheit entwickeln.

Die Grenzen des Instruments Staatsverschuldung wurden aufgezeigt. Bei Abschaffung der Staatsverschuldung bleiben die Ursachen gesellschaftlicher Polarisierung erhalten. Es bleibt die Aufgabe bestehen, quantitatives realwirtschaftliches Wachstum zu stärken, um über die Verteilung erzeugter Wachstumserfolge die Zufriedenheit der Mitglieder der Gesellschaft zu fördern. Deshalb gilt es, über Instrumente nachzudenken, die bezüglich der Staatsverschuldung als Alternative realisierbar sind.

G 5.3.2   Staatliche Aufgaben und deren alternative Finanzierung

Es gibt Aufgaben, deren Erledigung für die Gesellschaft wichtig ist, die aber nicht einfach durch separate individuelle Tätigkeiten erledigt werden können. Das sind typische Gemeinschaftsaufgaben, die der Staat zumindest teilweise wahrzunehmen hat. Dazu gehören z. B. die Gewährleistung äußerer und innerer Sicherheit oder auch des Bildungs- und Verkehrswesens.

Nachdem sich auch das Antreiben quantitativen realwirtschaftlichen Wachstums in das Paket staatlicher Gemeinschaftsaufgaben eingeschlichen hat und sich so die resultierende Staatsverschuldung zunehmend aufblähen kann, zeigen sich die Grenzen ihrer Finanzierbarkeit. In der Folge wird überlegt, wie staatliche Aufgaben alternativ finanziert werden könnten.

-	Im Bereich der Bildung ist deren private Finanzierung durchaus möglich. Wer nicht über das erforderliche Geld verfügt, muss auf entsprechende Bildung verzichten. Wenn eine Gesellschaft Interesse an einer breit angelegten bildungsbasierten Entwicklung hat, muss der Staat die Bildung zumindest teilweise finanzieren, ergänzt durch private Finanzierung auf speziell gewünschten Interessengebieten.

-	Im Verkehrswesen ist die private Wegefinanzierung auf den ersten Blick kaum praktikabel, weil je nach Eigentumsrechten Wegebenutzungsgebühren fällig werden können. Das gilt insbesondere dort, wo es der strategische Besitz von Zuwegungen zu wichtigen Einrichtungen erlaubt, sich deren Nutzung entsprechen honorieren zu lassen.

Für das Verkehrswesen gibt es eine interessante Finanzierungsvariante. Dabei tritt der Staat als oberster Bauherr auf. Das Errichtungsmanagement überlässt er eventuell privaten Unternehmen, sofern die effektiver arbeiten als der Staat.

Wenn Unternehmen nicht nur das Errichtungsmanagement, sondern auch das Betreibermanagement für staatliche Einrichtungen überlassen wird, können sie eine entsprechende Rendite kalkulieren. Das geschieht u. a. in folgenden Zusammenhängen. Geldanleger sind u. a. diejenigen, denen relativ hohe Einkommen das Sparen ermöglicht. Wenn den realwirtschaftlichen Kreisläufen gespartes Geld entzogen wird, kann dadurch das Schwächeln der Realwirtschaft gefördert werden. In einer schwächelnden Realwirtschaft sind von Investoren gewünschte Renditen nicht mehr leicht zu erwirtschaften. In der Folge leihen die Anleger dem Staat Geld, damit der Staatsverschuldung finanzieren kann. Wenn der Staat diese nicht mehr weiter fortsetzen kann oder will, versucht er, Aufgaben auszulagern, indem er z. B. verbundene Teilaktivitäten wie Errichtungsmanagement und Betriebsmanagement im

Verkehrswesen an private Träger übergibt. Diese können dann ihre Ersparnisse dort anlegen und sich so die Rendite sichern.

Die Rückzahlung privat investierten Geldes und die Erbringung der Rendite obliegt dann später den folgenden Generationen. Die haben aber eventuell gleichzeitig mit den Folgen einer schwächelnden Realwirtschaft zu tun, die ihr die vorhergehende Generation ggf. auch hinterlassen hat.

Nun könnte man den Anspruch erheben, dass ein privat finanziertes Verkehrswesen Teil einer Wettbewerbswirtschaft sein müsste. Für viele Orte gibt es aber kaum Wettbewerb um die Erhebung von Benutzungsgebühren im Rahmen von Betreibermanagement. Sobald mangelhafter Wettbewerb zu Missbrauch einlädt, ist die Privatisierung solcher Investitionsbereiche logischerweise nur eingeschränkt sinnvoll.

Die Privatisierung staatlicher Aufgaben als Maßnahme gegen stockendes quantitatives realwirtschaftliches Wachstum hat also offensichtlich Grenzen. Also müssen weitere Überlegungen angestellt werden, um Alternativen zur Staatsverschuldung als Mittel zur Belebung einer schwächelnden quantitativen Realwirtschaft zu finden.

G 5.3.3   Ergänzung der Realwirtschaft durch Spekulation

Zunächst werden Funktionen des Geldes in der Realwirtschaft beschrieben, um dann die Spekulation mit Geld zu betrachten.

In der Realwirtschaft gibt es zwei wesentliche Gruppen von Gütern. Das sind Konsumgüter und Investitionsgüter. Um Güter verkaufen und kaufen zu können, bedarf es des Geldes, wenn man nicht Güter gegen Güter tauschen will. Bei Güterverkäufen kann Geld eingenommen werden und bei Gütererwerbungen kann

Geld zur Bezahlung verwendet werden. Geld dient als ein allgemein gültiges Tauschmittel.

Geld dient aber nicht nur als allgemeingültiges Tauschmittel. Es dient auch zur Zwischenlagerung, wenn z. B. Güter verkauft werden und später andere Güter gekauft werden. Geld bedient weitergehend auch längerfristige Aspekte. Man kann es sparen, um damit später größere Anschaffungen machen zu können. Man kann es auch als Kredit vergeben oder aufnehmen. Kreditvergabe erfolgt meistens gegen Zahlung von Zinsen die von Seiten des Kreditnehmers zu zahlen sind. Kredite können für Unternehmen die vorzeitige Nutzung von Marktchancen ermöglichen. Konsumenten können sich per Kredit Wünsche vorzeitig erfüllen.

Geldtransaktionen, Sparvorgänge oder Kreditvorgänge werden oft von Banken durchgeführt. Es ist deren Aufgabe, Aktionen mit Geld durchzuführen. Banken bedienen z. B. die Schnittstelle zwischen privaten Menschen als Geldanleger und Unternehmen, die Geld für Investitionen benötigen oder auch für die Abwicklung von Warengeschäften. Banken bedienen aber auch Finanzangelegenheiten zwischen privaten Menschen.

Geld stellt im Zusammenspiel mit Gütern wesentliche Bestandteile der Realwirtschaft dar. Güterverkauf und dessen Bezahlung sowie Gütererwerb und dessen Bezahlung bilden realwirtschaftliche Kreisläufe. Es handelt sich um Güter sowohl aus dem Konsumbereich als auch aus dem Investitionsbereich. Die Kreisläufe sind vernetzt und bilden ein realwirtschaftliches Netzwerk.

In Zeiten ausreichenden quantitativen realwirtschaftlichen Wachstums können definitionsgemäß fast alle beteiligten Menschen realwirtschaftlich erzeugte Wachstumserfolge erhalten, um Wünsche nach Überleben, Komfort oder Status zu befriedigen.

Der Wunsch, Wachstumserfolge fortlaufend zu erhalten, besteht bei fast allen Beteiligten. Das gilt auch, wenn Menschen mit entsprechenden Einkommen Geld sparen, und dieses Geld bei schwächelndem quantitativem realwirtschaftlichem Wachstum in der Realwirtschaft nicht für Investitionen benötigt wird und wenn dieses Geld auch nicht in realwirtschaftliche Kreisläufe eingebracht wird. Das gesparte Geld kann dann zwar noch für die Alterssicherung oder die Zukunftssicherung zukünftiger Generationen vorgehalten werden, harrt aber des zwischenzeitlichen Einsatzes. In solchen Fällen wird gespartes Geld also den realwirtschaftlichen Kreisläufen durch Sparen entzogen und schwächt diese, während weiterhin von fast allen Beteiligten Wachstumserfolge gewünscht werden, ohne diese ausreichend zu erwirtschaften.

Die Sparer haben offensichtlich trotzdem wohl kaum Interesse daran, dass der Staat ihnen bei schwächelnden realwirtschaftlichen Kreisläufen gespartes Geld entzieht, um es nach Umverteilung an ärmere Menschen durch diese schnell wieder den realwirtschaftlichen Kreisläufen zuführen zu lassen und damit weitere Wachstumserfolge für alle Beteiligten zu ermöglichen und so das Schwächeln der quantitativen Realwirtschaft zu bekämpfen.

Die Umverteilung gesparten Geldes zwecks baldigen Konsums und Erzielung von Wachstumserfolgen für alle Beteiligten würde bedeuten, dass die abgebenden Menschen das abgegebene Geld nicht für die eigene Zukunftssicherung sparen können. Sie müssten darauf vertrauen, dass zukünftige junge Generationen genauso agieren würden wie sie selbst, indem diese ihre Ersparnisse in realwirtschaftliche Kreisläufe einleiten, um in der Zukunft Wachstumserfolge für die Versorgung der zwischenzeitlich alt gewordenen Generation zu ermöglichen.

Die Menschen, die mit der Abgabe einer ausreichenden Menge gesparten Geldes zwecks Realisierung eines fortlaufenden Wachstums einverstanden wären, müssten darauf vertrauen,

　　　　　　　　　　　　　　　　　　　　　10.04.2023

dass alle zukünftigen Menschen diesem Prinzip treu bleiben. Dieser Logik folgend, könnten die das Geld Abgebenden der einen Generation damit rechnen, dass sie von der folgenden Generation und deren Wachstumserfolgen profitieren könnten. Diese Vertrauensbereitschaft ist offensichtlich nicht hinreichend gegeben. Vielmehr nutzen Menschen mit größeren Sparmöglichkeiten ihre Chancen, ihr Geld dem Staat zu leihen, damit der Kredite aufnehmen und Staatsverschuldung betreiben kann, um so eine schwächelnde quantitative Realwirtschaft in Schwung zu bringen. Wenn die Staatsverschuldung ihre Grenzen erreicht, besteht von Menschen mit größeren Sparmöglichkeiten trotzdem weiterhin der Wunsch, gute Renditen zu erreichen, wie diese aus Zeiten ausreichenden quantitativen Wachstums oder auch gut verzinster Staatsverschuldung bekannt sind.

Für solche Menschen besteht der weitergehende Anreiz, mit Geld neues zusätzliches Geld zu verdienen. Das scheint auf den ersten Blick möglich zu sein, indem Spekulation realisiert wird.

-       Der Weg zur Spekulation mit Hilfe des Einsatzes von Geld
Wenn Geld in der Realwirtschaft über den Konsum hinaus eingesetzt wird, soll damit meistens Rendite erzielt werden. Es soll also zusätzliches Geld verdient werden, um damit Inflation zu kompensieren oder auch zusätzlich Konsum, Investitionen oder Sparen zu ermöglichen.

Unternehmen bringen realisierten Gewinn oft selbst wieder in realwirtschaftliche Kreisläufe ein, indem sie ihn investieren.

Den Einsatz des Geldes privater Sparer können Banken organisieren, indem sie Kredite an Unternehmen vergeben.

Menschen, die privat Geld gespart haben, können dieses den Unternehmen aber auch direkt zur Verfügung stellen, indem sie Anteile von ihnen erwerben. Dafür können sie Rendite erhalten und so an Wachstumserfolgen teilhaben.

Unternehmen werden für die verschiedenen Geldanleger attraktiv, indem sie möglichst hohe Renditen zahlen. Somit unterliegen sie dem Sachzwang, möglichst rentabel zu arbeiten, um eine attraktive Rendite zu ermöglichen und um dadurch das Geld der Anleger für Investitionen in ihr Unternehmen zu erhalten.

Eine solche Ausrichtung verlangt z. B, dass Unternehmen unrentable Produkte möglichst nicht mehr herstellen, unrentable Unternehmensteile schließen oder unrentable Produktion in Billiglohnländer auslagern. Diese Entwicklung wird in erster Linie durch eine zunehmend verbesserte Informationstechnologie ermöglicht. Das damit realisierbare Controlling gestattet eine zunehmend bessere Kostenzuordnung zu den Produkten und deren Selektion bezüglich der Rentabilität.

Wenn Anteilscheine wegen gezahlter Rendite begehrt sind, steigt ihr Kurs. In der Folge wird der Kauf von Anteilscheinen nicht nur durch die erwartete Rendite beeinflusst, sondern auch durch die realisierte oder auch erwartete Kursentwicklung.

Kursentwicklungen hängen nicht nur von Dividendenzahlungen ab. Insbesondere Kurserhöhungen werden wohl auch im Zusammenspiel mit der Frequenz angesteuert, mit der Anteilsscheine gehandelt werden. Anteilsscheine werden in diesem Zusammenhang oft nur gekauft, um kleinste Kursgewinne zu provozieren. Sobald diese eintreten, werden Anteilsscheine schnellstens wieder verkauft - von anderen Marktteilnehmern aber auch gekauft. Durch den schnellen Handel mit Anteilen wird immer wieder der Eindruck von Begehrtheit verursacht. Die wahrgenommene Begehrtheit kann dann wieder Kaufanreize antreiben und die können wieder die Begehrtheit steigern. Solche Vorgänge verführen wohl dazu, mit vorhandenem Geld mit einer gewissen Wahrscheinlichkeit immer wieder neue Kursgewinne und somit zusätzliches Geld erhalten zu können. Die Zahlung von Rendite durch die Realwirtschaft scheint dann von minderer Bedeutung zu sein.

10.04.2023

Es darf vermutet werden, dass Kurse ab einem gewissen Punkt ihrer Entwicklung schwerpunktmäßig nicht mehr das Resultat von realwirtschaftlich begründeten Renditeerwartungen sind. Vielmehr sind Kursentwicklungen wohl auch das Ergebnis von kurzzeitig provozierter Knappheit von Anteilscheinen, um so Spekulationsgewinne zu ermöglichen.

Neben der Realwirtschaft, in der Geld zum Kaufen und Verkaufen von Gütern sowie zum Sparen und Verleihen benötigt wird, gibt es also einen spekulativ-finanzwirtschaftlichen Zweig. In ihm wird Geld primär zu spekulativen Zwecken bewegt, um so zusätzliches Geld zu erhalten.

Für spekulative Zwecke wird logischerweise nicht nur gespartes Geld eingesetzt. Es werden auch Kredite verwendet. Das scheint insbesondere bei schwächelndem quantitativem realwirtschaftlichem Wachstum nahe zu liegen. Wenn dann die Zinsen für geliehenes Geld niedrig sind, sollen dadurch Anreize zur Kreditaufnahme gegeben werden. Durch die Kredite sollen Konsum, Investitionen, quantitatives realwirtschaftliches Wachstum und dadurch die Zufriedenheit möglichst aller Mitglieder der Gesellschaft gefördert werden. Bei schwächelndem quantitativem realwirtschaftlichem Wachstum wird für geringe Zinsen angebotenes Geld logischerweise weniger für realwirtschaftliche Zwecke eingesetzt, sondern wohl eher für spekulative Zwecke. So versuchen Menschen mit Hilfe von Spekulation mit geliehenem Geld mehr zusätzliches Geld zu erhalten, als für die Begleichung der Zinsen für das Leihen erforderlich ist. Die Vorgehensweise besteht darin, dass durch Geldbewegungen rein finanzwirtschaftliches Marktgeschehen provoziert wird. Eine hohe Frequenz von Geldbewegungen simuliert Knappheit und die lässt den Eindruck von Begehrtheit entstehen und den Kaufanreiz für Anteilscheine, um so deren Handelswert zu steigern und Kursgewinne zu realisieren.

In Zeiten mangelnden quantitativen realwirtschaftlichen Wachstums, in denen Renditen weniger durch den Einsatz von Geld für

Investitionen in die Realwirtschaft oder auch in die Staatsverschuldung zu erzielen sind, gibt es also den Anreiz, Geld mit Hilfe von Spekulation zu verdienen. Damit sollen die Zahlen für die eingesetzte Geldmenge vergrößert werden, ohne dass realwirtschaftliche Güter für Konsum oder für Investitionen bewegt werden müssen.

Spekulationserfolge können insbesondere von Menschen mit höheren Einkommen, Ersparnissen und Vermögen realisiert werden. Sie können zusätzlich Sicherheiten für Kreditaufnahme bieten. Solche Menschen haben mit Hilfe des von ihnen einsetzbaren Geldes auch Potenziale zum Gewinnen strategischer Spiele im rein finanzwirtschaftlichen Bereich. Durch Spekulation kann Polarisierung im gesellschaftlichen Bereich zunehmen.

Wenn eine kritische Anzahl von spekulierenden Geldanlegern den Eindruck zu haben scheint, dass ihre Spekulationserfolge nicht ausreichend sind, zeigt sich das vermutlich daran, dass sie Anteilscheine verkaufen. Zunehmender Verkauf von Anteilscheinen lässt den Eindruck der Knappheit der Anteilscheine schwinden und deren Kurs sinken. Wenn der Verkaufswert der Anteilscheine geringer wird als der Einkaufswert, bedeutet das einen realisierten Wertverlust für die Investoren,

Zusammengefasst zeigt sich, dass eine reine Realwirtschaft eine Ergänzung durch eine partiell spekulativ orientierte Finanzwirtschaft mit sich bringen kann.

In diesem Zusammenhang auftretender finanzieller Erfolg in Form von Rendite bezeugt, dass die Realwirtschaft angemessene Wachstumserfolge vorweisen kann. Das resultierende Steigen der Kurse der Anteilscheine ist dann ein Ausdruck für die realisierte Rendite.

Sobald Kurserfolge nicht nur aufgrund guter Rendite entstehen, sondern wesentlich mit Hilfe spekulativen Handels erzeugt wer-

                                                                10.04.2023

den, besteht zunehmend die Möglichkeit, dass die Spekulations-
entwicklung ab einem gewissen Punkt in Richtung Kursabnahme
führen kann sowie zu Verlusten für die spekulierenden Investoren. Hier zeigt sich in erster Annäherung eine Grenze, unter Ren-
tabilitätsgesichtspunkten in einer spekulativ orientierten Finanzwirtschaft längerfristig und beständig erfolgreich sein zu können.

Wegen der Wirkung rein finanzwirtschaftlicher Spekulation gilt es,
über weitere Alternativen für das Antreiben quantitativen realwirtschaftlichen Wachstums nachzudenken, um mit Hilfe von Wachstumserfolgen die Zufriedenheit der beteiligten Menschen zu fördern und so die staatliche Stabilität zu stützen.

G 5.3.4 Trennung der wirtschaftlichen Kreisläufe in realwirtschaftliche und rein spekulativ - finanzwirtschaftliche Kreisläufe

Zwecks Generierung von Spekulationserfolgen wird offensichtlich oft versucht, eher nur kleine Kurserfolge zu realisieren. Das
geschieht dann durch fortlaufendes Kaufen und Verkaufen von
Anteilen an Unternehmen. So soll vermutlich die Illusion von Begehrtheit von Anteilscheinen erzeugt werden, um immer wieder
neue kleine Kurserhöhungen zu provozieren.

Im Zusammenspiel mit dem Phänomen der Kurserhöhungen
durch hohe Handelsfrequenz wird der Handel mit Anteilscheinen
offensichtlich auch von Vermutungen, Erwartungen und Visionen
bezüglich der Unternehmen begleitet, zu denen die Anteilscheine
gehören.

Auf hoher Handelsfrequenz, Vermutungen, Erwartungen und Visionen basierender Handel mit Anteilscheinen von Unternehmen
ist für manche Menschen Inhalt ihres spekulativen Tuns. Diese
Menschen sind so charakterisierbar, dass sie weniger Wert auf
ausreichende Ausschüttungen durch Unternehmen legen, womit

diese beweisen könnten, dass sie realwirtschaftlich effektiv mit dem zur Verfügung gestellten Geld umgehen können. Diese Menschen geben sich im Vorfeld von Ausschüttungen der Spekulation zwecks Realisierung von Kursgewinnen hin.

Wenn der spekulative Einsatz von Geld zwecks Erreichung von Kursgewinnen zunächst erfolgreich ist, besteht die Möglichkeit, dass ab einem gewissen Punkt der rein spekulativ – finanzwirtschaftlichen Entwicklung der Erfolg ausbleibt. Sobald dann Menschen Zweifel an der Möglichkeit bekommen, durch den Kauf und Verkauf von Anteilsscheinen fortlaufend Kurserhöhung realisieren zu können und diese Menschen durch den Verkauf von Anteilscheinen auch Zweifel anderer Besitzer von Anteilscheinen nähren, kann eine Verkaufslawine ausgelöst werden. Damit kann dann die Illusion bezüglich der Begehrtheit der Anteilscheine und deren Kurserhöhung wie eine Blase platzen.

Wenn der Erfolg spekulativen Handels einbricht, haben manche Menschen vielleicht kurz vorher gespartes Geld zum Zwecke des Erzielens von Kurgewinnen spekulativ angelegt. Wenn der Kurswert dann stark fällt, können solche Anteile an Unternehmen bei Verkaufsbedarf nur noch zu einem entsprechend geringeren Wert verkauft werden. Für den Fall, dass dann der Verkauf von Anteilscheinen erforderlich wird, weil z, B. Geldbedarf gedeckt werden muss oder weil ein Kurssturz unumkehrbar erscheint, ist ein entsprechender Wertverlust fällig. Die Differenz von Einkaufswert und Verkaufswert ist realisierter Wertverlust. Vor dem Verlust hätten für diese Werte quantitative Güter gekauft werden können. Falls viele Menschen Teil einer solchen Entwicklung werden, können große Werte spekulativer Geldeinsätze vernichtet werden.

Um dem Platzen einer Finanzblase zuvor zu kommen, können bei vermuteten Vorstadien des Platzens einer Finanzblase ggf. viele Menschen versuchen, ihr eingesetztes Geld ausbezahlt zu bekommen. Sofern das Geld in realwirtschaftlichen Kreisläufen nicht von spekulativen Geldkreisläufen getrennt ist, können zusätzlich zu den Geldmitteln aus spekulativen Kreisläufen auch die aus den realwirtschaftlichen Kreisläufen zur Auszahlung herangezogen werden. Die Menschen, die ihr Geld nur realwirtschaftlich einsetzen und nicht zu spekulativen Zwecken, müssten damit rechnen, dass auch ihr Geld solange zur Auszahlung gelangt, bis ihre Bank gegebenenfalls zahlungsunfähig wird. Diese Menschen haben mit ihrem Geld also für Menschen einzuspringen, die durch Spekulation mit ihrem Geld neues Geld erlangen wollen. Die Menschen mit primär realwirtschaftlich orientierten Geldeinsätzen werden laut dieser Logik offensichtlich von den Menschen als potenziell Haftende in ihre Überlegungen einbezogen, die spekulative Geldeinsätze tätigen.

Wenn realwirtschaftlich und spekulativ eingesetztes Geld bei den Banken haftungsmäßig nicht getrennt ist, kann sich der Staat dazu gezwungen sehen, zu versuchen, Zahlungsunfähigkeit von Banken auch zu Gunsten derjenigen zu verhindern, die spekulative Geldeinsätze betreiben, um so eventuell die Zahlungsfähigkeit im Rahmen der Realwirtschaft zu gewährleisten.

Aus diesen Überlegungen leitet sich die Forderung ab, dass realwirtschaftlich und spekulativ eingesetztes Geld bei den Banken haftungsmäßig getrennt sein sollte. Durch die Trennung sollen Menschen, die ihr Geld nicht zu spekulativen Zwecken einsetzen, vor Einwirkungen durch spekulativ orientierte Handlungen geschützt werden. Für den Staat gäbe es dann keinen Anlass, sich für eine Bankenrettung zum Zwecke der Rettung der spekulativ orientierten Finanzwirtschaft heranziehen zu lassen.

Vor diesem Hintergrund wird das Interesse der spekulativ agierenden Menschen an der Nichttrennung von realwirtschaftlichen und spekulativen Geldmitteln deutlich.

G 5.3.5 Der Zeitaspekt beim spekulativen Handel

Um systemgefährdende Wirkungen finanzwirtschaftlicher Spekulation einzuschränken, können neben der Trennung realwirtschaftlicher und spekulativ-finanzwirtschaftlicher Kreisläufe auch Zeitregulierungen eingebaut werden. Das kann dadurch geschehen, dass der Verkauf von Anteilscheinen erst nach einer festgelegten Zeit nach deren Erwerb erlaubt wird. Damit ist es möglich, dass das eigendynamische und lawinenartige Entstehen von Kursgewinnen und insbesondere auch von Kursverlusten verlangsamt, kontrollierbarer und der Intervention zugänglicher wird.

In diesen Zusammenhängen ist es wichtig, den Zeitraum des Verbots des Handels mit Anteilscheinen zwischen deren Erwerb und Verkauf angemessen zu gestalten. Einflüsse der Handelsfrequenz auf Kursänderungen sollten insoweit verringert werden, dass systemzerstörend schnelle Kursänderungen hinreichend begrenzt werden.

Dabei ist zu berücksichtigen, dass die Erreichung kurzfristiger Spekulationserfolge oft mit Hilfe von in Computerprogrammen festgelegten Algorithmen angestrebt wird. Wenn es eine Zeit des Handelsverbots mit erworbenen Anteilscheinen gibt, müssen logischerweise auch die Algorithmen angepasst werden.

G 5.3.6 Spekulation – von der Minderheitsmeinung zur Mehrheitsmeinung

Für spekulativ-finanzwirtschaftliche Aktivitäten könnte neben der zeitlich begrenzten Handelssperre ein weiterer Zeitraum eine Rolle spielen. Das ist der Zeitraum, in dem sich eventuell die gesellschaftliche Akzeptanz von finanzwirtschaftlicher Spekulation mit ihren negativen Begleiterscheinungen vermindert und sich eine Distanz zu spekulativen finanzwirtschaftlichen Geldanlagen entwickelt. Dieser Gedanke sei wie folgt erläutert

Beim Spielen gibt es Gewinner und Verlierer. Das gilt auch für den spekulativen Handel auf Finanzmärkten. Dabei gibt es wesentliche Chancen zum Verlieren. Es drängt sich die Frage auf, inwieweit eine maßgebliche Anzahl spekulativ aktiver Menschen daraus eventuell Konsequenzen für ihr Verhalten zieht und es vielleicht sogar ändert.

G 5.3.7   Besteuerung spekulativen Handels

Neben der Trennung realwirtschaftlicher und rein spekulativ-finanzwirtschaftlicher Kreisläufe bzw. der Einführung einer Mindestzeit zwischen Kauf und Verkauf von Anteilen an Unternehmen kann der spekulative Geldeinsatz beeinflusst werden, indem man von der Handelsfrequenz bzw. der Besitzzeit abhängige Steuern auf Spekulationserfolge erhebt.

Die Besteuerung von Spekulationserfolgen könnte wie mit einer Stellschraube justierbar eingerichtet werden, indem der Promillesatz der Besteuerung mit zunehmender Handelsfrequenz bzw. abnehmender Besitzzeit zunimmt, um den spekulativen Anreiz angemessen zu reduzieren. Die erhobenen Steuern können sinnvollerweise für folgende Zwecke eingesetzt werden:
-    Abbau von Staatsverschuldung. In Zeiten geringer oder sogar negativer Zinssätze für die kreditfinanzierte Staatsverschuldung erscheint deren Abbau zunächst weniger attraktiv. Da zukünftig höhere Zinsen möglich oder sogar sinnvoll sein können, ist es ratsam, Staatsverschuldung vorsorglich zu reduzieren.
-    Ausgaben für Umweltschutz. Diese könnten schnell wieder in realwirtschaftliche Kreisläufe einfließen.
-    Unterstützung von Menschen mit zu geringen Löhnen und Gehältern.
-    Förderung von Exportmöglichkeiten für Länder mit zu großer Zinslast aufgrund von Leistungsbilanzunterdeckung,

weil diese Länder eine internationale Spannungsquelle sein können.

G 5.4   Mehr gleiche und weniger prozentuale Erhöhung von Löhnen und Gehältern

Löhne und Gehälter werden meistens prozentual erhöht. Dadurch erhalten Menschen mit höherem Einkommen einen höheren Zuschlag als Menschen mit geringerem Einkommen Die Einkommensbeträge entwickeln sich auseinander.

Menschen mit höheren Löhnen und Gehältern erhalten zunehmend Geld, welches sie sparen können, z. B. für den Kauf eines Autos, den Bau eines Hauses, den Aufbau einer Altersversorgung oder die Startabsicherung von Kindern.

Bevor Sparer ihr Geld für einen der beispielhaften Zwecke benötigen, können sie es je nach Bedarf für industrielle Investitionen, die Finanzierung von Staatsverschuldung oder auch spekulative Geldanlagen zur Verfügung stellen.

Wenn Einkommenserhöhungen jedoch zu einem größeren Anteil den Menschen mit geringeren Löhnen und Gehältern zufließen würden, könnten diese Einkommensanteile schnell wieder in den konsumtiven Kreislauf eingebracht werden, weil ärmere Menschen eine Menge offener aktueller Wünsche haben.

Wenn dadurch die realwirtschaftlichen Kreisläufe permanent auf ausreichendem Wachstumskurs bleiben könnten, würden mehr Menschen an Wachstumserfolgen teilhaben können.

Um die Verstetigung quantitativen realwirtschaftlichen Wachstums zu erreichen, müsste die Steigerung von Löhnen und Gehältern in erforderlichem Umfang in Form gleicher Beträge und weniger prozentual erfolgen.

      10.04.2023

Wenn man gesellschaftliche Polarisierung angemessen beschränken will, müsste die für die Zunahme von Löhnen und Gehältern zur Verfügung stehende Geldmenge im erforderlichen Umfang zu gleichen Beträgen auf die Beteiligten aufgeteilt werden. Weiterhin wäre es vermutlich sinnvoll, über eine anteilige prozentuale Erhöhung von Einkommen ein angemessenes realwirtschaftliches Potential für Investitionen zu ermöglichen.

G 5.5 Besteuerung von Gelderträgen

Es erscheint kaum möglich, eine Realwirtschaft auf geplante Ziele auszurichten. Vielmehr sollte sie sich weitgehend eigendynamisch entwickeln können, angetrieben durch Wünsche zum Überleben, nach Komfort, nach Status usw. Wenn sich dabei aber eine existenziell zerstörerisch wirkende gesellschaftliche Polarisierung anbahnt, ist es angebracht, ab einem gewissen Grad der Polarisierung über Möglichkeiten ihrer Beeinflussung nachzudenken. Dazu werden Ideen aufgezeigt.

Gesellschaftliche Polarisierung entspringt im Zentrum der Marktwirtschaft, dem Wettbewerb. Der ist der Antrieb für ein Verhalten, welches fortlaufend nach mehr quantitativen Gütern strebt, für das Überleben, für Komfort, Status, usw. Dabei sind Automatisierung und Rationalisierung Verstärkungsfaktoren für die Erfüllung von immer mehr Wünschen. Eine solche Entwicklung kann verschiedene Varianten der Polarisierung hervorbringen.

- Polarisierung im Bereich bezahlter Arbeit
In einem ersten Schritt führen Automatisierung und Rationalisierung dazu, dass zu ihrer Realisierung Arbeitskräfte benötigt werden, die im Bereich der Güterherstellung für den Konsum überflüssig werden.

Mit zunehmender Automatisierung und Rationalisierung werden dann Arbeitskräfte frei, die nicht mehr für die Konsumgüterherstellung und auch nicht mehr für die Investitionsgüterherstellung im Bereich der Automatisierung und Rationalisierung benötigt werden. Das sind oft Menschen, die veränderten Qualifikationsanforderungen nicht mehr genügen. Diese Menschen werden dann bei zunehmender Anzahl oft nur noch gering bezahlt oder sie werden arbeitslos.

Auf der anderen Seite nimmt der Bedarf an gut bezahlten Arbeitskräften zu, sofern diese Menschen z. B. für die Realisierung von Automatisierung und Rationalisierung geeignet sind.

-        Polarisierung im Bereich der Einkommen
Wenn ein Teil der Bevölkerung tendenziell geringere Löhne oder Gehälter erhält, sinkt tendenziell auch dessen Kaufkraft. Neben einem solchen Teil der Bevölkerung gibt es aber auch einen anderen, der höhere Einkommen erhält und der einen Teil davon sparen kann und diesen damit zumindest teilweise der Realisierung von Kaufkraft entzieht. Die Kaufkraft wird tendenziell schwächer und die Einkommen werden polarisiert.

Die Menschen mit höheren Einkommen können ihr Geld in Zeiten mit zunehmend schwächelnder Realwirtschaft oft nicht mehr lohnend für Investitionen in der Realwirtschaft einsetzen. Stattdessen können sie es dem Staat leihen, der damit Staatsverschuldung betreiben kann, um so eventuell das stockende quantitative realwirtschaftliche Wachstum in Gang zu halten oder zu bringen.

Wenn die Wirksamkeit der Staatsverschuldung an ihre Grenzen kommt, nutzen Menschen mit höheren Einkommen ihr Geld auch für spekulative Zwecke, um so zusätzliches Geld zu erhalten.

Die Menschen mit relativ hohen Einkommen und Sparmöglichkeiten können mit Hilfe beschriebener Aktivitäten und dadurch erhaltener Rendite, Verzinsung oder Spekulationsgewinne ihre Ein-

                                                                 10.04.2023

kommen steigern, auch wenn das Einkommen anderer Bevölkerungsschichten relativ abnimmt und das quantitative realwirtschaftliche Wachstum schwächelt. So kann die Polarisierung im Bereich der Einkommen voranschreiten.

-       Polarisierung im Bereich der Geldvermögen
Polarisierung im Bereich der Realwirtschaft bringt einerseits Menschen mit geringen Einkommen und geringen Möglichkeiten der Bildung von Geldvermögen hervor. Da sind andererseits die Menschen mit höheren Einkommen, die Geldvermögen bilden und dieses durch Verzinsung, Rendite und Spekulationsgewinne vermehren können.

Wenn verstärkend zu beschriebenen Polarisierungsvorgängen die zur Verteilung bereitstehenden Wachstumserfolge primär asymmetrisch verteilt werden, kann sich das im Laufe der Zeit in einer schwächelnden Realwirtschaft und in abnehmender gesellschaftlicher Zufriedenheit niederschlagen.

Um bei schwächelnder Realwirtschaft einer gesellschaftlichen Unzufriedenheit entgegenzuwirken, könnten insbesondere Gelderträge besteuert werden, die durch rein spekulative finanzwirtschaftliche Aktivitäten erzielt wurden.

Die Besteuerung müssten so angelegt sein, dass die Menschen aus dem nicht realwirtschaftlichen Bereich bei höheren Spekulationsgewinnen einen höheren Beitrag leisten müssten als die Menschen mit geringeren Spekulationsgewinnen.

Es empfiehlt sich, die Besteuerung auf geringem Niveau zu starten und sie wie eine Stellschraube zur Begrenzung der gesellschaftlichen Polarisierung zu handhaben, die durch finanzwirtschaftliche Spekulation angetrieben wird.

Dann müsste die Wirkung der Besteuerung beobachtet werden, um diese in die Überlegungen zur optimalen Besteuerung zwecks Begrenzung gesellschaftlicher Polarisierung einzubeziehen.

Das eingenommene Geld müsste über geeignete Kanäle den realwirtschaftlichen Kreisläufen schnell wieder zugeführt werden können.

H   Minderung gesellschaftlicher bzw. globaler Polarisierung durch korrigierendes quantitatives realwirtschaftliches Wachstum im Zusammenspiel mit der Verbrauchsminderung bei Ressourcen – insbesondere der Umwelt

Es gilt zwei zentrale Aspekte zusammenzuführen. Da ist erstens ausreichendes quantitatives realwirtschaftliches Wachstum zwecks Erzielung gesellschaftlicher und globaler Zufriedenheit. Der zweite Aspekt betrifft die Schonung von Ressourcen - speziell der Umwelt - zwecks globalen Überlebens.

Es wird unterstellt, dass Menschen ihre Wünsche zum Überleben, nach Komfort und nach Status offensichtlich durch den Erhalt von Wachstumserfolgen zunehmend erfüllen wollen. Um die Wachstumserfolge fortlaufend verteilen zu können, ist permanentes quantitatives realwirtschaftliches Wachstum erforderlich.

Es ist beobachtbar, dass quantitatives realwirtschaftliches Wachstum durch Automatisierung und Rationalisierung angetrieben wird. Diese Entwicklung bringt insbesondere in Zusammenspiel mit asymmetrischer Verteilung der Wachstumserfolge gesellschaftliche Polarisierung mit sich. Diese betrifft:
- die Arbeit - es gibt Menschen ohne Arbeit und mit Arbeit
- Einkommen - es gibt Menschen mit geringen Einkommen und solche mit hohen Einkommen
- Geldvermögen - es gibt Menschen ohne Geldvermögen und solche mit unterschiedlich großem Geldvermögen. Geldvermögen entsteht u. a. durch die Ansammlung von Ersparnissen, Zinsen, Renditen und Kursgewinnen.

Das Entstehen gesellschaftlicher Polarisierung kann beispielhaft so erklärt werden, dass manche Menschen abnehmend viel Geld erhalten. Dadurch wird die Kaufkraft geschwächt. Kaufkraftschwächung geschieht auch durch das Sparen reicher Menschen. So kann dem konsumtiven Kreislauf als Teil der realwirtschaftlichen Kreisläufe Geld entzogen werden. Die realwirtschaftlichen Kreisläufe können ins Schwächeln geraten. Dem kann durch Besteuerung und Umverteilung entgegengewirkt werden.

- Die Umverteilung kann präventiv erfolgen, indem Löhne und Gehälter zu einem großen Anteil um einen gleichen Betrag erhöht werden. Parallel dazu bliebe dann noch eine reduzierte Menge polarisierungsfördernder prozentual verteilter Erhöhungen.

- Das fehlende Geld kann von den reicheren Menschen hin zu den ärmeren Menschen umverteilt werden, die das erhaltene Geld wahrscheinlich schnell wieder wachstumsfördernd ausgeben, indem sie es den realwirtschaftlichen Kreisläufen und insbesondere dem konsumtiven Kreislauf zuführen.

- Die Umverteilung kann durch Besteuerung von Einkommen, Renditen, Zinsen oder Spekulationsgewinnen auch reaktiv erfolgen. Die Besteuerung sollte bei zunehmender Höhe der Einkünfte ebenfalls zunehmen. Die Umverteilung sollte nur so hoch sein, dass sie die realwirtschaftlichen Kreisläufe nicht durch Entzug von Mitteln schwächt, die für Investitionen erforderlich sind.

Es erscheint ratsam, die Erhöhungen der Umverteilung und der Besteuerung in ganz kleinen Schritten vorzunehmen, um so die realwirtschaftliche Reaktion in Form quantitativen realwirtschaftlichen Wachstums regeln zu können. So kann die Realwirtschaft an zentralen Stellschrauben beeinflusst werden.

Die Verteilung des durch Umverteilung und Besteuerung eingenommenen Geldes sollte so erfolgen, dass gesellschaftliche und globale Polarisierung abnehmen. Dazu gehört der Abbau von Staatsverschuldung, Stärkung des Konsums durch Erhöhung geringer Einkommen und Abbau von Leistungsbilanzunterdeckung in betreffenden Ländern.

Wenn durch Umverteilung permanentes quantitatives realwirtschaftliches Wachstum ermöglicht wird, bedeutet das einen entsprechend zunehmenden Bedarf an Energie, Rohstoffen und Umwelt. Deshalb ist es wichtig, dass eine zunehmende Realwirtschaft durch den Einsatz von erneuerbarer Energie, Recycling und Umweltschutz nachhaltig wird.

Investitionen in eine nachhaltige Realwirtschaft können u. a. von folgenden Gruppen vorgenommen werden:
- Individuen, die ihre Ersparnisse nicht spekulativ-finanzwirtschaftlichen Kreisläufen anvertrauen wollen, sondern die sich an der Realwirtschaft orientieren
- Finanzunternehmen, die Sparerträge von den Menschen einsammeln, die sich nicht spekulativ betätigen
- Versicherungen, die Umweltschäden bezahlen müssen und die deshalb präventiv nachhaltige Investitionen tätigen
- Unternehmen, die Erträge aus Ressourcen wie Erdöl oder Erdgas einsammeln und dann nachhaltig investieren

Investitionen in realwirtschaftliche Kreisläufe sollen also nachhaltig erfolgen. Das geschieht am Besten in Ländern mit mittlerem Lohnniveau und hohen Potenzialen erneuerbarer Energie. Unbedingt notwendig ist das Zusammenspiel mit rentablem Recycling, welches der Umwelterhaltung und der Ressourcensicherung dient. Die Rentabilität des Recyclings wird durch das angepasste mittlere Lohnniveau gestützt Vor diesem Hintergrund bietet es sich an, die passende Produktherstellung anzugliedern.

Die Staaten, in denen der Einsatz erneuerbarer Energie, umfassendes Recycling und zugehörige passende Produktherstellung bei mittlerem Lohnniveau umfassend nachhaltig möglich sind, sehen sich vermutlich mit Verhinderungsinteressen durch Hochlohnindustriestaaten konfrontiert.

Hochlohnindustrieländer lassen nämlich in Niedrigstlohnländern günstig produzieren, sich von diesen somit indirekt subventionieren und konservieren so globale Polarisierung. Parallel zu dieser

Entwicklung wird das Geld reicher Menschen und reicher Staaten kaum in der Realwirtschaft armer Staaten so investiert, dass dort eine nachhaltige Verbesserung des Wohlstandes ermöglicht würde. So wird in den armen Staaten die Möglichkeit zum Verbrauch an Ressourcen niedrig gehalten und für reiche Menschen und reiche Staaten stehen Ressourcen länger zur Verfügung.

Weitergehend ist Ressourcenverbrauch reicherer Staaten mit Umweltverschmutzung und Schädigung von Klima und Meeren im Gefolge zu betrachten. Die Folgen der Schädigung von Klima und Meeren kann von den reicheren Staaten kaum so gesteuert werden, dass primär die ärmeren Staaten von negativen Auswirkungen getroffen werden. Das kommt daher, dass die Schädigung von Klima und Meeren primär durch die Luft und das Wasser verbreitet wird, also kaum räumliche Grenzen kennt. Bei der durch Schädigung von Luft und Wasser stattfindenden Polarisierung handelt es sich um eine ökologische Variante. Sie spielt sich zwischen zwei Zeitpunkten ab. Zum Zeitpunkt eins gibt es noch genug von den Ressourcen existenziell notwendigen ausreichend guten Klimas und Wassers. Der Zeitpunkt zwei ist dadurch gekennzeichnet, dass eine kritische zeitliche Grenze bezüglich der Schädigung von Luft und Wasser überschritten ist. Diese ökologische Polarisierung tritt nicht als räumlich begrenzte Variante auf, sondern als globale Variante. Die reicheren Staaten können bei dieser Variante der Polarisierung die Benachteiligungen nicht primär auf ärmere Staaten verschieben, wie das bei der Polarisierung in arme und reiche Staaten der möglich ist. Dort kann die Trennung durch Meere, Mauern und Zäune erfolgen

Es wurden beispielhaft zwei Polarisierungsvarianten aufgezeigt. Das ist erstens die realwirtschaftlich getriebene Polarisierung bezüglich vieler Ressourcen und quantitativer Güter. Da ist zweitens die ökologisch getriebene Polarisierung bezüglich zum Verbrauch bereitstehender Umwelt in Form des Klimas und des Wassers.

Jetzt gilt es, Überlegungen zwecks Begrenzung der verschiedenen Varianten realwirtschaftlich und ökologisch getriebener gesellschaftlicher und globaler Polarisierung anzustellen. Zu diesem Zweck werden Informationen und die Informationstechnologie untersucht, weil sie eine zentrale Rolle spielen.

I   Informationen - Informationstechnologie

Wie bereits dargestellt, wird davon ausgegangen, dass das gesamte menschliche Zusammenleben durch qualitative und quantitative Güter und deren Tauschbeziehungen beschreibbar ist.

Qualitative Güter werden gegeneinander getauscht. Für viele dieser Güter werden im Vorlauf zum Tauschen beim Verhandeln über deren Tauschwert diesbezügliche Informationen ausgetauscht. Andere alltägliche qualitative Güter werden ohne Verhandlung über den Tauschwert einfach gegeben und genommen.

Quantitative Güter hingegen werden gekauft und verkauft. Ihr Wert wird als Zahl angegeben. Dazu gehört auch die Angabe der zugehörigen Währung. Diese beiden Angaben sind die Informationen über den Wert quantitativer Güter und des Geldes, mit denen die Güter bezahlt werden. Die beiden Angaben sind Dreh- und Angelpunkt der quantitativen Realwirtschaft.

Im Laufe der Zeit hat sich neben dem Geldeinsatz für den Handel mit realwirtschaftlichen quantitativen Güter ein weiteres Anwendungsgebiet für Geld etabliert. Das ist der reine Spekulationsbereich. Dort wird versucht, durch den puren Einsatz von Geld zusätzliches Geld zu erhalten.

Wie in der Realwirtschaft wird auch in der Spekulationswirtschaft der Wert des Geldes durch Informationen in Form einer Zahl und einer Währungsangabe dargestellt. Spekulieren kann für manche Beteiligten mit Gewinn und für andere mit Verlust verbunden sein. Wenn rein spekulativ eingesetztes Geld an Wert verliert, ist der Wertverlust für den Einsatz in der Realwirtschaft verloren. Ein solcher Vorgang kann sowohl für Individuen als auch für ganze Gesellschaft folgenreich werden, insbesondere wenn der Wertverlust lawinenartig auftritt.

Nur kurz angedeutet wird eine Diskussion über digital dokumentierte und verwaltete Währungen im Zusammenspiel mit digitaler

Verhaltensüberwachung. Diese Kombination könnte in autoritären Gesellschaftssystemen als komplette digitale Gesellschaftsorganisation angesteuert werden. Sie könnte den Anspruch erheben, alle quantitativen und qualitativen Güter zentral zu managen einschließlich der Polarisierungen. Entwicklungen in autoritären Staaten sollten Anlass genug sein, den zerstörerischen Wirkungen von Polarisierungen in demokratischen Staaten präventiv zu begegnen um so die Realwirtschaft in demokratischen Staaten als Alternative zu autoritären Systemen zu untermauern

Wegen existierender gesellschaftlicher Polarisierungen in demokratischen Staaten werden Überlegungen zu Informationen und Informationstechnologie angestellt. Das ist wichtig, weil das Geld mit seinem Informationsgehalt bezüglich Wertzumessungen zu Gütern in die gesellschaftliche Polarisierung eingebettet ist. Informationen werden unter folgenden Stichworten betrachtet:
- Informationen im Zusammenspiel mit Gütern
- Individuelle Informationen
- Gesellschaftsorientierte Informationen
- Politische Informationen
- Informationstechnologie

I 1   Informationen im Zusammenspiel mit Gütern

Informationen helfen dabei, menschliches Zusammenleben zu koordinieren, welches durch das Tauschen qualitativer und quantitativer Güter abgebildet werden kann.

Bei qualitativen Gütern findet manchmal Kommunikation statt, bei der Informationen über den Tauschwert der zu tauschenden Güter gegeben werden, um nach einer Einigung über den Tausch diesen durchführen zu können. Aber nicht bei allen qualitativen Gütern muss das Tauschen kommunikativ begleitet werden.

Meistens werden qualitative Güter einfach gegeben und genommen. Oft ist Kommunikation selbst ein qualitatives Gut. Als Beratung muss sie manchmal sogar bezahlt werden.

Bei quantitativen Gütern sind Informationen in mehrfacher Hinsicht von Bedeutung.

-	Informationen und ihre Geheimhaltung
Unternehmer als wesentliche realwirtschaftliche Gestalter haben oft großes Interesse an der Geheimhaltung von Informationen. Das gilt insbesondere für strategische Bereiche. Dort möchte man auf dem Markt oft durch Geheimhaltung Wettbewerbsvorteile erreichen. Dadurch kann vielleicht der Gewinn vergrößert werden, um mit dessen Hilfe größeres quantitatives realwirtschaftliches Wachstum zu realisieren als das für die Konkurrenz möglich ist.

Solange in der gesamten Realwirtschaft ausreichend großes quantitatives realwirtschaftliches Wachstum herrscht, sind manche Unternehmen zwar erfolgreicher als andere, aber nur wenige Unternehmen werden aus dem Markt gedrängt, weil die meisten genug Geld zum Überleben verdienen.

Bei schwächelnder quantitativer Realwirtschaft findet eine Selektion zwischen Unternehmen statt. Wenn sie bezüglich innovativer Produkte, technischer Ausstattung, Organisation und Strategie besser positioniert sind als die Konkurrenz, haben sie eine größere Chance zum Überleben. Gelingende Geheimhaltung von Informationen - z. B. bei Produktplanung und Marktstrategie - kann weitergehend über Umsatz und Gewinn mitentscheiden.

-	Informationen benennen den Wert quantitativer Güter
Quantitativen Gütern wird ein bestimmter Preis zugeordnet, der z. B. aus Herstellungskosten, konkurrierenden Angeboten und Kundennachfrage abgeleitet wird. Daran kann sich die Käuferseite orientieren. Die Preise bestimmen, wieviel und welche Güter Menschen entsprechend ihrer eigenen Kaufkraft erwerben

	10.04.2023

können, um damit das Überleben zu sichern oder um für sich einen gewissen Komfort oder Status zu ermöglichen.

Die Information über den Wert eines Gutes wird als zum Kauf erforderliche Geldmenge in Kombination mit deren Währung angegeben. Im Rahmen realwirtschaftlicher Aktivitäten wird oft nicht mehr mit Geld in Form von Scheinen und Münzen bezahlt. Es werden meistens nur noch Zahlen über die entsprechende Geldmenge und deren Währung übermittelt und verrechnet. Diese Angaben stellen in der Realwirtschaft eine Art von Informationen dar.

I 2 Individuelle Informationen

Fast jedes Individuum kann Informationen sammeln, verarbeiten und daraus persönliche Konsequenzen für sein Verhalten ziehen. Die Summe der individuellen Entscheidungen z. B bezüglich des Erwerbs quantitativer Güter bestimmt wesentlich, was in der Realwirtschaft geschieht. Die realisierten Gütererwerbungen ergeben ein Bild von der Versorgung der Menschen mit quantitativen Gütern.

In Zeiten ausreichenden quantitativen realwirtschaftlichen Wachstums können sich die erfüllten Einzelwünsche leicht zu einer gesellschaftlichen Zufriedenheit zusammenfügen.

In Zeiten mangelhaften quantitativen realwirtschaftlichen Wachstums kann es immer mehr Menschen geben, die bedingt u. a. durch Automatisierung und Rationalisierung zu wenig Geld für die Gewährleistung ihres Lebensunterhaltes erwerben können, während andere Menschen von der Entwicklung profitieren. Diese Polarisierung der Einkommen kann eine zunehmend asymmetrische Versorgung der Menschen mit quantitativen Gütern mit sich bringen. Vor diesem Hintergrund drängen sich spätere Überlegungen zu negativen Folgen gesellschaftlicher Polarisierung auf.

I 3 Gesellschaftsorientierte Informationen

Zu Zeiten ausreichenden quantitativen realwirtschaftlichen Wachstums gibt es definitionsgemäß für fast alle Mitglieder einer Gesellschaft genügend Zeit, um genug Geld zum Kauf quantitativer Güter verdienen zu können - und zusätzlich in erforderlichem Umfang qualitative Güter zu erlangen.

Wenn ausreichendes quantitatives realwirtschaftliches Wachstum in mangelhaftes quantitatives realwirtschaftliches Wachstum übergeht, zeigt sich für fast alle Menschen ein weiteres gleiches Phänomen, und zwar das der abnehmenden Zeit, die zum Erwerb qualitativer Güter zur Verfügung steht. Das betrifft sowohl die Menschen mit mangelhaften und auch die mit guten Einkommen.

In Arbeitsverhältnissen mit zu geringem Einkommen haben Menschen zunehmend weniger Zeit für den Erwerb qualitativer Güter, weil sie zunehmend länger für das notwendige Geld zum Erwerb quantitativer Güter arbeiten müssen.

Menschen mit gutem Einkommen stehen oft in hartem Wettbewerb mit anderen Menschen mit ähnlichen Einkommen. Sie müssen bei verdichteten Arbeitsabläufen oft sehr intensiv und lange arbeiten, um ihr gutes Einkommen im Wettbewerb mit anderen zu verteidigen. Dadurch haben auch sie weniger Zeit zum Erwerb qualitativer Güter.

Sowohl Bevölkerungsgruppen mit geringen Einkommen als auch solche mit guten Einkommen scheinen bei schwächelnder Realwirtschaft mit dem Phänomen abnehmender Zeit zum Erwerb qualitativer Güter konfrontiert zu sein. Die einen müssen länger arbeiten, um ein ausreichendes Einkommen zu erlangen, die anderen müssen länger arbeiten, um ihre Arbeitsstelle im Wettbewerb mit anderen zu behalten.

Diese Gruppen unterscheiden sich vermutlich durch den Grad, mit dem ihre eigenen Qualifikationen mit den erforderlichen Qualifikationen übereinstimmen. Beide Gruppen könnten sich wegen abnehmender privater Zeit zwecks Erwerbs qualitativer Güter in einem Pool der Unzufriedenen zusammenfinden.

Die Abnahme der Zeit, die zum Erwerb qualitativer Güter zur Verfügung steht, scheint für weite Teile der Gesellschaft relevant zu sein. Die beiden Gruppen mit gutem und mit mangelhaftem Einkommen befinden sich wegen des Mangels qualitativer Güter in einem Pool potenzieller Unzufriedenheit. Diese Gruppen fühlen sich aufgrund dieses Umstandes offensichtlich aber nicht zusammengehörig, weil sie sich vermutlich durch unterschiedliche Qualifikationsstandards als voneinander getrennt wahrnehmen.

Nachdem gezeigt wurde, wie sich für die Gruppen mit unterschiedlichen Einkommen die Zeiten für den Erwerb quantitativer und qualitativer Güter darstellen, wird jetzt das Auseinanderdriften von Einkommen beleuchtet.

-	Gruppen mit auseinanderfallenden Einkommen
Durch den Erwerb quantitativer Güter können Individuen mit z. B. guter Qualifikation und gutem Einkommen zeigen, dass sie sich Komfort oder sogar Statussymbole leisten können. Solche Güter dienen nicht nur dem eigenen Wertgefühls. Sie sollen oft auch nach außen wirken, um von dort Anerkennung zu erreichen.

Im Laufe der Zeit können sich Unterschiede zwischen Menschen vergrößern, die sich u. a. durch unterschiedliche Besitzniveaus an quantitativen Gütern zeigen. Die Unterschiede können zunehmen, wenn ausreichend starkes quantitatives realwirtschaftliches Wachstum in mangelhaftes übergeht, wie jetzt erläutert wird.

Zu Zeiten ausreichend starken quantitativen realwirtschaftlichen Wachstums sind für fast alle Mitglieder der Gesellschaft genügend Wachstumserfolge vorhanden. Der Unterschied zwischen reicheren und ärmeren Menschen bleibt dabei klein genug, um für ärmere Menschen akzeptabel zu sein. Diese können es für möglich halten, bei der Verteilung von Wachstumserfolgen selbst auch genug zu erhalten.

Zu Zeiten mangelhaften quantitativen realwirtschaftlichen Wachstums werden die zur Verteilung anstehenden Wachstumserfolge kleiner. Die eine Gruppe von Menschen erhält mehr Geld, die andere tendenziell weniger. Dass kommt u. a. daher, dass die Verteilung der Wachstumserfolge meistens prozentual erfolgt. Reichere Menschen mit höheren Einkommen erhalten dann mehr Zuschläge als ärmere Menschen. Die Schere zwischen reicheren und ärmeren Menschen bewegt sich zunehmend auseinander.

-       Forderungen nach Gerechtigkeit
Wenn sich Einkommen ärmerer und reicherer Menschen stark auseinander entwickeln, können ärmere Menschen den Gedanken der Gerechtigkeit ins Spiel bringen. Dieser Begriff ist zunächst eher individuell basiert. Sobald in der Folge von Seiten vieler ärmerer Menschen zwecks Realisierung von Gerechtigkeit ein Anspruch auf Umverteilung zu Gunsten der ärmeren Menschen an die reicheren Menschen gerichtet wird, ist eine Individuen übergreifende Forderung geboren. Um diese Idee könnten sich viele ärmere Menschen scharen und ihren Gedanken zur Gerechtigkeit gesellschaftliche Relevanz verschaffen. Reichere Menschen könnten dazu folgende Gegenstrategien ableiten.

-       Geheimhaltung von Reichtum und neidbasierte Diskussion
Vor obigem Hintergrund ist es logisch, dass reichere Menschen ihren Reichtum geheim halten möchten, um so möglichen Forderungen nach Umverteilung keinen Anlass zu bieten.

Als Alternative zur Geheimhaltung bietet sich eine neidorientierte Diskussion an. Dafür erscheint es naheliegend, eigenen Reichtum als Ergebnis eigener Leistung darzustellen, auch wenn er z. B. spekulationsbasiert ist. Im Lichte so dargestellter eigener Leistung können reichere Menschen die Forderung nach Umverteilung durch die ärmeren Menschen als nicht gerechtfertigt darstellen. Die Forderung nach Umverteilung im Namen der Gerechtigkeit kann als neidbasiert abgetan werden. Reichere Menschen können ihre Interessen mit Hilfe dieser Argumentation bündeln.

- Soziale Schichten als Folge gesellschaftlicher Polarisierung
Die Bildung sozialer Schichten und gesellschaftliche Spannungen können zu Zeiten ausreichenden quantitativen realwirtschaftlichen Wachstums weitgehend dadurch unterbunden werden, dass alle Mitglieder der Gesellschaft ausreichend an den Wachstumserfolgen beteiligt sein können.

Zu Zeiten mangelhaften quantitativen realwirtschaftlichen Wachstums können bei paralleler gesellschaftlicher Polarisierung Gruppen entstehen, zwischen denen Spannungen auftreten. Es stellt sich die Frage nach der Minderung gesellschaftlicher Polarisierung.

I 4   Politische Informationen

Auf den ersten Blick bietet sich ein einfacher Ausweg aus gesellschaftlicher Polarisierung an. Die Beteiligten können sich darauf einigen, zu diesem Zweck quantitatives realwirtschaftliches Wachstum mit politischen Instrumenten anzutreiben.

Das erforderliche Geld für quantitatives realwirtschaftliches Wachstum und gewünschten begleitenden Abbau gesellschaftlicher Polarisierung hat dann der Staat aufzubringen. Dazu betreibt er Staatsverschuldung. Das benötigte Geld steht von Seiten der Menschen bereit, deren Geld sich nicht mehr hinreichend rentabel für direkte Investitionen in eine schwächelnde Realwirtschaft einsetzen lässt, weil diese nur noch in abnehmendem Umfang Investitionen benötigt. Dann steht der Staat bereit, für die Kredite, aufgenommen zum Zwecke der Staatsverschuldung und

Wirtschaftsförderung die gewünschte Rendite an die reicheren Menschen zu bezahlen, die das Geld zur Verfügung stellen.

- Politikversprechen
Politiker sind versucht, Versprechen über die Beeinflussbarkeit realwirtschaftlicher Entwicklungen zu geben, um z. B. gewählt zu werden. In diesem Zusammenhang betreiben sie Staatsverschuldung. Die dafür aufgenommenen Kredite müssen später plus eventueller Verzinsung und Verwaltungskosten zurückgezahlt werden. Das Schwächeln quantitativen realwirtschaftlichen Wachstums wird durch Staatsverschuldung erfahrungsgemäß nur zeitlich hinausgezögert. Es zeigen sich Grenzen, quantitatives realwirtschaftliches Wachstum per Staatsverschuldung dauerhaft zu gewährleisten.

- Politikverdrossenheit
Eine solche Entwicklung ruft möglicherweise Politikverdrossenheit oder gar Staatsverdrossenheit bei dem Teil der Bevölkerung hervor, der die Rückzahlung der Kredite für die Staatsverschuldung plus eventueller Zinsen und Verwaltungskosten leisten muss. Diesem Bevölkerungsteil wird ein solcher Verdruss vielleicht sogar von denen zum Vorwurf gemacht, die an der Staatsverschuldung verdient haben, indem sie ihre Ersparnisse aus Zeiten ausreichenden quantitativen Wachstums als Kredit an den Staat zur Verfügung stellten. Eine solche Entwicklung schwächt vielleicht die Stabilität des Staates und der Demokratie. Die politischen Rezepte der Staatsverschuldung können die Problematik der gesellschaftlichen Polarisierung und deren Folgen offensichtlich nicht dauerhaft lösen. Deshalb erscheint eine Erweiterung des Betrachtungsfeldes erforderlich. Zu diesem Zweck wird die Informationstechnologie in die Überlegungen einbezogen.

10.04.2023

I 5   Informationstechnologie

Quantitatives realwirtschaftliches Wachstum im fortgeschrittenen Stadium kann u. a. mit Hilfe von Automatisierung und Rationalisierung weitergehend angetrieben werden. Die dabei eingesetzten Technologien sind in folgende Entwicklungsstufen und Anwendungsstufen unterteilbar.

- Technologien für die von Menschen gesteuerte maschinelle Herstellung von Gütern und für die technische Steuerung der Maschinen

Da ist zunächst die Technologie, die der Herstellung von Gütern dient. Dabei handelt es sich um Maschinen, deren Steuerung zunächst den Menschen vorbehalten wurde. In nächsten technologischen Entwicklungsschritten wurde die Steuerung der Maschinen auf technische Einrichtungen übertragen. Deren Entwicklung kann man in folgende Stufen unterteilen:

-- Mechanische Steuerung
-- Feinmechanische Steuerung
-- Elektrotechnische Steuerung
-- Elektronische Steuerung
-- Informationstechnologische Steuerung, bestehend aus Hardware und Software

Die Entwicklung der Steuerungen lief natürlich nicht streng nach obiger Auflistung ab. Die einzelnen Stufen sind vielmehr miteinander verwoben.

- Technologische und wirtschaftliche Insellösungen und deren Vernetzung

Mit zunehmendem technologischem Fortschritt werden Steuerungen immer komplexer. Maschinelle Abläufe werden automatisiert. Maschinen können zu immer größeren technologischen Inseln zusammengefügt werden. Als Sammelbegriff dafür kann man das Wort Maschinerie verwenden. An Inseln weitgehend automatisierter Produktion können auch nach wirtschaftlichen Gesichtspunkten gesteuerte Inseln angedockt werden, als da z. B. sind:

-- Marktanalyse
-- Produkt- und Projektentwicklung
-- Einkauf von Materialien für die Produktion
-- Fertigung
-- Vertrieb und Verkauf
-- Einkauf durch den Kunden
-- Zusammenwirken von Produktseite und Konsumseite
-- Globale Verknüpfung von Unternehmen.

Die angesprochenen Inseln können vernetzt werden. Inseln und Netzwerke können zunehmend autonom arbeiten. Den Menschen verbleiben Restfunktionen, Gewährung der Prozesssicherheit, Störungsbeseitigung, Weiterentwicklung und Konsum.

Im Laufe der technologischen Entwicklung wird der Begriff Technologie durch den Begriff Information ergänzt. Der so entstandene Begriff der Informationstechnologie spielt eine zunehmend zentrale Rolle. Dabei ist die Sensortechnik von großer Bedeutung. Von ihr aufgenommene Daten werden aufbereitet, meistens digitalisiert und stehen dann zur Verwendung bereit.

Die Informationstechnologie kann komplexe private, technologische, wirtschaftliche, militärische und gesellschaftliche Daten mit großer Geschwindigkeit sammeln, verknüpfen, auswerten und dann den Menschen als Ergebnisse zur Verfügung stellen. Dabei sind Entscheidungen für Menschen oft schon vorstrukturiert. Weitergehend werden Entscheidungen zunehmend automatisch gefällt. Prozesse können in immer größerem Ausmaß automatisch ablaufen. Dazu arbeitet die Informationstechnologie mit Algorithmen, die Menschen ihnen vorgeben. Vor diesem Hintergrund wird das Thema Informationstechnologie wie folgt aufgefächert:
Verletzbarkeit der Vernetzung
Zusammenwirken zwischen Generationen
Orientierung auf dem Arbeitsmarkt

                                                    10.04.2023

Güterbereitstellung
Güteranbieter und Güternachfrager
Auflockerung der Geheimhaltung
Orientierungshilfe für Flüchtlinge

I 5.1 Informationstechnologie - Verletzbarkeit der Vernetzung

Bei voranschreitender technologischer Entwicklung spielt die Vernetzbarkeit von Informationen, Informationsträgern und Informations-Verarbeitungs-Anlagen eine zentrale Rolle. Im Zusammenwirken mit der technologischen Entwicklung können z. B. Unternehmen ihre informationellen Aktivitäten koordinieren. Sie können auch versuchen, Vorteile zu erlangen. Die Erlangung solcher Vorteile findet oft unter den Bedingungen der Geheimhaltung und des Wettbewerbs statt. Wettbewerb lädt oft mehrere Interessenten zu einem Wettstreit um die Erlangung von allgemein zugänglichen Informationen, geheimen Informationen und Vorteilen ein. Umso komplexer die informationelle Vernetzung wird, umso größer wird die Gefahr der Verletzbarkeit der Vernetzung und die Gefahr der Wehrlosigkeit mancher ärmerer Beteiligter.

I 5.2 Informationstechnologie – Zusammenwirken zwischen Generationen

Die Weiterentwicklung von Technologien brachte es immer wieder mit sich, dass sich deren Anforderungen an Menschen im Rhythmus von menschlichen Generationen veränderten. Die Informationstechnologie jedoch bringt innerhalb der Dauer einer menschlichen Generation viele wesentliche Änderungen hervor.

In der Zeit vor der Existenz der Informationstechnologie war die junge Generation auf Erfahrungen der älteren Generation angewiesen. Dementsprechend gab es Abhängigkeiten und Unterordnungen. Vor diesem Hintergrund dauerte die Diffusion von Forschungsergebnissen in die praktische Anwendung relativ lange, sofern die Gewohnheiten älterer Generationen die Anwendung von Neuerungen bremsten.

Nachdem die Informationstechnologie für die Verarbeitung von Informationen maßgeblich wurde, zeigt sich eine Abhängigkeit in umgekehrter Richtung. Die jüngere Generation wächst wie selbstverständlich mit den neuen Technologien auf und hat gegenüber der älteren Generation einen Kompetenzvorsprung.

Dabei wird leicht übersehen, dass außerhalb der Kerngebiete der Informationstechnologie nach wie vor Vermittlung von darüberhinausgehender Erfahrung wichtig ist. Zwecks des Zusammenfügens der verschiedenen Kompetenzen der Generationen bedarf es des Zusammenwirkens der beteiligten Generationen.

I 5.3 Informationstechnologie - Orientierung auf dem Arbeitsmarkt

Zusammenhänge und Phänomene auf dem Arbeitsmarkt

-       Spezielle Stellenangebote und Qualifikationsangebote
Einerseits gibt es spezielle nicht geläufige Stellenangebote. Auf der anderen Seite befinden sich oft ungewöhnliche Kombinationen von Ausbildungen und Erfahrungen. Für beide Seiten gilt es, entsprechende Datenbanken ausfindig zu machen und einen Abgleich mit der jeweils anderen Seite vorzunehmen.

-      Hoch qualifizierte und dringend benötigte Arbeitskräfte

Wenn der Arbeitsmarkt den Bedarf hoch qualifizierter Arbeitskräfte und die Knappheit entsprechender Angebote offenlegt, gibt es natürlich Möglichkeiten, gute Einkommen zu erzielen.

-      Besitzstandswahrende Stelleninhaber

Viele Stelleninhaber können respektable Einkommen vorzeigen. Manche von ihnen sagen gern, ihre Situation resultiere aus ihrer individuellen Leistung. Ein Teil dieser Menschen verdankt seine Einkommen allerdings eher dem Ausbau und der Wahrung von Besitzständen, die u. a. mit Hilfe von Gewerkschaften und Politik eingerichtet werden.

Wenn diese Menschen nicht mit Hilfe von Gesetzen und Tarifverträgen in eine Besitzstandswahrung eingebunden wären, sondern im individuellen Wettbewerb um Arbeitseinkünfte stehen würden, wie das bei vielen anderen Arbeitnehmern der Fall ist, dann hätten sie vermutlich wesentlich geringere Chancen für eine gute Bezahlung, als das mit Hilfe der Besitzstandswahrung möglich ist. Es fällt diesen Menschen offensichtlich leicht, eine solche Erkenntnis zu ignorieren, um ihre Einkommen so als ihren individuellen Erfolg darstellen zu können.

-      Scheinbar angebotene Jobs

Man muss damit rechnen, dass Arbeitsvermittler Arbeitsstellen ausschreiben, obwohl sie keine zugehörigen Stellen anzubieten haben. Arbeitsvermittler sammeln durch dieses Vorgehen manchmal nur Daten von Bewerbern, um diese später konkreten Nachfragern nach Arbeitskräften unverzüglich anbieten zu können. Ein Merkmal solcher fingierten Stellenausschreibungen ist, dass sie scheinbar konkret und ziemlich umfassend formuliert sind, so dass sich möglichst viele Bewerber angesprochen fühlen und ihre Bewerbungsunterlagen zur Verfügung stellen.

Hier zeigt sich eine spezielle Variante von Wettbewerb. Wenn ein Arbeitsvermittler eine Datensammlung betreibt, um Nachfrager nach Arbeitskräften schnell bedienen zu können, kann er erfolgreicher sein als konkurrierende Vermittler, die das nicht tun. Somit liegt es für alle Arbeitsvermittler nahe, solche Datensammlungen zu betreiben, um Wettbewerbsnachteilen vorzubeugen.

Nachfragen nach Arbeitskräften zum Verbessern der Datensammlung bei Arbeitsvermittlern kann den Anschein quantitativen realwirtschaftlichen Wachstums vermitteln. Dieser Illusion erliegen manche Politiker wohl gern, wenn sie dann bereits meinen, einen Erfolg z. B. von Wirtschaftsförderung vermelden zu dürfen.

-        Überangebot an Arbeitskräften
Bei einem Überangebot an Arbeitskräften könnte man in erster Annäherung vermuten, dass zur Erreichung eines ausgeglichenen Arbeitsmarktes die Arbeitsentgelte ungefähr um den gleichen Prozentsatz fallen müssten wie das Angebot von Arbeitskräften zu groß ist. Der Arbeitsmarkt funktioniert aber weniger linear, sondern eher sprunghaft. Wenn es ein merkbares Überangebot an Arbeitskräften gibt, müssen diese damit rechnen, dass die Angebote von Entgelt überproportional sinken, solange andere Arbeitskräfte bereit sind, vielleicht aus einer Notlage heraus für immer weniger Geld zu arbeiten.

Unternehmen können bei einem Überangebot an Arbeitskräften also oft welche finden, die für sehr geringes Entgelt zu arbeiten bereit sind. Denen wird gern Hoffnung auf eine dauerhafte Beschäftigung und mehr Geld gemacht, wenn sie sich bewährt haben. Diese Hoffnung kann aber durchaus trügerisch sein, wenn weitere Bewerber bereitstehen, auch wieder für geringes Entgelt zu arbeiten und Hoffnung zu schöpfen.

Arbeitssuchende Menschen müssen im Rahmen von Zeitverträgen eventuell wiederholt beweisen, dass sie überhaupt die Chance verdienen, eine bezahlte Arbeitsstelle zu behalten. Wiederholter Misserfolg prägt vermutlich viele Menschen bezüglich des eigenen Wertgefühls.

Auf solche Art konditionierte Menschen entwickeln dann eventuell angepasste Fertigkeiten zur Lebensgestaltung. Sie entwöhnen sich vielleicht der Arbeitswelt oder sie haben die Strukturierung des Lebens durch bezahlte Arbeit gar nicht kennen gelernt.

Für die Bewertung des Arbeitnehmerangebotes auf dem Arbeitsmarkt resultiert daraus die durchaus gern vertretene Meinung, Arbeitnehmer seien nicht verwendungswillig. Das sind dann oft Menschen, die im Laufe der Zeit immer wieder erfahren haben, dass man sie kaum benötigt.

Wenn der Arbeitsmarkt über lange Zeit sich selbst überlassen bleibt, können Menschen oft nicht in die Arbeitswelt übernommen werden oder sie müssen für viel zu geringe Löhne und Gehälter arbeiten. Dann gilt es wegen möglicher resultierender Bedrohung von gesellschaftlicher oder staatlicher Stabilität dem Arbeitsmarkt Funktionstüchtigkeit zu ermöglichen. Das kann durch die Verhinderung der Ausuferung von gesellschaftlicher Polarisierung geschehen. Wachstumserfolge müssten dazu so verteilt werden, dass den realwirtschaftlichen Kreisläufen nicht so viel Geld entzogen wird, dass diese zu sehr schwächeln.

Um das Schwächeln quantitativer Realwirtschaft zu mildern, erscheint das Ersetzen prozentualer Erhöhungen von Einkommen durch angemessen mehr Gleichverteilung als sinnvoll.

Wenn prozentuale Erhöhung von Einkommen die Polarisierung im Bereich von Vermögen verstärkt und dadurch Geld in spekulativ-finanzwirtschaftliche Kreisläufe gerät, können Steuern auf resultierende spekulative Gewinne zur Umverteilung in Richtung quantitativen realwirtschaftlichen Wachstums eingesetzt werden.

Die Umverteilung mit Hilfe von Besteuerung müsste in kleinsten Schritten erfolgen, damit die Umverteilung rechtzeitig gestoppt werden kann, wenn die gesellschaftliche Polarisierung wirksam begrenzt wurde.

I 5.4   Informationstechnologie - Güterbereitstellung

Die Besorgung von Gütern ist durchaus noch ohne Anwendung von Informationstechnologie möglich. Zunehmend zeigen sich jedoch Veränderungen. Die geschehen oft partiell, indem z. B. Güter im Internet bestellt werden, Güterbereitstellungen weitgehend informationstechnologisch gesteuert werden oder Bezahlungen per Internet erfolgen.

Bestellungen, Bereitstellung und Bezahlung von Gütern werden jedoch zunehmend zusammenhängend mit Hilfe der Informationstechnologie durchgeführt. So sind die komplexen organisatorischen, technologischen und technischen Abläufe zunehmend schneller möglich.

Wesentlicher Zeitaufwand ist dann nur noch für den Transport und für die Herstellung von Gütern, Geräten, Maschinen und Automaten erforderlich, sofern diese mit Gewicht behaftet sind.

Steuerung und Regelung in den Gütern, Geräten, Maschinen und Automaten erfolgt weitgehend durch Informationstechnologie. Wenn die erforderlichen Programme einmal erstellt sind, können sie für den gleichen Zweck immer wieder als Kopien verwendet werden, ohne wesentlichen Zeitaufwand zu erfordern.

Erforderliche Arbeit insbesondere für die Herstellung der Hardware wird oft in Ländern mit geringen Einkommen durchgeführt. Forschung, Entwicklung, Planung, Organisation und Restarbeiten finden oft noch in Industriestaaten mit höheren Einkommen statt. Dabei werden die Kosten für die Fertigung in und den Transport zwischen den beteiligten Ländern unter Rentabilitäts- Gesichtspunkten optimiert. Kaum berücksichtigt wird jedoch die Umweltbelastung durch zusätzlichen Transport.

Fertigung in Niedrigstlohnländern bewirkt einerseits, dass dort hergestellte Produkte in industrialisierten Ländern günstig anbietbar sind. Dadurch ist es möglich, dass in industrialisierten Ländern im Rahmen gesellschaftlicher Polarisierung relativ arm gewordene Bevölkerungsteile günstig versorgt werden können.

Die Fertigung in den Niedrigstlohnländern hat andererseits zur Folge, dass ein großer Teil der dort arbeitenden Bevölkerung so wenig Geld verdient, dass er sich kaum quantitative Güter leisten kann. Damit ist dieser Teil weitgehend davon ausgeschlossen, Wachstumserfolge und einen gewissen Komfort zu erreichen.

Bei zunehmender Verarmung kann eine solche Entwicklung zu Unregierbarkeit und Chaos in armen Ländern führen. Daraus kann sich eine Völkerwanderung in die reicheren Länder ergeben, die von Leistungsbilanzüberschüssen gegenüber den armen Ländern profitieren. Die Ironie einer solchen Entwicklung liegt darin, dass in Industrieländern entwickelte Hochtechnologieprodukte für Menschen aus armen Ländern als Orientierungshilfe in Richtung reicher Länder dienen können. Die reichen Länder würden das wohl gern verhindern, auch wenn sie am Verkauf solcher Geräte verdienen.

In den reicheren Industrieländern ist die Entwicklung durch immer schneller werdende organisatorische Abläufe gekennzeichnet, die durch die Informationstechnologie ermöglicht werden. Diese Entwicklung wird wohl durch die offensichtlichen Wünsche angetrieben, Bedarfe märchenhaft schnell erfüllt zu bekommen. So wie fantastische Darstellungen in Science-Fiction Romanen Realität wurden, so werden heute manche Wünsche zum Erhalt von quantitativen Gütern märchenhafte schnell erfüllt.

Im Extremfall treffen märchenhaftes Wünschen und dessen Realisierung zeitlich zusammen. Stellen wir uns folgenden Fall vor. Am Tag vor dem Besuch einer Party bestellen wir dafür per Internet ein Geschenk, welches uns am nächsten Tag geliefert werden soll. Am anderen Morgen finden wir den Auftrag zur Bereitstellung des Geschenks auf unserem Arbeitsplatz in dem Unternehmen, in dem wir beschäftigt sind und von dem unser privates

Geschenk bereitgestellt werden soll. Der zusätzliche Arbeitsaufwand führt eventuell dazu, dass wir am Abend zu spät zur Party kommen.

Es ist plausibel, dass zunehmend schneller werdende organisatorische Abläufe und die daraus resultierende Verdichtung der Arbeit zur Belastung für die einzelnen Menschen und für deren Zusammenleben werden kann. Als mögliche Folge zeigt sich z. B. ein Burn-out-Syndrom.

Eine solche Entwicklung kommt oft in unscheinbarem Gewand daher. So werden Zeiten, Kostenrahmen und Auslastungen für Arbeitsplätze oft so geplant, dass die anfallende Arbeit kaum erledigt werden kann, ohne dass Termindruck entsteht. Bei dieser Art der Arbeitsverdichtung ist Durchatmen und Entspannen oft nicht ausreichend möglich. Entstehender Bluthochdruck spielt eventuell sogar mit einem guten Gefühl des Aktivseins zusammen, bis die Auswirkungen sich im Gesundheits- bzw. im Krankheitszustand zeigen.

I 5.5 Informationstechnologie - Güteranbieter und Güternachfrager

Ausreichendes quantitatives realwirtschaftliches Wachstum ist dadurch gekennzeichnet, dass quantitative Güter angebotsseitig eher knapp sind, deren Angebot der Nachfrage aber folgen kann. Die Knappheit muss also die Erfüllung von Wünschen nach solchen Gütern ermöglichen. Eine derart von Knappheit gekennzeichnete Situation sollte die parallele angepasste Zunahme von Verdienst und Gewinn erlauben. Damit sind wichtige Voraussetzungen für quantitatives realwirtschaftliches Wachstum gegeben.

Realwirtschaftliches Wachstum kann z. B. durch menschliche Neugierde, Forschung und Entwicklung gefördert werden. In einem solchen Umfeld können innovative Güter entstehen. Einerseits werden so Wünsche geweckt, solche Güter zu erwerben. Andererseits sollten Menschen nicht durch das Neue, Unbekannte überfordert werden. Einführung und Erwerb innovativer Güter erfolgen sinnvollerweise zusammen mit deren Einbindung in Tradition und Erfahrung. Für die Bekanntmachung innovativer Güter und deren Einbindung in das Gefühl der Sicherheit, vermittelt durch die Tradition, spielt die Werbung in Zeiten quantitativen realwirtschaftlichen Wachstums eine spezielle Rolle. Sie will den Käufern neuer innovativer Güter deren Vorteile aufzeigen und eventuell ein Gefühl von Herausforderung und Abenteuer ermöglichen, ohne dass sich Unsicherheit und Überforderung durch das Neue breitmachen.

Wenn ausreichendes quantitatives realwirtschaftliches Wachstum in mangelhaftes übergeht, können realwirtschaftliche Kreisläufe ins Stocken geraten. Dann werden zu viele Güter angeboten und zu wenige Güter nachgefragt. In solchen Zeiten sind Anbieter von Gütern auf der Suche nach Käufern und andere Menschen bei schwächelnder Beschäftigungslage auf der Suche nach Geldeinnahmequellen. Hier kommt die traditionelle nachfragefördernde Werbung ins Spiel.

An der Schnittstelle zwischen Anbietern und Nachfragen versuchen einerseits Menschen mit ihren Qualifikationen informationsgestützt Werbung zu machen und Beschäftigungs-Chancen für sich zu entdecken

Andererseits versuchen andere Menschen informationsorientiert Geld zu verdienen. Die Erlangung der Informationen geschieht dadurch, dass Konsumgewohnheiten ausfindig gemacht werden, um damit Erfolg versprechende Werbemaßnahmen für den Absatz quantitativer Güter zu generieren.

I 5.6 Informationstechnologie – Auflockerung der Geheimhaltung

Informationen sind Bestandteile z. B. von privaten, gesellschaftlichen, technischen, wirtschaftlichen und politischen Angelegenheiten. Mit Hilfe der Informationstechnologie ist das Sammeln, Vernetzen, Verknüpfen, Verarbeiten und Auswerten von Informationen in zunehmendem Umfang und zunehmend schnell möglich. Es werden Erkenntnisse gewonnen, die in unterschiedlichsten Zusammenhängen eine Rolle spielen.

Spezielle Varianten von Informationen sind diejenigen, die den Wert des Geldes durch eine Zahl und seine Währung ausdrücken Mit diesen Angaben kann der Wert quantitativer Güter benannt werden. Weiterhin zeigen sie an, inwieweit man Güter erwerben kann. Geld als Informationsträger steht im Rahmen der Realwirtschaft mit verschiedenen Phänomenen im Zusammenhang.

Bei ausreichendem quantitativem realwirtschaftlichem Wachstums sind fast alle am Gütermarkt beteiligten Menschen dazu in der Lage, mit Hilfe von Geld ihre Wünsche nach Teilhabe an Wachstumserfolgen in ausreichendem Umfang erfüllen zu können.

Bei mangelhaftem quantitativem realwirtschaftlichem Wachstum bleibt der Wunsch nach ausreichender Teilhabe an Wachstumserfolgen offensichtlich bestehen. Wenn bei Automatisierung, Rationalisierung, teilweiser Arbeitslosigkeit, teilweise abnehmenden Einkommen und tendenzieller Überproduktion das quantitative realwirtschaftliche Wachstum schwächelt und die zu verteilenden Wachstumserfolge nicht mehr zur Befriedung aller Beteiligten ausreichen, zeigt zusätzliche asymmetrische Verteilung von Wachstumserfolgen eine verstärkende Wirkung. Menschen, die dann nicht mehr in ausreichendem Umfang an realwirtschaftlichen Kreisläufen teilnehmen können, sind die Verlierer. Andere Menschen haben genug Potenziale an Bildung, Qualifikation,

Einkommen und Vermögen, um sich weiterhin zunehmend an realwirtschaftlichen Kreisläufen zu beteiligen. Es findet gesellschaftliche Polarisierung zwischen Menschen statt.

Diese Polarisierung kann verstärkt werden, wenn Menschen mit höheren Einkommen den realwirtschaftlichen Kreisläufen durch Sparen Geld entziehen und diese damit zusätzlich schwächen.

Solche Menschen können dann mit diesem Geld ggf. in spekulativ-finanzwirtschaftlichen Kreisläufen Erfolge erzielen. Diesen Menschen könnte man spekulativ erworbenes Geld entziehen und dieses durch Umverteilung den realwirtschaftlichen Kreisläufen schnell wieder zuführen. Damit würde quantitatives realwirtschaftliches Wachstum angetrieben und die breit angelegte Verteilung von Wachstumserfolgen könnte fortgesetzt werden.

Eine solche Umverteilung ist offensichtlich nicht in erforderlichem Umfang praktikabel, weil Politiker wohl fürchten, von den Menschen nicht wieder gewählt zu werden, denen der Staat spekulativ erworbenes Geld für die Umverteilung in Richtung ärmerer Menschen abnehmen würde. Hier drängt sich weitergehendes Nachdenken über die Bekämpfung von verschiedenen Arten der Polarisierung auf. Dazu werden informationszentrierte Maßnahmen beleuchtet.

Ein zentraler Gesichtspunkt dieser Überlegung ist es, dass zu Zeiten ausreichenden quantitativen realwirtschaftlichen Wachstums die individuellen Interessen an der Teilhabe an Wachstumserfolgen für fast alle Mitglieder der Gesellschaft zu einem quasi gesellschaftlichen Gesamtinteresse zusammenfließen und befriedigt werden können. Dadurch wird gesellschaftliche Stabilität und demokratische Akzeptanz gestützt.

Zu Zeiten mangelhaften quantitativen realwirtschaftlichen Wachstums kann sich Polarisierung unterschiedlicher Art zeigen. Das Befriedigen der Einzelinteressen im Sinne des Erhalts von

Wachstumserfolgen findet dann bei vielen Gesellschaftsmitgliedern nicht mehr in ausreichendem Umfang statt. Das kann zu Spannungen zwischen den sich herausbildenden gesellschaftlichen Gruppen - den Benachteiligten und den Vorteilsnehmern - führen.

Hier tut sich die Frage auf, wie verhalten sich die Vorteilsnehmer einerseits und die Benachteiligten andererseits in der sich polarisierenden Gesellschaft, wenn sich die Interessen mit Hilfe der Informationstechnologie in Gruppen bündeln.

Einerseits gibt es die Gruppe der Vorteilsnehmer, die bei schwächelndem quantitativem realwirtschaftlichem Wachstum weiterhin Vorteile erlangen möchte. Das geschieht u. a., indem Politiker im vorauseilenden Gehorsam die entsprechende gesellschaftliche Gestaltung vornehmen, z. B. in Form der Ausgestaltung und der Festschreibung der Besitzstandswahrung.

Neben Vorteilsnehmern gesellschaftlicher Polarisierung gibt es die Benachteiligten. Diese könnten sich vernetzen, um mit Hilfe der Informationstechnologie gesellschaftliche Polarisierung zu ihren Gunsten zu reduzieren

So wie Vorteilsnehmer in einer sich polarisierenden Gesellschaft Daten über Konsum- und Lebensgewohnheiten von Bürgern sammeln, um mit Hilfe dieses Wissens bessere Geschäfte machen zu können, so könnten Gruppen von Benachteiligten demokratisch legitimiert Daten über Vorteilsnehmer sammeln, um auf deren Antrieb der gesellschaftlichen Polarisierung einzuwirken. Der Antrieb liegt in der Geheimhaltung innerhalb einer wettbewerbsorientierten Realwirtschaft.

Geheimhaltung begleitet nicht nur die Wettbewerbsgesellschaft, sondern weitergehend auch die sich daraus entwickelnde gesellschaftliche Polarisierung. Informationstechnologisch gestützt könnte durch demokratisch legitimiertes Auflockern von Geheimhaltung der Antrieb für die gesellschaftliche Polarisierung geschwächt werden. Vielleicht ergäbe sich dadurch eine Depolarisierung. Parallel dazu sind logischerweise weitergehende Überlegungen wichtig, damit Depolarisierung nicht zu gesellschaftlicher Instabilität führt.

I 5.6.1 Abbau von Geheimhaltung bei Einkommensstrukturen

Einkommen werden oft geheim gehalten. So können Einkommensunterschiede unter dem Deckmantel der Geheimhaltung verborgen bleiben. Unternehmen können ihren Mitarbeitern somit unterschiedliche Löhne und Gehälter zahlen, ohne damit Spannungen zwischen ihnen zu erzeugen. Mitarbeiter, die mehr verdienen als andere, haben sich dafür nicht zu rechtfertigen. Mitarbeiter, die weniger verdienen als andere, müssen sich deshalb nicht schämen.

Jeder einzelne Mitarbeiter sieht sich so nur mit eigenen Erwartungen oder denen seiner näheren Umgebung konfrontiert. Solche Erwartungen können besagen, dass man mehr Geld erhalten möchte oder sollte. Realisierte Erwartungen sind dann ein Antrieb für eine wachstumsorientierte Wettbewerbsgesellschaft.

In Zeiten schwächelnder Realwirtschaft besteht für Unternehmen die Versuchung, möglichst geringe Löhne und Gehälter zahlen zu wollen, sofern manche Menschen bereit sind, dafür zu arbeiten. Wachstumserfolge werden dann primär auf diejenigen verteilt, die wegen ihrer Qualifikationen benötigt werden.

Hier ist eine Polarisierung zwischen den Menschen mit tendenziell sinkenden und denen mit steigenden Einkommen angelegt.

Wie im Folgenden aufgezeigt wird, kann dem Absinken von Einkommensniveaus begegnet werden, welches in die Armut führt.

Zu diesem Zweck können z. B. Mindestlöhne festgelegt werden.
- Diese können in Exportländern zu höheren Preisen und Exportminderungen führen. Damit wären einerseits Leitungsbilanzüberschüsse und andererseits Leistungsbilanzunterdeckungen einschränkbar, wie auch die Polarisierung zwischen Menschen in reichen und armen Staaten.
- Mindestlöhne können auch innerhalb von Regionen polarisierungsmindernd wirken. Sie müssten dazu so hoch sein, dass für die armen Empfänger nicht nur Armut verhindert würde, sondern dass für diese zusätzlich auch die aus Mindestlöhnen folgenden Preiserhöhungen bezahlbar wären. Darüber hinaus müssten die Preiserhöhungen auch von den reicheren Bürgern getragen werden. Für diese würden damit die wachstumshemmenden Sparmöglichkeiten kleiner werden. Unter dem Strich ergäbe sich die Reduktion gesellschaftlicher Polarisierung.

Es erscheint ratsam, Mindestlöhne in Abstimmung mit gesellschaftlicher und globaler Polarisierungsreduktion nur langsam zu steigern, damit es nicht zu realwirtschaftlicher Überreaktion kommt.

Neben der beschriebenen Anwendung von Mindestlöhnen zwecks Polarisierungsreduktion bietet sich eine unternehmensorientierte Variante an. Dazu könnten Unternehmen angeben, an wieviel Mitarbeiter sie in welcher Höhe einen betrieblichen Mindestlohn zahlen, der über das armutsfördernde Niveau hinausgeht. In diesem Zusammenhang könnten resultierende Preiserhöhungen benannt werden. Eine solche Transparenz gäbe den Kunden dieser Unternehmen die Chance, derartige unternehmerische Vorgehensweisen zu akzeptieren. Konsumenten könnten zeigen, inwieweit sie neben dem Mitgefühl für Natur und Tiere auch ein Mitgefühl für Menschen mit zu geringem Einkommen haben. Man kann sich vorstellen, dass insbesondere große Unternehmen das Potenzial hätten, eine solche Kampagne erfolgreich zu starten und auch durchzustehen.

10.04.2023

Löhne und Gehälter steigen auch auf Betreiben von Gewerkschaften. Die Erhöhungen erfolgen meistens prozentual. Die betroffenen Einkommen bewegen sich somit auseinander, denn Menschen mit höheren Einkommen bekommen bei prozentualen Einkommenserhöhungen mehr dazu, als solche mit geringeren Einkommen. Es findet Polarisierung statt. Dieser Vorgang würde weniger ausgeprägt geschehen, wenn bei Einkommenssteigerungen den gutverdienenden Menschen kaum mehr zusätzliches Geld zur Verfügung gestellt würde als den schlechtverdienenden Menschen. Gleichverteilung von Einkommenserhöhungen hätte dann Vorrang vor prozentualer Verteilung.

Die Praxis hauptsächlich prozentualer Erhöhungen von Einkommen lässt vermuten, dass an den Hebeln der Gewerkschaften eher gut bezahlte Menschen sitzen. Diese bedienen durch prozentuale Erhöhungen von Einkommen offensichtlich auch ihre eigenen Interessen an möglichst hohen Zunahmen ihrer Einkommen, anstatt durch mehr Gleichverteilung die Verteilung in Richtung schlechter verdienender ärmerer Menschen voranzutreiben. Damit helfen Gewerkschaften möglichen zusätzlichen Konsum ärmerer Menschen zu verhindern, der realwirtschaftliche Kreisläufe antreiben und damit Wachstumserfolge mehren helfen könnte, die wieder allen Menschen zur Verfügung stehen würden.

Es bleibt festzuhalten, dass prozentuale Erhöhungen von Löhnen und Gehältern dazu führen, dass gering verdienende Menschen auf einem vergleichsweise geringen Einkommensniveau bleiben. Somit erscheint es folgerichtig, dass diese Menschen immer wieder für Einkommenserhöhungen eintreten. In deren Schlepptau können gutverdienende Gewerkschaftsmitglieder sich immer wieder anscheinend unauffällig überproportional bedienen.

Es ist zu überlegen, ob vor Tarifverhandlungen die Offenlegung der Einkommensstruktur für die betreffende Branche vorgeschrieben werden sollte, um Transparenz für Einkommensverhandlungen zu gewährleisten und so eventuell gesellschaftlichen Druck hin zu mehr Gleichverteilung zu provozieren.

I 5.6.2 Abbau von Geheimhaltung im rein spekulativ-finanzwirtschaftlichen Bereich

Vermögen kann man in materielles Vermögen und Geldvermögen aufteilen.

Bei materiellen Vermögen handelt es sich z. B. um Grund und Boden oder auch um Gebäude und Fabrikanlagen. Diese Vermögen werden hier nicht weitergehend behandelt.

Im Folgenden werden Geldvermögen betrachtet. Sie können aus Einkommensanteilen entstehen, die dem konsumtiven Kreislauf und damit der Realwirtschaft durch Sparen vorenthalten werden. Dieser Vorgang kann quantitatives realwirtschaftliches Wachstum zum Schwächeln bringen. Der Realwirtschaft kann gespartes Geld aber trotzdem wie folgt zugeführt werden, um so quantitatives realwirtschaftliches Wachstum zu gewährleisten.

- Erstens kann man Teile des gesparten Geldes direkt in die Realwirtschaft umverteilen.
- Zweitens kann man Geldvermögen, welches durch Sparen aufgebaut wurde, besteuern, um dann die Steuern der Realwirtschaft zuzuführen.
- Drittens kann man Rendite aus spekulativ angelegten Ersparnissen besteuern und diese Steuern in realwirtschaftliche Kreisläufe einbringen.

Die zwecks fortwährendem quantitativem realwirtschaftlichem Wachstum und zwecks gewünschter begleitender Verteilung von Wachstumserfolgen durchaus sinnvoll erscheinende direkte oder indirekte Umverteilung gesparten Geldes in die Realwirtschaft kann Misstrauen bei denen über die Geldverwendung erzeugen, denen das gesparte Geld entzogen wird. Erforderlich wäre allerdings Vertrauen in den Vorgang des Umverteilens, um so eine Basis für Generationen übergreifendes kontinuierliches quantitatives realwirtschaftliches Wachstum zu legen. Wenn die Dauerhaftigkeit nicht gewährleistet werden kann, müssen manche Menschen zum Zeitpunkt 1 Geldvermögen abgeben, welches aktuell weiteres quantitatives realwirtschaftliches Wachstum generieren soll. Wenn zu einem späteren Zeitpunkt 2 von den dann realwirtschaftlich aktiven Menschen die Umverteilung nicht in erforderlichem Umfang fortgesetzt wird, können für die dann alten Menschen vom Zeitpunkt 1 keine entsprechenden Wachstumserfolge zur Verfügung gestellt werden. Wenn Vertrauenswürdigkeit über Generationen hinweg nicht als gegeben betrachtet werden kann, ist die Skepsis derjenigen verständlich, denen man Geld zwecks Umverteilung entziehen will. So bevorzugen sie eher Geldvermögen als privaten Baustein für ihre Zukunftssicherung.

Somit kann sich gesellschaftliche Polarisierung zwischen armen und reichen Menschen fortsetzen. Reichere Mitglieder der Gesellschaft steigern ihr individuelles Geldvermögen zunehmend und erzeugen damit für sich ein Gefühl einer sicheren Zukunft. Wenn zunehmend mehr Menschen so verfahren, kann das zu gesellschaftlicher Unzufriedenheit bei den armen Menschen führen und zur Verstärkung gesellschaftlicher Polarisierung. Diese steht auch im Zusammenhang mit der Geheimhaltung, die ein zentrales Element einer Wettbewerbsgesellschaft ist, aus der ihre Vorteilsnehmer ihre polarisierenden Einnahmen erhalten.

Solange realwirtschaftliche Kreisläufe zunehmen, das Wachstum ausreichend ist, zunehmend mehr Geld verdient wird und zunehmend mehr Güter gekauft werden, entfaltet die per Geheimhaltung angetriebene Wettbewerbsgesellschaft ihre Stärken.

In Zeiten mangelhaften quantitativen realwirtschaftlichen Wachstums kann sich gesellschaftliche Polarisierung zeigen. Sie wird u. a. angetrieben durch das Zusammenwirken einerseits von tendenziell abnehmenden Einkommen und andererseits von Sparaktivitäten, wachsenden Geldvermögen und Spekulationserfolgen. Diese Entwicklung geschieht oft unter dem Deckmantel der Geheimhaltung.

Hier drängt sich die Idee auf, die Informationstechnologie könnte Interessen von Menschen zusammenführen, die mit den benachteiligenden Auswirkungen der gesellschaftlichen Polarisierung unzufrieden sind. So könnten sich Überlegungen entwickeln, insbesondere im rein spekulativ-finanzwirtschaftlichen Bereich die Geheimhaltung als Antrieb der Polarisierung per Informationstechnologie demokratisch legitimiert auflockern zu wollen.

I 5.7 Informationstechnologie - Orientierungshilfe für Flüchtlinge

Beim Handel zwischen Industriestaaten und kaum industrialisierten Staaten entsteht in kaum industrialisierten Staaten durch Leistungsbilanzunterdeckung, Verschuldung und Zinszahlung oft Armut. Die kann die Vorstufe zu Unzufriedenheit, Instabilität, autoritärer Regierungsform und Unregierbarkeit sein.

Als Reaktion auf diese Phänomene wird von demokratischen Industriestaaten an arme aus dem Ruder laufende Staaten gern die Forderung nach demokratischer Entwicklung und guter Regierungsarbeit gestellt.

Hinter dem Vorhang solcher oft eher vordergründigen Forderungen haben reichere Industriestaaten jedoch primär ein logisches Interesse daran, in armen Ländern Menschen und Machtstrukturen zu stützen, die den Besitzständen und Vorteilen der reicheren Staaten dienlich sind. Bei solchem Vorgehen wird gern ignoriert, dass drohende gesellschaftliche Instabilitäten in armen Ländern eine Folge realwirtschaftlicher Entwicklung sein können, die durch das Handeln reicherer Industriestaaten begünstigt wird. Dazu seien einige Aspekte aufgezeigt:

- Bei Leistungsbilanzüberschuss reicherer Industrieländer können auf der anderen Handelsseite ärmere Länder in die Überschuldung geraten, wenn diese für den Import aufgenommene Kredite zurückzahlen müssen, zuzüglich der anfallenden Verzinsung, ohne dass dadurch in den armen

                                                10.04.2023

Ländern eine sich selbst tragende realwirtschaftliche Entwicklung initiiert wurde. Vom Leistungsbilanzüberschuss profitieren dann in erster Linie die reicheren Industrieländer.

- Oft werden aus ärmeren Ländern Rohstoffe billig exportiert, anstatt sie in den Exportländern beschäftigungsfördernd zu veredeln. Wenn die Veredelung in den importierenden reicheren Industriestaaten erfolgt, dann profitieren diese von der zusätzlichen Beschäftigung, der damit geschaffenen Kaufkraft und dem Antrieb resultierenden quantitativen realwirtschaftlichen Wachstums.

- Landwirtschaftliche Produkte ärmerer Länder stehen oft mit subventionierten Produkten aus reicheren Industriestaaten im Wettbewerb. Anstatt ärmeren Ländern marktgerechte Exportchancen zu ermöglichen, werden diese durch nicht marktwirtschaftliche Aktivitäten reicherer Länder verbaut. Das ist insbesondere der Fall, wenn die landwirtschaftliche Subventionierung in den reicheren Ländern aus den Erfolgen der Leistungsbilanzüberschüsse bezahlt wird, die sich gegenüber den ärmeren Ländern herausbilden.

Aus solchen realwirtschaftlichen Entwicklungen heraus können sich in ärmeren Ländern Überschuldung, Verarmung der Bevölkerung und autoritäre Regierungen herausbilden. Solche autoritären Formen scheinen zwecks Wahrung staatlicher Stabilität fast zwangsläufig zu sein. Es können auch Unregierbarkeit von Staaten und kriegerische Aktivitäten resultieren.

Bevölkerungsteile verarmter Staaten sind mit Hilfe der Informationstechnologie über den Lebensstandard in reicheren Ländern teilweise wohl informiert. Insbesondere vor diesem Hintergrund ist es folgerichtig, dass sich Bevölkerungsteile verarmter Länder informationstechnologisch koordiniert auf die Wanderschaft in Richtung der reicheren Länder begeben, die als Nutznießer von Leistungsbilanzüberschüssen ihren Reichtum gegenüber den ärmeren Ländern ausbauen.

J   Wirtschaft im gesellschaftlichen Zusammenspiel

Die Wirtschaft ist ein wichtiger Teil einer Gesellschaft. Sie wird hier im Zusammenspiel mit folgenden Begriffen betrachtet:
- Besitzstandswahrung - Demografie
- Realwirtschaft - rein spekulative Finanzwirtschaft - Wirtschaft des Bettelns
- Geburtenzahl - Ressourcen
- Demokratie – Freiheitlichkeit / Liberalität

J 1   Besitzstandswahrung - Demografie

Zu Zeiten ausreichenden quantitativen realwirtschaftlichen Wachstums nehmen die Wachstumserfolge definitionsgemäß für fast alle beteiligten Menschen in ausreichendem Umfang zu. Kaufkraft und Gewinn wachsen Schritt für Schritt. Die beteiligten Menschen können weitgehend zufrieden sein

- Gesellschaftliche Polarisierung
Für eine gesellschaftliche Polarisierung kommen verschiedene teilweise zusammenwirkende Ursachen in Frage. Das sind z. B. die Automatisierung, die Rationalisierung, die prozentuale Verteilung von Wachstumserfolgen und die Besitzstandswahrung für festgeschriebene Ansprüche.

Durch Automatisierung und Rationalisierung können manche Leute arbeitslos werden - für diese nehmen die Einkommen und die Kaufkraft eventuell ab. Andererseits steigen für andere Menschen die Einkommen, sofern sie u. a. für Automatisierung und Rationalisierung benötigt werden. Parallel dazu nehmen auch deren Kaufkraft und Sparmöglichkeiten zu.

Es zeigt sich eine Auseinanderentwicklung bei Einkommen, Kaufkraft und Vermögen.

                                    10.04.2023

Wenn z. B. die Zunahme von Einkommen prozentual erfolgt, gibt es bei manchen Bevölkerungsgruppen größere Zuwächse als bei anderen.

Es zeigt sich eine Auseinanderentwicklung bei Einkommen, Kaufkraft und Vermögen.

Für manche Bevölkerungsgruppen wird durch Tarifverträge oder durch gesetzliche Regelungen eine Besitzstandswahrung festgeschrieben. Sie beinhaltet oft auch Rechte und Ansprüche für die Zukunft. Gewerkschaften und Politiker werden offensichtlich dazu verleitet, mit Hilfe von Besitzstandswahrung Bevölkerungsteile für sich einzunehmen. Die Besitzstandswahrung führt zu einer Beeinflussung der Verteilung der Wachstumserfolge. Wenn diese bei schwächelnder quantitativer Realwirtschaft abnehmen, für einen Teil der Bevölkerung der Besitzstand aber festgeschrieben ist, bedeutet das eine Bevorteilung der Besitzstandswahrer, während andere Bevölkerungsgruppen relativ wenig von den restlichen Wachstumserfolgen profitieren. Das sind eher die Menschen mit zu geringerer oder nicht mehr benötigter Bildung, Ausbildung oder Qualifikation – es sind aber auch die Menschen mit mangelnder Belastungsfähigkeit oder die mit Behinderung.

Auch hier zeigt sich eine Auseinanderentwicklung bei Einkommen, Kaufkraft und Vermögen.

Teile der Bevölkerung, bei denen Einkommen und Kaufkraft eher abnehmen, werden mit einem Minimum an finanzieller Zuwendung bedient, um deren Antrieb für gesellschaftliche Unzufriedenheit zu begrenzen.

-        Neue Gruppenkonstellationen
Im Laufe der demographischen Entwicklung verändert sich die Zusammensetzung der Bevölkerung. Die ältere Bevölkerungsgruppe nimmt biologisch bedingt ab. Trotz schwacher Geburtenintensität wird der jüngere Bevölkerungsteil den älteren Teil der

Bevölkerung also im Laufe der Zeit zahlenmäßig überflügeln. Die jüngere Generation ist in ihrer realwirtschaftlichen Teilhabe teilweise durch die Besitzstandswahrung eines Teils der älteren Generation eingeschränkt. Parallel dazu stuft die ältere Generation die Jüngeren gern als politikverdrossen ein. Die Politikverdrossenheit ist vielleicht nur ein Ausdruck dafür, des Betreibens gesellschaftlicher Polarisierung durch die ältere Generation überdrüssig zu sein.

Was geschieht, wenn die jüngere realwirtschaftlich aktive Generation zusammen mit den Benachteiligten einer schwächelnden Realwirtschaft eine Gruppe bildet - eine Gruppe der rechnenden Gerechten. Diese Gruppe könnte im Laufe der demografischen Entwicklung die politische Mehrheit erhalten und die Besitzstandswahrung reformieren. Das betrifft die Besitzstandswahrung, die ihre Ansprüche aus Zeiten ausreichenden quantitativen realwirtschaftlichen Wachstums ableitet, die ihre Ansprüche aber in Zeiten mangelhaften quantitativen ökonomischen Wachstums auf Kosten von Jüngeren und Benachteiligten realisiert.

J 2   Realwirtschaft – rein spekulative Finanzwirtschaft – Wirtschaft des Bettelns

Einführend werden die folgenden Begriffe und falls erforderlich auch deren Zusammenhänge behandelt: Realwirtschaft, rein spekulative Finanzwirtschaft, Wirtschaft des Bettelns, Geld, geistige Arbeit, physikalische Arbeitsleistung, ausreichendes quantitatives realwirtschaftliches Wachstum, mangelhaftes quantitatives realwirtschaftliches Wachstum.

-     Realwirtschaft und Geld

Geld dient in der Realwirtschaft u. a. dazu, Güter kaufen oder verkaufen zu können. Es ist ein Teil realwirtschaftlicher Kreisläufe, die durch Güterfluss in der einen Richtung und Geldfluss in der entgegengesetzten Richtung gebildet werden.

260 10.04.2023

- Rein spekulative Finanzwirtschaft und Geld

In der rein spekulativen Finanzwirtschaft wird teilweise versucht, Geld mit Geld zu verdienen. Das kann eventuell dadurch gefördert werden, dass Anteile z. B. von Unternehmen mit großer Frequenz gehandelt werden. Das schnelle Kaufen und Verkaufen erzeugt vermutlich eine Illusion von Knappheit bezüglich dieser Anteile. So können für solche Anteile eventuell aus marktwirtschaftlicher knappheitsorientierter Einstellung resultierende Kaufimpulse ausgelöst werden. Erfolge in Form von Ausschüttungen für die Anteile werden oft nicht abgewartet. Eher werden vorab mögliche Kursgewinne realisiert, die eventuell durch steigende Nachfrage nach Anteilen provoziert werden.

- Wirtschaft des Bettelns und Geld

Im Rahmen der Wirtschaft des Bettelns wird Geld nur in eine Richtung bewegt, nämlich vom Geber zum Nehmer, also zum Bettelnden, wenn dieser Signale des Bettelns aussendet.

- Geistige Arbeit

Geistige Arbeit ist der per Kopf betriebene Aufwand u. a. für Überlegungen, Forschung, Erfindungen, Entwicklung, Organisation, Automatisierung und Rationalisierung.

- Physikalische Arbeitsleistung

Physikalische Arbeitsleistung ist die Arbeit, die in einer Zeiteinheit erbracht wird. Sie wird als menschliche physikalische Arbeitsleistung und als maschinelle physikalische Arbeitsleistung bereitgestellt.

- Verschmelzung von geistiger Arbeit und physikalischer Arbeitsleistung

Mit Hilfe von geistiger Arbeit findet eine komplexe technologische Entwicklung statt. Zunächst wurden Maschinen erfunden und hergestellt, die maschinelle physikalische Arbeitsleistung bereitstellen können. Komplexere Maschinen wurden zur Maschinerie weiterentwickelt. Weitergehend werden mit Hilfe von geistiger Arbeit Automatisierung und Rationalisierung hinzugefügt. Es findet zunehmend eine Verschmelzung von geistiger Arbeit und ma-schineller physikalischer Arbeitsleistung statt. Menschen erhalten so einen Verstärkungsfaktor, ausgedrückt durch das Verhältnis von maschineller physikalischer zu menschlicher physikalischer Arbeitsleistung.

Durch das Zusammenspiel von geistiger Arbeit, menschlicher physikalischer Arbeitsleistung, maschineller physikalischer Arbeitsleistung, Automatisierung und Rationalisierung steigt die Produktivität bei der Herstellung von Konsum- und Investitions-gütern. Für die Beteiligten kann die Versorgung mit quantitativen Gütern und der Erhalt von Wachstumserfolgen zunehmen. Men-schen mit hohen Einkommen können Geld sparen Dieses steht für Investitionen in die wachsende Realwirtschaft bereit.

Durch die Verbindung von geistiger Arbeit, menschlicher physi-kalischer Arbeitsleistung, maschineller physikalischer Arbeitsleis-tung, Automatisierung und Rationalisierung können sich in Folge der resultierenden Produktivitätssteigerungen tendenzielle Marktsättigung, Arbeitslosigkeit und partielle Verringerung von Einkommen einstellen. Parallel dazu ergibt sich z. B. für Men-schen, die zur Gewährleistung von Wettbewerbsfähigkeit weiter-hin für Automatisierung und Rationalisierung benötigt werden, zu-nehmendes Einkommen. Sie können weiterhin Geld sparen.

-       Unterschiedliche Grade quantitativen realwirtschaftlichen
        Wachstums und gespartes Geld
Gespartes Geld wird in Zeiten ausreichenden quantitativen real-wirtschaftlichen Wachstums u. a. verwendet für …
--   Investitionen in die Herstellung quantitativer Güter
--   den Kauf teurer Güter
Das sind realwirtschaftliche Verwendungszwecke mit längeren Verwendungs- bzw. Anschaffungshorizonten. Sowohl gespartes Geld als auch Unternehmensgewinne können helfen, quantitati-ves realwirtschaftliches Wachstum zunehmend anzutreiben. Das Wachstum kann aber auch irgendwann anfangen zu schwächeln.

Wenn gespartes Geld in Zeiten mangelhaften quantitativen realwirtschaftlichen Wachstums nicht mehr in ausreichendem Umfang für Investitionen benötigt wird, bleibt die Erwartungshaltung, für gespartes Geld Rendite zu erhalten. In diesem Zusammenhang bietet sich der rein spekulative Einsatz gesparten Geldes an. Das heißt, dass mit rein spekulativ eingesetztem Geld der Erhalt zusätzlichen Geldes angestrebt wird, indem versucht wird, durch den Vorgang der Geldbewegung - des Kaufens und Verkaufens z. B. von Anteilen an Unternehmen - eingesetzte Geldbeträge zahlenmäßig zu erhöhen.

-       Unterschiedliche Grade quantitativen realwirtschaftlichen Wachstums und geistige Arbeit
Geistige Arbeit ist in Zeiten ausreichenden quantitativen realwirtschaftlichen Wachstums erforderlich, um die Realwirtschaft funktionsfähig gestalten zu können.

Geistige Arbeit wird bei mangelhaftem quantitativem realwirtschaftlichem Wachstum zwecks der Erhaltung von realwirtschaftlicher Wettbewerbsvorteile benötigt, um nicht von konkurrierenden Unternehmen aus dem Markt gedrängt zu werden. Geistige Arbeit wird ergänzend aber auch zur Kreierung von Spekulationsmethoden im Bereich der rein spekulativen Finanzwirtschaft benutzt.

-       Unterschiedliche Grade quantitativen realwirtschaftlichen Wachstums und physikalische Arbeitsleistung
Physikalische Arbeitsleistung ist in Zeiten ausreichenden quantitativen realwirtschaftlichen Wachstums im Bereich der Realwirtschaft erforderlich, damit diese funktionsfähig sein kann.

Physikalische Arbeitsleistung ist auch zu Zeiten mangelhaften quantitativen realwirtschaftlichen Wachstums in der Realwirtschaft zwecks deren Aufrechterhaltung erforderlich.

- **Mangelhaftes quantitatives realwirtschaftliches Wachstum und die rein spekulative Finanzwirtschaft**

Bei mangelhaftem quantitativem realwirtschaftlichem Wachstum wird dieses leichthin durch eine geldmäßige Abspaltung ergänzt, welche sich als eine rein spekulative Finanzwirtschaft zeigen kann. Für diese rein spekulative Finanzwirtschaft bedarf es neben dem rein spekulativ angelegten Geld der geistigen Arbeit zwecks Gestaltung kreativer Spekulationsstrategien. Diese rein spekulative Finanzwirtschaft bedarf kaum gewichtsträchtiger Materialen, wie das in der Realwirtschaft oft der Fall ist. Somit sind die Abläufe in der rein spekulativen Finanzwirtschaft meistens viel schneller als in der Realwirtschaft und kreieren geschwindigkeitsbedingte Probleme.

- **Die rein spekulative Finanzwirtschaft und die Wirtschaft des Bettelns**

Im nächsten Schritt wird das Betteln um Geld im Spannungsfeld zum spekulativen Geldeinsatz dargestellt. Soweit sinnvoll, werden beide Phänomene im Zusammenwirken mit geistiger Arbeit, physikalischer Arbeitsleistung und unterschiedlichen Graden quantitativen realwirtschaftlichen Wachstums betrachtet.

Geistige Arbeit ist sowohl für das Betteln als auch für den spekulativen Einsatz von Geld erforderlich, um Bettelstrategien bzw. Spekulationsstrategien entwickeln zu können.

Physikalische Arbeitsleistung ist sowohl für das Betteln als auch für den rein spekulativen Einsatz von Geld kaum erforderlich.

In Zeiten ausreichenden quantitativen realwirtschaftlichen Wachstums ist Betteln vermutlich weniger angesagt, denn die Möglichkeit besseren und komfortablen Lebens bei zunehmend mehr realwirtschaftlicher Arbeit und zunehmend mehr verdientem Geld lassen das Betteln eher in den Hintergrund treten.

Zu Zeiten mangelhaften qualitativen realwirtschaftlichen Wachstums kann Betteln eine existenzielle Notwendigkeit werden.

                                                    10.04.2023

Beim Betteln und beim spekulativen Geldeinsatz wird versucht, Nutzen zu erzielen.

Im Rahmen der Wirtschaft des Bettelns wird der Nutzen des Bettlers auf der Basis des Einverständnisses durch dem Geber per Umverteilung realisiert.

Im Bereich der rein spekulativen Finanzwirtschaft hoffen die Beteiligten offensichtlich, dass im Spiel um die Erlangung von Kursgewinnen ggf. nicht sie selbst, sondern andere zu den Verlierern gehören.

J 3   Geburtenzahl - Ressourcen

In reichen Industrieländern gibt es gern vertretene Denkmuster zu zentralen Problemen in armen Ländern. Diese betreffen z. B. Kinderreichtum und Armut.

Danach entspringt der Wunsch nach mehreren Kindern aus dem Bedürfnis von Eltern, absehbarer Armut vorzubeugen. Eine größere Anzahl von Kindern soll der Zukunftssicherung dienen und damit auch der Begrenzung von Armut.

In der Fortsetzung dieses Gedankens kann man zu dem Schluss kommen, dass die Aufteilung erwirtschafteten Geldes und erzeugter Güter auf viele Menschen - also auch auf die Kinder – zu Armut führen kann.

Hier haben wir es mit einer speziellen Variante des Ursache-Wirkung–Zusammenhangs zu tun. Erstens bringt vor dem Hintergrund der Armut das Denken und Tun vieler einzelner Menschen den Kinderreichtum mit sich. Zweitens ergibt sich daraus durch Geld- und Güteraufteilung Armut als gesellschaftliches Phänomen und begünstigt offensichtlich wieder den Kinderreichtum.

Armut und Kinderreichtum treiben sich wie in einem Kreis gegenseitig an. Dazu sei ein Gedankenexperiment gewagt. In der Vergangenheit hätten zur Beschränkung von Armut die reichen Länder den ärmeren Ländern über einen langem Zeitraum für Produktionsarbeiten angemessen höhere Löhne und für Rohstoffe und Güter angemessen höhere Preise zahlen müssen. Damit hätte sich die Armut wesentlich geringer ausbilden können. Natürlich ist dabei zu bedenken, dass sich z. B. auch Bildung und Infrastruktur hätten entwickeln müssen. Eine solche realwirtschaftliche Entwicklung hätte in den ärmeren Ländern allerdings einen zunehmenden Verbrauch speziell der Ressource Umwelt mit sich gebracht.

Nun mag man sich fragen, ob die bisher akzeptierte Armut als Folge der Verhinderung realwirtschaftlichen Wachstums in armen Ländern von den reichen Ländern als simple Realisierung von realwirtschaftlichen Vorteilen erfolgte, oder ob bereits eine langfristige Planung der Streckung von Ressourcenvorräten als Überlegung im Hintergrund stand. Festzustellen ist die Existenz von Armut und Kinderreichtum in manchen Ländern.

Im Rahmen der aktuellen Situation ist eine Übergangszeit von der Armut bei Kinderreichtum hin zu zunehmendem Wohlstand bei geringerem Kinderanteil an der Bevölkerung erforderlich. Im Laufe der Zeit wird eine stagnierende oder sinkende Bevölkerungszahl erwartet. Dann könnte das erwirtschaftete Geld auf weniger Menschen aufgeteilt werden.

Vor dem Hintergrund begrenzter Ressourcen drängen sich weitergehende Überlegungen auf:

Aktuell ist der Ressourcenverbrauch auf der Erde ungleichmäßig aufgeteilt. Ein kleinerer Teil der Erdbevölkerung realisiert einen größeren Anteil des gesamten Ressourcenverbrauchs. Ein größerer Teil der Erdbevölkerung hingegen kann aktuell nur einen kleineren Teil des Ressourcenverbrauchs für sich in Anspruch nehmen. Das heißt, hauptsächlich in den reicheren industrialisierten Ländern wird pro Mensch verglichen mit Menschen in ärmeren Ländern ein Mehrfaches an Ressourcen verbraucht

Bezüglich des Ressourcenverbrauchs durch arme und reiche Länder gibt es mindestens zwei Möglichkeiten der Anpassung

- Menschen in den ärmeren Ländern könnten den Anspruch anmelden, bezüglich Besitz und Erwerb quantitativer Güter den gleichen Standard erreichen zu wollen wie die reicheren Menschen in den reicheren Ländern. Das würde bedeuten, dass die ärmeren Länder für die Zukunft einen mehrfachen Verbrauch an Ressourcen anmelden. Für die Summe aller Menschen drängt sich dann die Frage auf, wie lange die Ressource der zum Verbrauch bereitstehenden Umwelt die sich somit ergebende Wachstumsentwicklung mitmachen könnte.

- In einem alternativen Gedankengang kann die Frage gestellt werden, wieviel Menschen könnten z. B. in Deutschland leben, wenn dort der einzelne Mensch im Durchschnitt nicht mehr Ressourcen beanspruchen würde als der einzelne Mensch in den ärmeren Ländern. Dann könnte in Deutschland eine mehrfache Anzahl von Menschen leben, die insgesamt nicht mehr Ressourcen in Anspruch nehmen würden, als bei geringerer Bevölkerung und hohem Ressourcenverbrauch pro Person.

Um den Ressourcenvorrat für die Zukunft zu sichern, zeigen sich zwei Notwendigkeiten. Erstens müssen die reichen industrialisierten Länder den Ressourcenverbrauch mindern. Zweitens muss in den armen kaum industrialisierten Ländern die Geburtenrate sinken. Zu diesem Zweck wäre es logisch, den ärmeren Ländern die Produkte zumindest so zu bezahlen, dass dort als Ersatz für Kinderreichtum eine Altersvorsorge aufbaubar wäre.

J 4   Demokratie – Freiheitlichkeit / Liberalität

Die Demokratie kann für eine Gesellschaft und damit auch für die dazugehörige Realwirtschaft als Regelwerk dienen. Demokratie soll bewirken, dass der Freiheitsdrang einzelner Menschen soweit begrenzt werden kann, dass fast alle Menschen möglichst friedlich und gleichberechtigt miteinander leben können.

Unter dem Schirm der Freiheitlichkeit und der Liberalität kommen die Freiheit des Wortes und die Freiheit des Geldes daher und die freiheitsliebenden Menschen bedienen sich ihrer gern.

Die Freiheit des Wortes kann es ermöglichen, die Gesellschaft zu koordinieren.

Die Freiheit des Geldes kann dahin führen, dass sich gesellschaftliche Polarisierung etabliert, und dass die Demokratie als Regelwerk an ihre Grenzen stößt. Das ist z. B. der Fall, wenn es nicht gelingt, die gesellschaftliche Polarisierung zu bändigen, die sich als Auswuchs der Realwirtschaft und speziell der rein spekulativen Finanzwirtschaft zeigen kann.

Im Folgenden wird dargestellt, dass der Demokratie in einer wettbewerbsbasierten Realwirtschaft oft nur die Möglichkeit bleibt, auf realwirtschaftliche Fehlentwicklungen zu reagieren.

J 4.1   Demokratie und Freiheitlichkeit / Liberalität
gehören zusammen – treiben aber auseinander

Erste These: Durch die Darstellung der qualitativen Güter, der quantitativen Güter, des Geldes und der stattfindenden Tauschvorgänge ist menschliches Zusammenleben und menschliches Tun beschreibbar.

Zweite These: Demokratie erlaubt die Freiheit des Denkens und des Tuns. Dabei darf das freiheitliche Tun der Einen das freiheitliche Tun der Anderen nicht zu sehr einschränken. In diesem Beziehungsfeld zwischen den beteiligten Menschen bietet die Demokratie die Praktizierung von Freiheit an.

Die Freiheit des Tuns umfasst das Tauschen von qualitativen Gütern und die Herstellung, den Verkauf und den Erwerb quantitativer Güter, eingeschränkt durch das Regelwerk der Demokratie.

Vorhergehende Aussagen beschreiben das Tun freiheitlich orientierter Menschen, die den demokratischen Staat bilden. Wenn von Freiheitlichkeit und Liberalität die Rede ist, dann sind also qualitative Güter, quantitative Güter, Geld und deren Tausch im Gespräch.

Diesen Zusammenhang kann man auch wie folgt darstellen. Das freie Tun, Denken, Forschen und Organisieren und in deren Folge der technische Fortschritt und der bessere Komfort des Lebens finden mit Hilfe qualitativer und quantitativer Güter statt, die im demokratischen Umfeld hergestellt, getauscht und gehandelt werden.

In Zeiten ausreichenden quantitativen realwirtschaftlichen Wachstums werden neben den qualitativen Gütern die Vorteile der Teilhabe an Wachstumserfolgen in Form von quantitativen Gütern und Geld gern wahrgenommen.

In Zeiten mangelhaften quantitativen Wachstums scheint sich der Umgang mit quantitativen Gütern zu verändern, wie im Folgenden aufgezeigt wird.

Die Freiheit zu automatisierungs- und rationalisierungsgestützter Herstellung quantitativer Gütern kann insbesondere bei asymmetrischer Verteilung der Wachstumserfolge zunehmend zu gesellschaftlicher und globaler Polarisierung führen. Sie zeigt sich zwischen …

- Menschen mit bezahlter Arbeit und Menschen ohne bezahlte Arbeit
- Menschen mit ausreichendem Einkommen und Menschen mit ungenügendem Einkommen
- Menschen mit Vermögen zum Überbrücken finanziell schwieriger Zeiten und Menschen ohne Vermögen
- Menschen mit ausreichender Zukunftssicherung und Menschen ohne ausreichende Zukunftssicherung
- Ländern mit Leistungsbilanzüberschüssen und solchen mit Leistungsbilanzunterdeckung
- Ländern mit vielen verhältnismäßig reichen Menschen und Ländern mit sehr vielen verhältnismäßig armen Menschen
- Ländern mit stabiler Demokratie im Rahmen einer die Bevölkerung gut versorgenden Realwirtschaft und armen Ländern mit schlechter realwirtschaftlicher Versorgung, die eventuell Unruheherde hervorbringen oder auch autoritär regiert werden.

Die negativen Folgen gesellschaftlicher Polarisierung werden verständlicherweise vordergründig abgelehnt, aber offensichtlich zu wenig durch akkumuliertes individuelles Gegensteuern durch die Vorteilsnehmer bekämpft.

J 4.2 Demokratie, Freiheitlichkeit / Liberalität und Varianten der Polarisierung

Vorteilsnehmer gesellschaftlicher Polarisierung sind versucht, ihre Vorteile damit zu rechtfertigen, dass diese im Rahmen der freiheitlichen Demokratie entstehen. Die Benachteiligten gesellschaftlicher Polarisierung sollen offensichtlich die negativen Folgen im Rahmen der freiheitlichen Demokratie akzeptieren. Hier schränkt das freiheitliche Tun der einen das Tun der anderen übermäßig ein. Mögliche gesellschaftliche Spannungen bergen ein Gefährdungspotenzial für die freiheitliche Demokratie. Deshalb gilt es, analysierende Überlegungen anzustellen.

- Moralorientierte Reaktion

Als Reaktion auf gesellschaftliche Polarisierung werden reiche Menschen gern von ärmeren Menschen für das Entstehen der Polarisierung und insbesondere für deren Folgen verantwortlich gemacht. Im Namen der Gerechtigkeit scheint es sich anzubieten, moralisch begründete Forderungen zu erheben, welche besagen, ärmere Menschen müssten auf Kosten der reicheren Menschen ausreichend an realwirtschaftlichen Wachstumserfolgen teilhaben können.

- Stabilitätsorientierende Reaktion

Weiterhin gibt es die stabilitätsorientierte Forderung nach Umverteilung insbesondere von gespartem Geld, welches bei Menschen mit höheren Einkommen vorhanden sein kann. Das Geld soll in die Hände ärmerer Menschen geleitet werden, damit es von dort schnell in den realwirtschaftlichen Konsum gelangen kann, um neues quantitatives realwirtschaftliches Wachstum und neue Wachstumserfolge für alle Beteiligten zu ermöglichen. So soll die Zufriedenheit aller beteiligten Menschen und die Stabilität des durch sie getragenen liberalen demokratischen Staats fortgeschrieben werden.

Sofern moralorientierte oder stabilitätsorientierte Forderungen nach Umverteilung in großem Umfang realisiert würden, käme eine neue Polarisierung ins Spiel. Das ist eine durch realwirtschaftliches Wachstum und Ressourcenverbrauch getriebene ökologische Polarisierung, die sich im Laufe der Zeit zwischen den zwei Zeitpunkten ergibt, die im Folgenden behandelt werden.

- Die Zeit ausreichender Ressourcen

Es ist einerseits die Zeit vorstellbar, in der genügend Energie, Rohstoffe und zum Verbrauch erforderliche Umwelt vorhanden sind, um permanentes quantitatives realwirtschaftliches Wachstum zu ermöglichen. Für alle Beteiligten könnten dann in ausreichendem Umfang qualitative und quantitative Güter und Wachstumserfolge bereitstehen, damit diese Menschen den liberalen demokratischen Staat zu tragen bereit sind, wenn er begleitend die Gemeinschaftsaufgaben erfüllt und Stabilität gewährleistet.

- Die Zeit mangelhaften Ressourcenvorrats
Da ist andererseits die Zeit, in der zur Verteilung anstehende Ressourcen teilweise zu knapp werden. Das können Ressourcen der Energie und der Rohstoffe und insbesondere die Ressource der zum Verbrauch verwendbaren Umwelt sein.

Knappe Ressourcen können zu Verteilungskämpfen führen. Diese werden vielleicht zunächst teilweise durch das Marktgeschehen geregelt. Verteilungskämpfe können aber auch andersartige Resultate zeigen, wie sie im Folgenden angerissen werden:

- Völkerwanderung als angewandte Demokratie
Die Teilhabe armer Menschen bzw. armer Bevölkerungsteile an Wachstumserfolgen reicher Menschen bzw. reicher Völker könnte durch eine informationstechnologisch gestützte Völkerwanderung ermöglicht werden. Damit zeigt sich dann eine Form angewandter Demokratie, indem mit den Füssen abgestimmt wird.

So würde die Forderung wirtschaftlich erfolgreicher demokratischer Staaten erfüllt, Demokratie zu praktizieren. Diese Forderung ist zwar nicht mit der Aufforderung zur Völkerwanderung verbunden, sondern impliziert eher die Forderung, den Status der Armut weitgehend zu akzeptieren und vor diesem Hintergrund im eigenen Lande Demokratie zu praktizieren.

- Verteilungskämpfe um Ressourcen können frühe Ursachen haben, die erst später existenzielle nicht mehr aufhaltbare Folgen mit sich bringen
Die Knappheit der Ressource der zum Verbrauch bereitstehenden Umwelt ist insbesondere durch den Zeitpunkt gekennzeichnet, ab dem ihr Verbrauch kaum noch aufhaltbare existenzielle Folgen für Teile der Erde oder die ganze Erde mit sich bringen

kann. Natürlich mag man darüber spekulieren, ob eine solche Entwicklung etappenweise oder räumlich begrenzt vor sich geht, ob rechtzeitig Gegenbewegungen wirksam werden oder ob der Verbrauch der insgesamt bereitstehenden Umwelt ab einem gewissen Zeitpunkt eigendynamisch unaufhaltbar voranschreitet.

Menschen könnten sich fragen, ob sie sich den Schuh zynischen Verhaltens anziehen wollen, indem sie anscheinend auf die schicksalsgesteuerte, zeitoptimierte Gnade des rechtzeitigen Todes setzen, um später nicht wegen Verursachung von Hunger und Umweltzerstörung vor einem internationalen Gerichtshof zur Verantwortung gezogen werden zu können.

Alle Menschen könnten aber auch darüber nachdenken, wie Hunger und Armut und der Existenz gefährdende Ressourcenverbrauch - speziell bei der Ressource Umwelt - existenzsichernd gemindert werden könnten.

K   Zwischenergebnis

Zusammenfassend kann man feststellen, dass alles was Menschen tauschen, abgeben oder erwerben, in qualitative bzw. quantitative Güter aufgeteilt werden kann. Den Gütern, denen kein Geldwert zugeordnet ist, sind qualitative Güter. Sie werden einfach gegeneinander getauscht. Die Gütern, denen ein Geldwert zugeordnet ist, sind quantitative Güter. Sie können mit Geld verkauft oder erworben werden.

Realwirtschaftliche Entwicklungen kann man an Hand des Erwerbs quantitativer Güter und des damit realisierten quantitativen realwirtschaftlichen Wachstums darstellen.

Da sind einerseits die Zeiten ausreichenden quantitativen realwirtschaftlichen Wachstums. Beteiligte Menschen können dann genügend hohe Wachstumserfolge erhalten und sich damit nicht nur das Überleben sichern, sondern sich auch zunehmend Komfort gönnen. Sie können vielleicht sogar Statussymbole erwerben. Damit existieren Voraussetzungen für eine zufriedene stabile demokratische Gesellschaft. Eine solche Entwicklung scheint aber natürliche Begrenzungen zu haben.

Ständig zunehmendes quantitatives realwirtschaftliches Wachstum bringt nämlich einen ständig zunehmenden Verbrauch von Ressourcen mit sich. Speziell betrifft das die Ressource Umwelt. So entsteht eine durch Ressourcenverbrauch getriebene ökologische Polarisierung. Sie findet zwischen zwei Zeitpunkten statt. Der erste Zeitpunkt ist der Startpunkt. Er ist dadurch gekennzeichnet, dass Ressourcen ab dann schneller abnehmen als die Erde sie nachliefern kann. Der zweite Zeitpunkt ist der, ab dem der Verbrauch speziell der Ressource Umwelt global existenzgefährdende unumkehrbare Folgen zeigt. Um eine solche Entwicklung wirkungsvoll abzuschwächen, erscheint es logisch, quantitatives realwirtschaftliches Wachstum rechtzeitig und hinreichend abzuschwächen.

Neben dem obigen Gedankengang zu ausreichendem quantitativem realwirtschaftlichem Wachstum gibt es das Phänomen mangelhaften quantitativen realwirtschaftlichen Wachstums zu bedenken Das mangelhafte Wachstum kann dadurch entstehen, dass Menschen wenig Geld erhalten oder dass sie durch Rationalisierung und Automatisierung arbeitslos werden und ihr Verdienst tendenziell abnimmt. Dann schwächelt die ihnen zur Verfügung stehende Kaufkraft. Wenn parallel dazu für andere Menschen weiterhin Löhne, Gehälter und Einkommen steigen und sie einen Teil davon sparen, entziehen sie dadurch dem konsumtiven Kreislauf Geld. Sowohl schwächelnde Kaufkraft der einen Gruppe als auch Sparen der anderen Gruppe schwächen den konsumtiven Kreislauf.

Wenn sich Phänomene auseinanderdriftender Einkommen verstärken, kann das in gesellschaftlicher Polarisierung münden:
-    zwischen Menschen mit ausreichend bezahlter Arbeit und solchen, die keine oder zu gering bezahlte Arbeit haben,
-    zwischen Menschen mit ausreichendem oder zu geringem Einkommen,
-    zwischen Menschen ohne Vermögen und solchen mit Vermögen,
-    zwischen Menschen, bei denen die Unterschiede zwischen ihnen durch prozentuale Erhöhungen von Löhnen, Gehältern und Einkommen verstärkt werden,
-    zwischen Staaten mit Leistungsbilanzüberschuss und solchen mit Leistungsbilanzunterdeckung.

Bei einer gruppenorientierten Betrachtung sehen wir, dass sich Gruppen von Menschen herausbilden wie diejenigen, die…
-    zu wenig zum Essen haben, so dass sie hungern,
-    sich nur von der eigenen Landwirtschaft ernähren,
-    sich nur sehr unzureichend medizinisch versorgen können,
-    sich bei Niedrigstlöhnen keine Reserven für Engpässe zulegen können,
-    bei eigenen Niedriglöhnen auf Güter aus Ländern mit Niedrigstlöhnen angewiesen sind,

- bei Niedriglöhnen auf Hilfe angewiesen sind,
- ausreichende Einkommen erhalten,
- hohe Einkommen erhalten bzw. Vermögen besitzen.

Die erwähnten Menschen leben in unterschiedlichsten Ländern, die man wie folgt charakterisieren kann. Es gibt Länder …
- mit überwiegend sehr armen Menschen,
- mit einer Mischung aus armen und ausreichend versorgten Menschen,
- mit einer Mischung aus ausreichend und gut bis sehr gut versorgten Menschen.

Es gibt also Polarisierung unterschiedlichen Grades, die sich innerhalb von Ländern zwischen Menschen zeigt und beim Vergleich zwischen Ländern. Es stellt sich die Frage, wie man den Vorgang der Polarisierung transparent machen kann, wie er sich eventuell weiterentwickelt und wie man ggf. intervenieren kann

In Zeiten ausreichenden quantitativen realwirtschaftlichen Wachstums können Politiker Wachstumserfolge zwecks Erledigung von Gemeinschaftsaufgaben und zugunsten benachteiligter gesellschaftlicher Gruppen umverteilen und so die gesellschaftliche Zufriedenheit untermauern helfen.

Zu Zeiten mangelhaften quantitativen realwirtschaftlichen Wachstums und auftretender erster Grenzen der Beeinflussbarkeit des Wachstums fehlt Politikern offensichtlich der Mut zu weiterer wirksamer finanzieller Umverteilung in Richtung konsumschwacher Menschen. Die Umverteilung müsste wohl dazu dienen, die wachsende Realwirtschaft so in der Spur zu halten, dass alle Menschen an Wachstumserfolgen teilhaben können, satt zu essen haben und angemessen leben können. Einen Weg der weiteren wachstumswirksamen Umverteilung trauen sich Politiker anscheinend nicht zu, weil sie fürchten, von den Vorteilsnehmern der Polarisierung als nicht wählbar eingestuft zu werden, wenn diese zwecks Umverteilung Einbußen hinnehmen müssten.

10.04.2023

Wenn für manche Politiker die Zeit des Lavierens bezüglich Umverteilung anscheinend abgelaufen ist, besteht für diese wohl die Versuchung, zu so genannten Populisten zu mutieren. Sie können Kristallisationspunkte einer Entwicklung werden, die den Eindruck erwecken, gegen Ursachen gesellschaftlicher Polarisierung vorgehen zu wollen.

Es stellt sich die Frage, inwieweit sogenannte Populisten den Antrieben gesellschaftlicher Polarisierung wirklich auf den Grund gehen wollen. Es gibt die Vermutung, dass sie ersatzweise z. B. benachteiligte, wenig erfolgreiche und fremde Menschen oder Menschen aus fremden Kulturen auf die Bühne stellen, diesen Menschen die Schuld für die gesellschaftliche Polarisierung und Unzufriedenheit zuschieben und sich ihr Tun von Teilen der Bevölkerung aus dem Land der Populisten als richtig bestätigen lassen.

Wenn man diesen Gedanken logisch fortführt, begegnen Populisten den realwirtschaftlichen Fehlentwicklungen eher autoritär, weil sie vermutlich kaum wirksame realwirtschaftliche Lösungen zwecks Bekämpfung der verschiedenen Varianten der Polarisierung im Köcher haben, die sie realisieren können oder wollen.

Spätestens hier gilt es, nach Möglichkeiten der Beeinflussung der verschiedenen Varianten der Polarisierung Ausschau zu halten. Das geschieht an Hand der Stichworte Depolarisierung und Nachhaltigkeit.

L Handlungsmöglichkeiten – zusammengefasst

Zunächst werden die Varianten der Polarisierung kurz dargestellt, die den Kern dieses Buches ausmachen.

- Entstehen einer ersten Stufe von Polarisierung, verursacht durch divergierende Einkommen, die mit realwirtschaftlichem Wachstum daherkommen.

Unterschiedliche Einkommen können realwirtschaftliches Wachstum anregen. Das kann dadurch geschehen, dass höhere Einkommen einer Gruppe Anreiz für eine andere Gruppe sein kann, auch mehr erhalten zu wollen. Die Zunahme der niedrigen Einkommen geschieht dann meistens bei gleichzeitiger Steigerung der höheren Einkommen, wobei die Abstände zwischen den Gruppen eher größer werden. Wenn sich Einkommenszunahmen dieser Art in die realwirtschaftlichen Kreisläufe einpassen, wirken unterschiedliche Einkommen als Antrieb realwirtschaftlichen Wachstums, von dem alle Beteiligten profitieren können.

Die divergierenden Einkommenshöhen können eine erste Stufe gesellschaftlicher Polarisierung bilden.

- Gesellschaftliche Polarisierung

Gesellschaftliche Polarisierung kann sich verstärken, wenn durch Automatisierung und Rationalisierung zusammen mit Ressourceneinsatz zunehmend schnell Konsumgüter und Investitionsgüter hergestellt werden können.

Dafür sind einerseits gering qualifizierte Menschen in abnehmender Anzahl erforderlich. Sie erhalten tendenziell weniger zusätzliches Geld.

Andererseits werden zunehmend Menschen benötigt, die die erforderlichen Qualifikationen aufweisen. Diese Menschen erhalten zunehmend mehr Geld und können einen Teil davon sparen.

Im Zusammenspiel mit der beschriebenen Entwicklung ergibt sich eine Auseinanderentwicklung der Einkommen. Das ist ein Vorgang gesellschaftlicher Polarisierung zwischen Beziehern unterschiedlich hoher Einkommen.

Der vor dem technologischen und wirtschaftlichen Hintergrund beschriebene Vorgang gesellschaftlicher Polarisierung wird durch asymmetrische und damit auch prozentuale Verteilung z. B. von Lohn- und Gehaltserhöhungen zusätzlich verstärkt.

Wenn den konsumtiven Kreisläufen zu wenig Geld zugeführt wird, weil für viele Menschen die Löhne und Gehälter viel zu niedrig sind und weil viele andere Menschen bei höheren Einkommen zu viel Geld sparen, deuten sich Auswirkungen an. Wenn die Realwirtschaft dann nämlich schwächelt, kann die Forderung der Vorteilsnehmer nach zusätzlichen Einkommen primär nur durch Einschränkungen bei benachteiligten Menschen erfüllt werden. Vor diesem Hintergrund bringt eine Realwirtschaft relative Umverteilung von Benachteiligten hin zu Vorteilsnehmern mit sich. Auch dadurch wird gesellschaftliche Polarisierung verstärkt.

-       Ökologische Polarisierung
Ökologische Polarisierung kann entstehen, wenn Menschen sich mit Hilfe von Automatisierung und Rationalisierung einen Verstärkungsfaktor zulegen und so fortlaufend mehr Konsum- und Investitionsgüter herstellen. Dabei werden zunehmend Ressourcen wie Rohstoffe, Energie und Umwelt eingesetzt. Der Einsatz von Rohstoffen und Energie verursacht wesentliche Schädigungen der Umwelt. Der Verbrauch von Ressourcen bringt im Laufe der Zeit die ökologische Polarisierung mit sich. Sie betrifft hauptsächlich die Ressource Umwelt und entwickelt sich zwischen zwei Zeitpunkten, hat also eine zeitliche Dimension. Der erste Zeitpunkt ist dadurch gekennzeichnet, dass die Menge eingesetzter Ressourcen größer wird als die Menge, die von der Erde nachgeliefert werden kann. Der zweite Zeitpunkt der ökologischen Po-

larisierung wird erreicht, wenn der Ressourcenverbrauch existenzgefährdend wird, sich vielleicht sogar eigendynamisch entwickelt und dann nicht mal mehr eines externen Antriebs bedarf

- Globale Polarisierung

Globale Polarisierung zeigt sich schwerpunktmäßig durch die Herausbildung armer und reicher Länder und durch sehr unterschiedliche Mengen an Gütern und Ressourcen, die den polarisierten Ländern zur Verfügung stehen.

Reiche Länder können die globale Polarisierung beeinflussen. Das kann einerseits geschehen, indem sie an arme Länder für deren Lieferung von Rohstoffen und landwirtschaftlichen Produkten und für deren Produktfertigung geringe Preise bezahlen. Andererseits haben arme Länder an die reichen industrialisierten Länder eher hohe Preise zu zahlen.

Somit erhalten arme Länder wenig Geld zum Erwerb von Gütern und indirekt zum damit verbundenen Verbrauch von Ressourcen. Wenn es reichen Ländern somit gelingt, den Verbrauch von Ressourcen durch arme Länder zu minimieren, so können die reichen Länder ihren zeitlichen Horizont der Versorgung mit Ressourcen dehnen.

Vor den Hintergründen gesellschaftlicher, ökologischer und globaler Polarisierung werden zwecks deren Begrenzung jetzt Instrumente für Depolarisierung und Nachhaltigkeit aufgezeigt.

L 1 Instrumente für die Depolarisierung

Es werden folgende Instrumente zur Minderung von Polarisierung und für die Depolarisierung dargestellt:
- Mindestlöhne
- Präventive Umverteilung durch mehr gleichverteilte Löhne und Gehälter

- Umverteilung von Spekulationserfolgen
- Umverteilung zwischen Staaten – Staatsbankrott zulassen

- Mindestlöhne

Man könnte Mindestlöhne stufenweise soweit erhöhen, bis deren Empfänger angemessen davon leben können. Weiterhin wäre es sinnvoll, dass mit Hilfe der Mindestlöhne für deren Bezieher eine Altersversorgung aufgebaut werden könnte, so dass für diese Menschen keine Altersarmut droht.

Die Preise für die Produkte, die mit Hilfe der Menschen mit Mindestlohnbezug hergestellt werden, müssten soweit erhöht werden, dass die Erhöhung der Mindestlöhne gewährleistet werden kann. Die stufenweise Erhöhung der Mindestlöhne sollte so langsam vor sich gehen, dass sich der Gütermarkt kontinuierlich anpassen kann.

Die Preiserhöhungen wären auch von den Vorteilsnehmern gesellschaftlicher Polarisierung zu bezahlen. Die Kaufkraft der Vorteilsnehmer würde dadurch zusätzlich beansprucht. So ergibt sich eine indirekte Umverteilung von den Vorteilsnehmern in Richtung der Menschen mit zu geringen Einkommen. Somit findet eine partielle Minderung gesellschaftlicher Polarisierung statt.

- Präventive Umverteilung durch mehr gleichverteilte Löhne und Gehälter

Ein Antrieb für gesellschaftliche Polarisierung mit ihren bekannten negativen Folgen ist die prozentuale Zunahme von Einkommen. Menschen mit hohen Löhnen und Gehältern erhalten dabei einen höheren Zuschlag als Menschen mit geringen Löhnen und Gehältern. Damit geht die Einkommensschere zunehmend auseinander. Die gesellschaftliche Polarisierung wird angetrieben.

Als Gegenmittel zu dieser Entwicklung bietet es sich an, dass prozentuale Erhöhungen von Löhnen und Gehältern teilweise durch Erhöhungen gleichen Betrages abgelöst werden. Die Einnahmesteigerung der Menschen mit hohen Löhnen und Gehältern würde geschwächt. Es zeigt sich eine präventive Umverteilung von den Menschen mit hohen Löhnen und Gehältern in Richtung der Menschen mit zu geringen Löhnen und Gehältern. Die gesellschaftliche Polarisierung mit ihren Folgen würde gemildert.

Es erscheint sinnvoll, die Instrumente „Mindestlöhne" und „mehr gleichverteilte Löhne und Gehälter" stabilitätsorientiert zu beschränken, indem man z. B die Summe der Löhne und Gehälter des Vorjahres als Maßstab nimmt.

-        Umverteilung von Spekulationserfolgen
Es erscheint sinnvoll, Spekulationserfolge insoweit in Richtung Realwirtschaft umzuleiten, dass realwirtschaftliches Wachstum in ausreichendem Umfang gefördert wird. Die Umverteilung müsste so erfolgen, dass der beabsichtigte Erfolg angemessener Depolarisierung beobachtbar ist und geregelt werden kann.

-        Umverteilung zwischen Staaten – Staatsbankrott zulassen
Zwischen Staaten gibt es das Zusammenwirken von Leistungsbilanzüberschuss und Leistungsbilanzunterdeckung. Wenn sich die Schere zwischen beiden zu sehr öffnet, ist das ein Polarisierungsphänomen. Ab einem bestimmten Grad der Polarisierung erscheint es sinnvoll, der Polarisierung durch Ausgleich zwischen den Staaten zu begegnen. Als marktwirtschaftliche Lösung bietet es sich an, dass man die Insolvenz von überschuldeten, fast zahlungsunfähigen Staaten zulässt. Damit hätten Kreditgeber das zentrale Interesse, die Überschuldung von Staaten zu vermeiden, um den Verlust gegebener Kredite nach einem Staatsbankrott zu verhindern.

L 2   Instrumente für Nachhaltigkeit

In einem ersten Schritt wurden Möglichkeiten zur Minderung von Polarisierung und für die Depolarisierung betrachtet. Mit deren

Hilfe soll erreicht werden, dass bei ausreichendem realwirtschaftlichem Wachstum an alle Beteiligten so viel Wachstumserfolge verteilt werden können, dass gesellschaftliche Zufriedenheit und demokratische Stabilität gewährleistet sind

In einem zweiten Schritt ist Nachhaltigkeit zu realisieren. Die ist erforderlich, wenn quantitatives realwirtschaftliches Wachstum als Mittel zur Depolarisierung zunehmenden Ressourcenverbrauch verlangt. Da dieser letztendlich in Richtung zu großen Verbrauchs der Ressourcen Umwelt, Rohstoffe und Energie führt, gilt es eine solche Entwicklung zu verhindern, insbesondere für die zentrale Ressource Umwelt. Zur wirkungsvollen Streckung des Ressourcenverbrauchs kann die Nachhaltigkeit dienen.

Dabei ist es besonders wichtig, dass zwischen der Realisierung von Umweltverbrauch und den für die Menschen existenziellen Folgen relativ viel Zeit vergehen kann. Die verursachenden Generationen sind vielleicht bereits gestorben, wenn sich die nachfolgenden Generationen mit den Folgen konfrontiert sehen.

Um den Ressourcenverbrauch entscheidend zu begrenzen, ist eine nachhaltige Realwirtschaft erforderlich. Sie kennt folgende Maßnahmen: Einsatz regenerativer Energie, Recycling von Rohstoffen und Minderung von Umweltverbrauch.

Eine nachhaltige Realwirtschaft basiert als Erstes auf dem Einsatz regenerativer Energie, die sinnvollerweise schwerpunktmäßig dort zu generieren ist, wo das mit optimalem Aufwand möglich ist.

Für den weitergehenden Aufbau einer nachhaltig agierenden Realwirtschaft kommt das Recycling ins Spiel. Dafür empfiehlt sich ein spezieller Ländertyp. In solchen Ländern wären die Löhne sinnvollerweise wesentlich niedriger als in traditionellen Hochlohn-Industriestaaten. Die niedrigeren Löhne müssten einerseits so hoch sein, dass realwirtschaftliche Kreisläufe in genügendem Umfang existieren können. Andererseits würde sich Recycling bei niedrigeren Löhnen eher lohnen als in lohnintensiven traditionellen Industriestaaten.

Durch die Kombination erneuerbarer Energie und per Recycling gewonnener Rohstoffe würde neben dem Verbrauch nicht erneuerbarer Energie mit ihren impliziten Umweltschäden auch der Verbrauch von Rohstoffen aus dem Ressourcenvorrat gemindert.

Die Investitionen in eine nachhaltige Realwirtschaft könnten von Bevölkerungsgruppen vorgenommen werden, die sich nicht an den Risiken spekulativer Geldkreisläufe beteiligen. Die Leistungsfähigkeit einer solchen Alternative lässt sich erahnen, wenn man sich vorstellt, die verlorenen Werte geplatzter Finanzblasen wären nachhaltig investiert worden.

Natürliche Interessenten an nachhaltigen Investitionen sind auch Finanzunternehmen, die die Folgeschäden von Umweltzerstörung zu bezahlen haben. Wegweisend für nachhaltige realwirtschaftliche Projekte könnten große Unternehmen mit entsprechenden Potenzialen sein.

L3   Was nun?

Weil Menschen überleben möchten, besser leben möchten oder auch in Luxus leben möchten, gibt es einen wachsenden Bedarf an Gütern: Konsumgütern und Investitionsgütern. Wenn das dafür erforderliche Wachstum im Zusammenspiel mit Geld erfolgt, wird es in diesem Buch „quantitatives realwirtschaftliches Wachstum" genannt. Die angesprochenen Güter heißen dann „quantitative Güter".

Erzielte Wachstumserfolge werden in Form von Erhöhungen von Löhnen, Gehältern, Zinsen und Renditen meistens prozentual verteilt. Je nach Höhe der Einkommen und aufgebauten Vermögen fallen die Erhöhungen dabei unterschiedlich aus. Manche

Menschen haben somit im Laufe der Zeit wenig oder auch zu wenig Geld zur Verfügung, um ihren Lebensunterhalt angemessen gestalten zu können. Andere Menschen können so viel Vermögen aufbauen oder auch erben, dass es nicht insgesamt für Investitionen in realwirtschaftliches Wachstum benötigt wird und stattdessen teilweise in spekulativen, rein finanzwirtschaftlichen Kreisläufen für Instabilitäten sorgen kann.

Die Auseinanderentwicklung von Einkommen und Vermögen zwischen Menschen kann zu Polarisierung in und zwischen Ländern führen. Zunehmende Polarisierung birgt die Gefahr von Verteilungskämpfen, Verteilungskriegen und Fluchtbewegungen.

Um Polarisierungsfolgen in armen Ländern einzudämmen, können dortige autoritäre Regierungen durch Rüstungsexport gestützt werden, damit diese Regierungen polarisierungsbedingte Unruhen verhindern.

Es können auch Mauern und Zäune gegen Flüchtlinge gebaut oder geologische Hindernisse wie z. B. Meere als natürliche Grenzen gegen Flüchtlinge genutzt werden.

Alternativ zur polarisierend wirkenden asymmetrischen Verteilung von Wachstumserfolgen könnte man diese teilweise durch Gleichverteilung ersetzen. So könnte bei benachteiligten Menschen eine zunehmende Zufriedenheit entstehen sowie ein Fundament für einen stabilen demokratischen Staat.

Die mehr gesellschaftliche Stabilität und Demokratie fördernde Gleichverteilung von Wachstumserfolgen ermöglicht weltweit wesentlich mehr Konsum und Verbrauch von Ressourcen wie Rohstoffe, Energie und Umwelt. Dieser Verbrauch bedeutet letztendlich eine globale Existenzgefährdung. Um dieser Entwicklung entgegenwirken zu können, bedarf es des Recyclings, des Einsatzes erneuerbarer Energie und insbesondere der Reduktion des Verbrauchs von Umwelt.

Wenn wegen der Begrenztheit der Ressource Umwelt das globale quantitative realwirtschaftliche Wachstum beschränkt werden müsste, gibt es offensichtlich keine marktwirtschaftliche Eigendynamik, die nur angestoßen werden müsste.

Die mögliche existenzielle globale Bedrohung durch den Verbrauch der Ressource Umwelt kann sich speziell deshalb eigendynamisch entwickeln, weil sich Klima und Wasser grenzenlos bewegen können. Klimawandel und der Meeresverschmutzung können also nicht hinter Grenzen gehalten werden.

Deshalb wird der Wettbewerb um den beschriebenen Anteil am Verbrauch von Umwelt betrachtet. Der Verbrauch geschieht u. a. durch Verschmutzung von Luft und Meeren. In diesem Zusammenhang dient Umweltschutz dazu, auf die Verschmutzung von Luft und Meeren in ausreichendem Umfang zu verzichten. Da die Verschmutzung von Luft und Meeren kaum Grenzen kennt, müssten alle Verschmutzer innerhalb ihrer Grenzen die Verschmutzung angemessen eindämmen. Da könnten Länder A, die bisher bei geringem Wohlstand geringe zukunftswirksame Verschmutzung pro Person betrieben haben, darauf bestehen, dass andere Länder B mit bisher großer Verschmutzung pro Person bei der Einsparung von Verschmutzung in Vorleistung zu treten haben. Wenn die Länder A zwecks Erreichung angemessenen minimalen Wohlstands weiterhin Verschmutzung betreiben wollen und die Verschmutzung kaum Ländergrenzen kennt, würde ein Konflikt mit den Länder B nahe liegen. Hier stellt sich eine wichtige Frage nach zukünftigen interessengeleiteten Kooperationen zwischen vielen Ländern.

10.04.2023

Abschließend tun sich weitreichende Fragen auf:

Wie sieht die globale Situation aus, wenn Güterverbrauch, Rohstoffeinsatz, Energieeinsatz und Umweltverbrauch zu globaler existenzieller Gefährdung führen?

Gibt es in ausreichendem Umfang Umverteilung zwischen im Rahmen der Realwirtschaft polarisierten Menschen, Gruppen und Völkern?
Gibt es genügend Recycling von Rohstoffen?
Steht genügend erneuerbare Energie zur Verfügung?
Kann durch Recycling und den Einsatz regenerativer Energie der Verbrauch von Umwelt maßgeblich begrenzt werden?
Gelingt eine erforderliche Entwicklung durch:
- **demokratisch herbeigeführte Regelungen mit Leuchtturmfunktion für viele ärmere Länder?**
- **autoritäre militärisch basierte Regierungen?**
- **informationstechnologisch basierte Regime?**
- **rechtzeitig wirksam werdende Sachzwänge, ausgelöst durch die in zu umfangreichem Verbrauch befindliche Umwelt?**
- **Aktivitäten vieler Idealisten bezüglich Minderung gesellschaftlicher, globaler und ökologischer Polarisierung, auch wenn die Vorteilsnehmer gesellschaftlicher, ökologischer und globaler Polarisierung weitermachen wie bisher?**

Beschreibung zentraler im Buch verwendeter Begriffe

Qualitative Güter
>   Sie können ohne Verwendung von Geld getauscht werden. Zu ihnen gehören u. a. menschliche Zuwendung, Anerkennung, Kommunikation und unentgeltliche Hilfe. Aber auch viele Produkte haben qualitativen Charakter, wenn sie ohne Verwendung von Geld getauscht werden. Bei vielen qualitativen Gütern wird der Tausch ausgehandelt. Oft werden sie aber einfach gegeben und genommen.

Quantitative Güter
>   Diesen ist ein Preis zugeordnet und sie können dafür verkauft und erworben werden.

Finanzielle Mittel / Geld
>   Damit können quantitative Güter gekauft oder auch verkauft werden. Sie können auch zwischengelagert, an andere Menschen verliehen und von anderen Menschen ausgeliehen werden - oft in Verbindung mit Zinszahlungen.

Tauschwirtschaft
>   In ihr werden qualitative Güter gegen andere qualitative Güter getauscht.

Konsumwirtschaft
>   Sie besteht aus für den Endverbrauch bestimmten quantitativen Gütern, die für Geld erworben werden können.

Realwirtschaft
>   Sie besteht aus quantitativen Gütern. Um diese Güter kaufen und verkaufen zu können, sind finanzielle Mittel erforderlich. Meistens wird Geld als Zahlungsmittel eingesetzt. Bei der Realwirtschaft handelt sich um eine Vereinigung quantitativer Güter und finanzieller Mittel in realwirtschaftli-

chen Kreisläufen. Weiterhin verselbständigen sich finanzielle Mittel aber auch in der realwirtschaftlich ausgerichteten Finanzwirtschaft, die anschließend beschrieben wird.

Realwirtschaftlich ausgerichtete Finanzwirtschaft

In der auf Realwirtschaft ausgerichteten Finanzwirtschaft werden also Finanzmittel dafür eingesetzt, quantitative Güter zu verkaufen und zu erwerben. Weiterhin werden mit Hilfe der realwirtschaftlich ausgerichteten Finanzwirtschaft die für die Funktionsfähigkeit der Realwirtschaft erforderlichen Geldzwischenlagerungen, Kreditvergaben und Kreditaufnahmen vorgenommen.

Spekulativ ausgerichtete Finanzwirtschaft

Sie bietet den Anreiz, mit Geld per Spekulation eventuell zusätzliches Geld zu verdienen. Zunächst werden vielleicht Anteile von Unternehmen in Form von Aktien gekauft. Diese Anteile sollen eventuell nur Rendite erbringen, die von den Unternehmen erwirtschaftet wird. Wenn auf Grund guter Rendite der Kurs von Anteilen steigt, bieten Kursgewinne eventuell einen Anreiz, Anteile zu verkaufen und dabei neben der Rendite auch die Kursgewinne zu realisieren. In diesem Zusammenhang kann es auch reizvoll sein, in einer Atmosphäre steigender Kurse resultierende Kursgewinne zu realisieren, ohne die Renditezahlung abzuwarten. Diese Entwicklung kann sich eventuell als rein spekulativer Handel im Rahmen der spekulativ ausgerichteten Finanzwirtschaft verselbständigen. Um eine Trennung von spekulativ und rein spekulativ ausgerichteter Finanzwirtschaft handhabbar zu machen, kann man für den Übergang eine Handelsfrequenz definieren.

Informationswirtschaft

Informationen können gesammelt, getauscht und verwertet werden. Sie erfahren ihre zentrale Anwendbarkeit in Verbindung mit der Informationstechnologie. Diese wiederum ist Teil der Informationswirtschaft. Dort wirkt Informationstechnologie z. B. mit Unterhaltung, Spielen, Realwirtschaft und Spekulationswirtschaft zusammen. Die informationstechnologisch gestützte Geheimhaltung von Informationen und dadurch ermöglichte Vorteile sind ein Antrieb in der wettbewerbsorientierten Realwirtschaft.

Menschliche Verstärkungsfaktoren

Wenn Menschen nur ihre körperliche Energie zu Verfügung haben, sind sie damit ausgelastet, eigenes Überleben in sehr begrenztem Umfang zu gewährleisten. Wenn sie mit Hilfe von Bildung, Forschung, Entwicklung, Maschinerie, Informationstechnologie und Einsatz von Rohstoffen und externer Energie Güter erzeugen, wird besseres Überleben möglich. Das Verhältnis von externer Energie zu eigener Energie macht den menschlichen Verstärkungsfaktor aus. Mit ihm nehmen der Verbrauch von externer Energie, Rohstoffen und der Verbrauch von Umwelt zu.

Realwirtschaftliche Treiber

Als Treiber wirken u. a.: Quantitative Güter, menschliche Arbeit, Leistungsbilanzüberschuss, Güterverschwendung, Ressourcenverbrauch, innovative Produkte, Statusgüter, Recycling, Umweltschutz, Investitionen, Bildung, Ersparnisse, Kredite und staatliche Gemeinschaftsaufgaben. Sie wirken im Zusammenspiel mit Maschinerie und Informationstechnologie. Wichtig ist die menschliche Regie

Wachstumserfolge

Das sind jene Geldmengen, die auf Grund der Zunahme quantitativen realwirtschaftlichen Wachstums bereitstehen.

Ausreichendes quantitatives realwirtschaftliches Wachstum

Das Niveau, von der Realwirtschaft ausreichend versorgt zu sein, kann als erreicht gelten, wenn fast alle beteiligten Menschen so viel Wachstumserfolge erhalten, dass sie Zufriedenheit erkennen lassen. Es erscheint plausibel, dass

10.04.2023

für die Gewährleistung gesellschaftlicher Zufriedenheit der Umfang des Bezuges von Wachstumserfolgen bei verschiedenen gesellschaftlichen Gruppen nicht zu weit auseinanderfallen sollte. Weiterhin ist es wohl ratsam, die Hoffnung auf den Erhalt von ausreichenden Wachstumserträgen fortlaufend zu ermöglichen.

Stabilität und Demokratie

Für die Gewährleistung gesellschaftlicher Stabilität kann man es als wichtig unterstellen, dass fast alle Mitglieder der Gesellschaft ausreichend an qualitativem und quantitativem Wachstum beteiligt sein sollten. Weiterhin sollten die Gemeinschaftsaufgaben demokratisch basiert erfüllt werden, um so den Bestand der Demokratie zu sichern.

Mangelhaftes quantitatives realwirtschaftliches Wachstum

Das zeigt sich dadurch, dass zu viele Mitglieder einer Gesellschaft zu wenig Wachstumserfolge erhalten und die Gefahr gesellschaftlicher Unzufriedenheit besteht.

Die globale Treppe

Diese können wir uns so vorstellen, dass sich alle Menschen der Erde auf einer Treppe befinden und zwecks besseren Lebens nach oben wollen. Auf dem Weg nach oben herrscht also Wettbewerb mit anderen Menschen. Dabei geht es ums Überleben, um Überfluss oder Hunger und um Reichtum oder Armut. Die Menschen besitzen unterschiedliche Verstärkungsfaktoren in Form von Geld, Energie und Maschinen. So können sie sich unterschiedlich gut mit Konsum- und Investitionsgütern versorgen. Dabei findet eine zunehmende Polarisierung zwischen den Menschen statt- die Einen kommen unterschiedlich weit nach oben und Andere bleiben unterschiedlich weit unten.

Gesellschaftliche Polarisierung

Im Laufe der realwirtschaftlichen Entwicklung ergibt sich leichthin eine Verstärkung der gesellschaftlichen Polarisierung, die durch Automatisierung, Rationalisierung und zunehmende asymmetrische Verteilung von Wachstumserfolgen angetrieben wird. Gesellschaftliche Polarisierung zeigt sich zwischen Menschen mit ausreichend bezahlter Arbeit und solchen, die keine oder zu gering bezahlte Arbeit haben; zwischen Menschen mit ausreichendem und zu geringem Einkommen; zwischen Menschen ohne Vermögen und solchen mit Vermögen und zwischen Menschen, die durch asymmetrische Erhöhungen von Löhnen, Gehältern und Einkommen im Laufe der Zeit nur sehr unterschiedlich an der Realwirtschaft teilhaben können.

Globale Polarisierung

Globale Polarisierung zeigt sich zischen Staaten mit Leistungsbilanzüberschuss und solchen mit zu großer Leistungsbilanzunterdeckung.

Ökologische Polarisierung

Ökologische Polarisierung kann man so beschreiben, dass sie sich zwischen zwei Zeitpunkten entwickelt. Der erste Zeitpunkt ist dadurch gekennzeichnet, dass Ressourcenvorräte anfangen, schneller abzunehmen als sie sich regenerieren oder erneuern können. Beim zweiten Zeitpunkt ist speziell die Ressource Umwelt soweit verbraucht, dass das Überleben vieler Menschen existenziell gefährdet ist.

Depolarisierung

Depolarisierung wird hier als Instrument zur Bekämpfung verschiedener Varianten von Polarisierung besprochen. Diese Überlegungen drängen sich auf, weil Polarisierung gesellschaftliche und globale Spannungen mit sich bringen kann. Eine Möglichkeit zur Beeinflussung der verschiedenen Arten der Polarisierung ist durch die Informationstechnologie gegeben. Das kommt daher, dass die verschiedenen Arten der Polarisierung u. a. durch realwirtschaftlichen Wettbewerb und dabei praktizierter Geheimhaltung angetrieben werden. Geheim gehaltene Informationen entfalten ihre Wirksamkeit im Zusammenspiel mit der Informationstechnologie. Diese bietet nicht nur die Vorteile der Vernetzbarkeit, ihr ist auch die Verletzbarkeit zu eigen. Die Verletzbarkeit könnte es mit sich bringen, dass Geheimhaltung, Wettbewerbsvorteile und die verschiedenen Varianten der Polarisierung demokratisch legitimiert gemindert werden könnten. Dieser Vorgang sei als demokratisch legitimierbares Instrument zur Depolarisierung bezeichnet.

Nachhaltigkeit

Nachhaltigkeit wird hier so definiert, dass der Vorrat an Ressourcen in Form von Energie, Rohstoffen und zum Verbrauch bereitstehender Umwelt über lange Zeit gewährleistet sein sollte. Dazu bietet es sich an, Industrien schwerpunktmäßig dort anzusiedeln, wo erneuerbare Energie zu günstigen Bedingungen verfügbar ist und wo eher mittlere Lohnniveaus nicht nur Realwirtschaft ermöglichen, sondern auch Recycling attraktiv machen. Solche Standorte mit mittlerem Lohnniveau können einerseits für Niedrigstlohnländer Vorbild sein, die bisher die Hochlohnländer durch ihre Niedrigstlöhne subventionieren. Länder mit mittlerem Lohnniveau dürften andererseits eine Herausforderung für Hochlohnländer sein. Zunächst liegt es nahe, dass diese weiterhin die Polarisierung nutzen, um so einen großen Anteil von Menschen im Rahmen der Polarisierung möglichst arm zu halten und somit von der Ressourcenminderung fernzuhalten. Die reichen Länder könnten so versuchen, die Ressourcenvorräte möglichst lange für sich zu sichern. Die Abschottung gegen Folgen des Klimawandels und der Meeresverschmutzung zu Gunsten der reichen Länder funktionieren jedoch kaum.

Abbildung: Realwirtschaftliche Treiber in einem Netzwerk

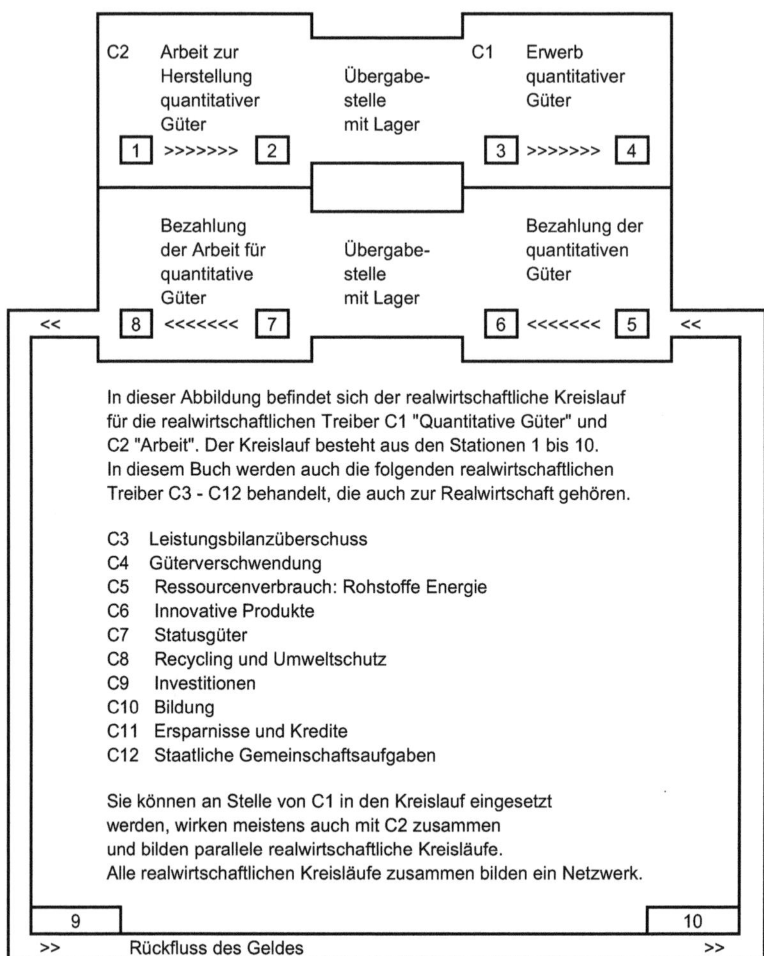

10.04.2023

Veröffentlichungen des Autors:

Deutschland – Ruanda
Wirtschaftswachstum und Folgen – Ansätze Ressourcen-zen-
trierter Ökonomie
in: controller magazin, 6/2012), S. 70 - 73

Die Zeit am Beispiel von Mitteleuropa und Ruanda
Verständnis – Selbstversorgung – Lernen – Arbeit – Eigenverantwortung - Ungewissheit
in: Zeitpresse 3/2012, S. 35 – 37

Ökonomisierung von Beziehungen
Informationelle Transparenz – Haftung der Banken trennen – finanzielle Umsteuerung – Entpolarisierung
in: Zeitpresse 1/2012, S. 18 - 29

Polarisierende Veränderungen
Systemisches Marktversagen auf Güter- und Finanzmärkten bei
mangelhaftem ökonomisch
en Wachstum – Polarisierung – Neidkultur – Stabilität – Demokratie
in: Zeitpresse 1/2011, S. 32 - 38

Ausreichend starkes ökonomisches Wachstum-demokratische
Stabilität–Rationalisierung–mangelndes ökonomisches Wachs-
tum-veränderte Finanzmärkte–gesellschaftliche Polarisierung–
Belastung des Staates–was dann?
in: Zeitpresse Sommer 2009, S. 22 - 29

Asymmetrische ökonomische Phänomene
in: controller magazin, 2007 Sonderausgabe, S. 35 - 38

Asymmetrische Zeit
in: Zeitpresse Winter 2006/2007, S. 11 - 14

Controller und die Insolvenzverhütung
Kerncontrolling – Beachtung existenzgefährdender Anzeichen
in: controller magazin, 2/2006, S. 181 -184

Arbeiten in Afghanistan - der ökonomische und kultursoziologi-
sche Kontext des Mohnanbaus
Beitrag auf dem 28. BundesDrogenKongress 2005 in Augsburg:
www.fdr-online.info
Afghanistan - ein Erfahrungsbericht
in: controller magazin, 1/2005, S. 93 - 94

Zeit und Individualität in Deutschland und Afghanistan
in: Zeitpresse Winter 2004/2005, S. 20 - 25

New Economy und die IT
Geschwindigkeit komplexer ökonomisch-technischer Abläufe
in: controller magazin, 5/2002, S. 501 - 507

Zeitstress - Zeitvergeudung - Controlling
Führungskräfte im Spagat zwischen zeitknapper Ökonomie und Zeitbe-
darfen zur Bewältigung innovativer komplexer Entwicklung
in: controller magazin, 3/2001, S. 229 - 235

Unternehmen in der Expansionsphase
Die Kreditsicherheit und Instrumente zur Durchleuchtung von Unternehmen
in: controller magazin, 6/1998, S. 444 - 450

Der Systemwechsel in Ostdeutschland
Ökonomisch-psychologische Aspekte des Systemwandels
in: Der Betriebswirt 3/1997, S. 23 - 26

Controlling in Unternehmen
Instrumente zur Erkennung der wirtschaftlichen Lage
in: Mitteldeutsche Wirtschaft, 02/1997, S. 48 - 50

Konzept gegen drohende Pleitewelle:
Der schwere Weg des Tuns
in: Mitteldeutsche Wirtschaft 12/1996, S. 12 – 14

Qualitätsmängel: Vermeidung ist gut, Kontrolle ist notwendig
in: Der Konstrukteur 1-2/1988, S. 6 - 12

Mensch-Maschine-Systeme - Automatisierung verändert Planungsabläufe
in: Der Konstrukteur 5/1987, S. 6 - 14

Guter Rat ist teuer - schlechter Rat kann teuer werden
1. Unseriöse Unternehmensberater und woran man sie
   erkennt
   in: Der Betriebsleiter 10/1986, S. 6 - 10
2. Anforderungen an seriöse Beratungsunternehmen
   in: Der Betriebsleiter 11/1986, S. 6 - 9
3. Anforderungen an Ratsuchende
   in: Der Betriebsleiter 12/1986, S. 6 - 8

Innerbetriebliche Zusammenarbeit
Vertrauen ist gut - Mißtrauen ist notwendig
in: BetriebsWirtschaftsMagazin 2/1986, S. 39 – 43
Zusammen mit Joachim Korff

Der Autor:

Diplom-Ingenieur Elektrotechnik und Diplom-Ökonom

Tätigkeiten, Erfahrungen:
- Elektriker
- Projektierungsingenieur
- Fremdfirmenkoordination
- Auslandsverlagerung, innerbetriebliche Koordination
- Controller
- Fertigungsleitung
- ISO 9000 ff. Vorbereitung der Zertifizierung
- Unternehmenssanierung
- Vorbereitung Börsengang, innerbetrieblich
- Vorstandsassistenz
- Dozent für Elektrotechnik

Arbeiten für NGOs in:
- Afghanistan, Bauleiter
- Ruanda, Dozent für Elektrotechnik
- Uganda, Projektleiter

Publikationen im Spannungsfeld von Technik, Organisation und
Ökonomie

                                                                10.04.2023